LE MAL AMÉRICAIN

Michel Crozier

LE MAL AMÉRICAIN

Fayard

REMERCIEMENTS

Ce livre a été écrit dans la fièvre de la passion, sous le coup de l'expérience que je venais de vivre à Harvard pendant un semestre d'enseignement, de février à mai 1980. Il répond, me semble-t-il, à une réelle et légitime inquiétude parmi mes compatriotes. Aussi m'étais-je fixé pour tâche d'en achever la rédaction assez tôt pour que ceux-ci puissent disposer de ces éléments de réflexion au moment des élections présidentielles américaines de novembre 1980, qui ne manqueront pas de soulever de nouvelles questions.

Sans doute n'aurai-je pu respecter le délai que je m'étais ainsi fixé, sans le chaleureux soutien de mes collaboratrices fidèles : Catherine Murphy, Joëlle Moras et Nicole Smadja qui ont dactylographié et mis au point des manuscrits parfois hâtifs, Martha Zuber qui en a vérifié les citations, notes et références.

Du début jusqu'à la fin, l'aide de Jean-Baptiste Grasset (qu'en Amérique j'appellerais mon editor*) m'a été particulièrement précieuse.*

Qu'ils soient ici remerciés de tout cœur.

INTRODUCTION

L'Amérique, pays de la liberté, a été depuis le début le rêve de l'Europe : une société fondée à neuf, cimentée non par des traditions mais par des principes, accueillante et généreuse, ouverte aux expériences les plus audacieuses.

De même qu'on disait autrefois : « Tout homme a deux patries, la sienne et puis la France », j'ai eu pour patries la France et cette Amérique-là. Je ne suis pas le seul : combien de Français, combien d'Européens, y compris de ceux qui sacrifient à la mode facile d'un anti-américanisme passablement hypocrite, devraient en dire autant !

J'ai bien connu l'Amérique heureuse, celle de la confiance et du progrès. J'y ai vécu pour la première fois, pendant quinze mois, en 1947-48. Étudiant, j'avais reçu une bourse pour étudier les syndicats américains. Je fus conquis par la croyance, alors générale, en un progrès social illimité, sans révolution ni violence, par la seule force du dialogue sincère. Et par le généreux élan universaliste qui — on l'a trop oublié depuis — permit le plan Marshall et la reconstruction de l'Europe. J'y suis retourné en 1956, puis en 1959-60, puis tous les ans, pour des périodes parfois longues, découvrant tour à tour d'autres secteurs de la société américaine, où régnaient le même enthousiasme, la même générosité, le même illusoire idéal de perfection. Ce fut d'abord l'Amérique universitaire et intellectuelle, celle des *think tanks* et des grandes universités où l'on célébrait ce culte des temps modernes le culte de la Vérité — inventé par l'Europe et oublié par elle. Puis, sans l'avoir voulu, j'abordai au début des années soixante l'Amérique de la décision, imbue d'un rêve plus dangereux encore, celui d'une rationalité face à laquelle s'évanouissaient intérêts et passions. Cette Amérique que nous vanta Jean-Jacques Servan-Schreiber dans son *Défi américain,* elle était déjà mortellement atteinte. Mais on ne le savait pas encore, moi pas plus qu'un autre.

Pendant dix ans, je n'eus plus l'occasion d'enseigner là-bas. Quand je revins, le printemps dernier, pour un semestre de cours à Harvard, je subis un terrible choc. Tout était semblable et pourtant différent : tout, en fait, avait changé de signification. Le rêve s'était dissipé, il n'en restait que des mots, une rhétorique vide. L'université et la jeunesse étaient démoralisées, les syndicats ouvriers s'étaient enfermés dans la routine de négociations d'ailleurs de plus en plus infructueuses, le monde de la décision avait perdu toute prise sur le réel, l'économie partait à la dérive, les grandes corporations étaient empêtrées dans la pure gestion, la surinformation informatique noyait l'information, les statistiques — même celle du Census, le sacro-saint Bureau de recensement, orgueil de l'administration fédérale — n'étaient plus fiables. Le pays tout entier se trouvait déboussolé.

Certes, je connaissais les problèmes, j'avais vécu les années du Vietnam, le temps des émeutes et de l'agitation, la folie de Watergate. Mais je continuais moi aussi à penser les Etats-Unis comme un pays inépuisable, qui trouverait toujours des ressources nouvelles. D'un seul coup, je compris qu'on avait touché les limites. L'Amérique est désormais un vieux pays semblable aux autres, qui cherche sa voie. Un profond changement s'y est accompli, en une génération à peine.

Tandis que l'Europe et le Japon se développaient, les États-Unis stagnaient et leur poids dans les affaires du monde, malgré les apparences, déclinait. Les chiffres, bien sûr, valent ce qu'ils valent, mais les ordres de grandeur sont éloquents. En 1950, le niveau de vie de l'Américain moyen était plus de deux fois et demie celui du Français et de l'Allemand. Dans les dix dernières années, le niveau de vie de l'ouvrier moyen a diminué de 9 % aux États-Unis, cependant qu'il augmentait de 25 % en France.

Sur le plan économique le Marché commun l'emporte désormais sur les États-Unis. L'Amérique, si riche en matières premières, a beaucoup plus souffert de la crise pétrolière non seulement que le Japon ou l'Allemagne, mais même que la France.

Quel extraordinaire contraste entre les illusions sur lesquelles ont vécu les Américains et les résultats qu'ils ont obtenus! Les Européens passent leur temps à se plaindre. Mais ils voulaient la croissance et ils l'ont eue, plus forte encore qu'ils n'espéraient; ils voulaient la modernisation et ils l'ont eue. Pour ce qui est de la lutte contre les inégalités, les résultats sont sans doute décevants, mais nullement négligeables cependant, même en France, alors que les illusions des Américains ont été cruellement déçues. Aucun pays n'a jamais consenti autant de dépenses sociales pour des résultats aussi maigres. La misère semble parfois croître en proportion de ces dépenses : 21 millions de personnes, soit près de 10 % de la population, reçoivent aujourd'hui des bons de nourriture. Et tout est à l'avenant. Les inventeurs du management s'aperçoivent qu'en définitive les autres en tirent un bien meilleur parti qu'eux-mêmes. Dans le pays par excellence du consensus, les récents sondages montrent que les citoyens ont encore moins confiance en leurs gouvernants et leurs institutions que les Français sous la IVᵉ République agonisante. Et le leadership mondial, qui semblait naturel à un peuple fier de l'*American way of life* et désireux de le répandre partout pour le grand bien de l'humanité entière, n'est plus qu'un souvenir.

Que s'est-il passé ? Comment un si brutal retournement est-il possible ? Comment un pays si riche en ressources matérielles, intellectuelles et morales a-t-il pu ainsi sombrer dans le désordre et la confusion ? J'écris ce livre pour essayer d'y voir plus clair. C'est un livre de témoignage et d'interrogation, car le temps des vraies synthèses n'est pas encore venu. Mon interrogation, la voici : ayant assez bien connu les États-Unis de l'intérieur, je me suis trompé sur ce que je voyais, sur ce qui s'annonçait. Je veux savoir pourquoi. Quand, il n'y a pas trente ans, Eisenhower déclara que la France avait perdu sa fibre morale, ce fut un beau tumulte dans nos provinces. Eisenhower avait tort, comme nous aurions tort de retourner à l'Amérique ce compliment : car les peuples ne sont pas des êtres moraux, on ne peut les morigéner comme des enfants. Il conviendrait, tout au contraire, de plaindre les citoyens désemparés, auxquels un système détraqué ne propose plus rien. Aussi ne faut-il pas comprendre l'expression « mal américain » au sens d'une culpabilité, encore moins d'un vice constitutif, pas davantage qu'il n'existe en réalité de « mal français » ancestral, hérité de Philippe le Bel et de Richelieu...

Mais il y a un problème grave, cela est sûr. A tel point qu'on en vient à se demander si ce pays n'est pas sous le coup d'une sorte de fatalité interne. N'est-ce pas pour avoir trop cru à ses modèles de décision, à ses mécanismes de négociation, à ses sacro-saintes institutions, toutes choses parfaitement efficaces dans le contexte antérieur et qui semblent bien être devenues inadéquates, que l'Amérique aujourd'hui ne peut plus croire à rien ? Le mal américain n'est-il pas, au fond, l'effet du rêve américain lui-même ? Voilà ce que je voudrais examiner, en me servant à la fois de mon regard distancié, comme sociologue et comme étranger, et de mes expériences directes et répétées.

PREMIÈRE PARTIE

L'Amérique heureuse

Il était une fois un pays qui croyait au rêve et à sa réalisation sur terre.

Il était une fois un pays heureux qui n'avait pas d'histoire.

Il était une fois le Nouveau Monde...

CHAPITRE I

L'AMÉRIQUE SYNDICALE
ou
le rêve social

Organiser

La première Amérique que j'ai connue s'habillait d'un imperméable et ressemblait à Humphrey Bogart. C'était en 1947-48, on venait de gagner la guerre. C'était le temps de l'espoir, tout était possible et le syndicalisme américain en particulier nageait dans l'optimisme. On allait instaurer l'égalité et la justice, réaliser l'idéal démocratique. Cette Amérique-là avait un mot d'ordre : organiser, et un héros : l'organisateur ou plutôt l'organiseur (*organizer*). Humphrey Bogart apparaissait sur les écrans comme un justicier, un redresseur de torts ; l'organiseur était plus encore que cela. Il n'allait pas au peuple des usines pour lui apporter la solution mais pour lui donner la parole, sans les complications de la « dialectique matérialiste » ni les méandres de la « ligne correcte » comme en Europe. Son message était simple : soyez solidaires, unissez-vous, organisez-vous et vous serez forts, c'est vous qui déciderez.

Je l'ai revu l'année dernière, cet organiseur, dans le film *Norma Rae*. Presque le même, juste un peu trop psychanalysé par rapport à mon souvenir. Un type sans âge, ayant beaucoup vécu ; sans illusion mais sans peur ; intelligent,

souffrant presque de son intelligence. Humphrey Bogart,
Albert Camus, le journaliste épris de vérité, l'avocat intègre,
le petit juge grec tel qu'en lui-même enfin... Les femmes,
dans ce film un peu machiste, sont avec lui. D'abord elles ne
comprennent rien ; ensuite elles comprennent trop bien :
elles deviennent activistes et c'est dangereux. Les femmes,
c'est le peuple ; l'organiseur est là pour les exhorter, puis pour
les calmer et les rassurer. Il a la sagesse de l'expérience : ne
pas se battre pour se battre, mais pour gagner. Et si l'on ne
peut gagner tout de suite, le reconnaître sans découragement,
se battre alors pour demain, pour les gosses. Il y a une sagesse
de la lutte.

Organize, le mot était partout, slogan imprimé à longueur
de colonnes dans les journaux syndicaux, drapeau claquant
dans le vent des meetings et des pique-niques. L'Amérique
syndicaliste, à la fin des années quarante, c'était une bonne
part de l'espoir du monde. Dans ce moment d'hésitation, au
sortir de la catastrophe et avant le début de la guerre froide,
la grande nation qui nous avait sauvés nous offrait, en même
temps que ses usines et son mode de vie, des perspectives
pour un monde meilleur.

Les Français de l'époque étaient désespérément sceptiques
et j'étais venu pour voir, non par enthousiasme ou par
idéalisme. Mais quelque chose d'important, à ce que je
croyais, allait se jouer là.

J'ai traversé l'immense pays en long et en large, quatorze
mois durant, assistant aux petites réunions et aux grands
meetings, parlant aux syndiqués de base et aux organiseurs.
J'ai bien pu faire cinq ou six cents entretiens en tout, sans
jamais me lasser, découvrant une capacité de rencontre et
d'explication absolument inépuisable. Je suis resté jusqu'à
l'élection de Truman, en novembre 1948. Je me souviendrai
toujours du chauffeur noir du taxi que je pris à New York, au
matin qui suivit les résultats : « C'est un miracle, Mon-

sieur », me disait-il, et il pleurait d'extase. C'était un grand jour pour les syndicats, la première et la dernière élection qu'ils gagnèrent vraiment, à la fois contre les *fellow-travellers* communisants de Henry Wallace, contre les racistes du Sud et contre les républicains du *big business*[1].

L'Amérique ouvrière de cette époque faisait preuve d'une générosité, d'une qualité d'accueil que je n'ai jamais retrouvées nulle part. C'étaient les Etats-Unis de l'ouverture, de la bonne volonté. A condition de ne pas avoir l'air bêcheur, arrogant, tout le monde pouvait entrer n'importe où, discuter avec n'importe qui, participer à tout ce qui se faisait. Je venais d'une France qui heureusement a changé, même s'il nous en reste encore beaucoup de séquelles, d'une France pleine de barrières, d'interdits et de secrets, aussi bien à gauche qu'à droite. Jamais on n'aurait songé à déranger Monsieur Untel ou le camarade Tartenchose : un si grand intellectuel, un leader si occupé ! Dans l'Amérique de 1947, on pouvait téléphoner à n'importe qui, même au président des États-Unis. Quelqu'un répondait toujours. J'allais de ville en ville et, armé des pages jaunes de l'annuaire où figuraient tous les syndicats, je prenais mes rendez-vous :« Je viens de France, je fais une thèse sur les syndicats, pouvez-vous me recevoir un moment ? » Ils me recevaient dans la journée, sinon dans l'heure. Malgré mon anglais déplorable, on parlait parfois des heures, dans leurs bureaux ou en buvant des bières dans des bistrots de quartier.

En France, les militants étaient toujours peu ou prou des politiques. Avec force citations à l'appui, ils vous faisaient

---

1. Harry Truman, vice-président devenu président à la mort de Roosevelt en 1945, fut élu en novembre 1948, en grande partie grâce à l'appui des syndicats ouvriers. Il avait contre lui Henry Wallace, ancien ministre de l'Agriculture sous Roosevelt, qui prônait le maintien de la grande alliance avec les Soviets, et un Sudiste réactionnaire, le sénateur Thurmond. Le candidat républicain, que les sondages donnaient largement gagnant, s'appelait Tom Dewey.

vite sentir que vous n'y entendiez rien. Chez les Américains,
au contraire, pas de phrases, on était tout de suite dans le vif
de la lutte. Bien souvent, j'avais l'impression qu'ils se
retenaient pour ne pas me parler comme à l'un d'entre eux :
« Alors, tu vois le problème : les gars de General Corporation
à Wistamazoo sont totalement hors du coup, il faut les
alerter. Bon, maintenant tu es au courant, alors tu t'en
charges. » C'était l'action. C'était l'aube, le commencement
du monde, l'espoir. Le peuple était déjà en marche, mais il y
avait encore du travail. Alors on y allait et on lui parlait. Pas
de baratin, pas de lois de l'histoire plus ou moins tordues, pas
non plus de discours de haine. On apportait la simple parole
de la fraternité : ensemble, vous serez forts ; le patron ne fera
plus la loi, il n'y aura plus d'injustice.

Bien sûr, c'était simpliste. C'était un mythe — et
d'ailleurs un mythe chrétien : ce n'est pas un hasard si
aujourd'hui en France la C.F.D.T., d'origine chrétienne,
incarne ce mythe mieux que tout autre syndicat. Mais les
mythes, en certains moments de l'histoire, peuvent soulever
quelques montagnes. J'y ai cru.

Négocier

Ce n'était pas tout d'aller au peuple, il fallait encore que
les ouvriers, une fois organisés, puissent faire triompher leurs
revendications. D'où un autre mot clef des syndicalistes
américains : négocier. Certes, l'Amérique ouvrière avait
toujours cru aux vertus de la négociation, si décriée en
Europe. Mais le mot avait pris un sens autrement puissant
après 36, qui fut tout comme chez nous l'année des grandes
grèves et des occupations d'usines — celles-ci furent d'ailleurs une invention américaine, nullement française. 1936,
ça faisait à peine dix ans. L'idée de négociations victorieuses

avait gardé toute sa vigueur. Le peuple devait se rassembler, s'organiser, prendre la parole. *Speak up* : lève-toi et parle. Ta parole t'a été volée, reprends-la. En France, ce sera le grand slogan de Mai 68, vingt ans plus tard ; mais la prise de parole tournera à la cacophonie, au vacarme qui interdit d'écouter l'autre. Dans l'Amérique ouvrière des années 1947-48, au contraire, prendre la parole et négocier, c'était tout un. Il n'y avait pas de parole en soi : on parlait à quelqu'un, en l'occurrence au patron. On avait confiance en la force de la parole, de façon naïve, peut-être, mais merveilleusement humaine : dès lors qu'on parle, on arrivera sûrement à trouver une solution. Bien sûr, les patrons ne veulent pas entendre, c'est en cela qu'ils sont des salauds. Mais il suffit de les forcer à entendre et les choses s'arrangeront. Après tout, ce ne sont pas non plus des monstres.

Je n'arrive plus à bien me souvenir de ce que je pensais vraiment de tout cela sur le moment. J'étais sceptique, bien sûr, je résistais à cet optimisme, mais sans aucun doute il m'a profondément marqué. Cette croyance en la toute-puissance du dialogue quand chacun profère une parole vraie, une parole sincère et honnête, n'est d'ailleurs pas propre aux Américains ; c'est une valeur profonde de la tradition chrétienne qu'ils ont héritée de l'Europe. Bien des années plus tard, je me suis souvenu d'une anecdote que ma mère adorait me raconter. Elle avait dix-huit ans pendant la guerre de 14. Sa famille vivait sur la ligne de front et un général logeait chez eux. Bien sûr, il prenait plaisir à bavarder avec la jeune fille. Et voilà qu'un jour celle-ci prend vraiment la parole : « Général, est-ce que vous vous rendez compte ? Vous faites tuer des gens pour rien, de braves soldats, et après, comme si tout ça n'existait pas, vous trouvez le toupet de venir m'offrir vos chocolats que vous faites venir de Paris ! » Je n'ai jamais su si le général avait le moins du monde changé. Mais on ne prend jamais la parole en vain :

cinquante ans, soixante ans après, subsiste la mémoire de la dignité qu'on a su affirmer. *Speak up !*

Prendre la parole, c'était donc immédiatement proposer la négociation. A ce mot s'attachait une vertu presque sacrée, pour les ouvriers américains. Rares étaient bien sûr ceux qui avaient une expérience directe de la négociation ; ils n'en connaissaient pas moins tous les détours, les discussions préparatoires, les tracts d'information, les conditions préalables, les ergotages pour gagner du temps, les concessions mutuelles, les incidents, les retours en arrière, la tension et la longue patience. Ce qu'ils vivaient directement, c'était l'arrière-plan des discussions : la grève, comme catastrophe mais aussi comme fête et comme espoir. Ils ressentaient cependant la négociation comme leur affaire, jusque dans les détails, et cela tient à une dimension de la vie américaine dont j'ai mis quelque temps à saisir toute l'importance — la dimension juridique. Nous verrons plus loin d'autres exemples de cette valeur absolue qui, aux États-Unis, est accordée au droit. Or, négocier, c'est entrer dans le domaine du droit. Dans la conscience ouvrière américaine, le patron n'est un salaud que s'il refuse de négocier ; ce peut être quelqu'un de bien s'il accepte le dialogue et s'il respecte le droit. En ce cas, on peut parvenir à un contrat liant les deux parties, de sorte que le patron ne fera plus la loi. Aussi le contrat est-il investi d'une signification transcendantale. On exige un contrat comme on réclamerait la fin de l'oppression.

Il faut comprendre la force de cet attachement à la négociation, de cette logique simple et intransigeante qui gisait au cœur même du travail d'organisation. Selon cette conception de l'action ouvrière, l'organiseur venait d'une certaine façon apporter, tout bonnement, la civilisation. Et la civilisation commençait avec les *Robert's Rules of Order* : un manuel de procédure, extrêmement répandu en pays anglo-saxon, qui sert de référence universelle pour tout ce qui est de tenir des réunions ou de faire fonctionner des associations. Élire un président de séance (*chairman*), présenter une motion ou un amendement à une motion, demander la clôture d'un débat, tout cela doit être fait dans les règles. L'apprentissage des *Robert's Rules*, c'était le passage de l'état sauvage à l'état civilisé. Dès lors qu'on les respectait, les communistes auraient beau faire du noyautage ou chercher à écœurer leurs adversaires en faisant traîner les réunions jusqu'à deux heures du matin : armé de son manuel, un bon *chairman* saurait les coincer. Après ce *b a ba*, venaient des séminaires de formation économique et de formation à la négociation. J'ai suivi un bon nombre de ces séminaires, et je me souviendrai toujours de ceux de mon ami Bill, un vieil organiseur qui était depuis douze ans dans le métier. Il avait fait 36, il connaissait toutes les ficelles ; et avait bien l'air d'en connaître plus encore.

Nous faisions la tournée des petites villes du Michigan — Kalamazoo, Jackson, Grand Rapids — et partout nous enseignions aux militants le jeu de la négociation. Ils se divisaient en deux groupes : patrons et ouvriers. (Curieusement, tout le monde voulait toujours être patron. Au point que Bill me mettait systématiquement de ce côté-là : il me trouvait plus neutre, moins vicieux que la plupart des autres.) Les « ouvriers » énuméraient leurs revendications et les « patrons », invariablement, trouvaient les meilleures raisons du monde pour les rejeter. Bill, bonhomme, refaisait toute la manœuvre en commentant. On buvait de la bière, on s'amusait beaucoup. C'était l'Amérique bon enfant, telle qu'on l'imagine souvent, pays de braves gens qui ne comptaient ni leur temps, ni leur argent, ni leur bonne volonté. Il me faudra bien des années et des voyages pour me rendre compte que les Américains peuvent être aussi étriqués, anxieux et près de leurs sous que les Français, voire pires encore. C'est surtout la comparaison avec la France des années 45-50 qui les faisait paraître si généreux : on a oublié à quel point ces années furent tristes en France. Alors que les États-Unis vivaient un de leurs moments les plus heureux. On s'est trompé, je crois, en attribuant ce contraste à une différence d'essence — l'Amérique dynamique face à l'Europe conservatrice. Non que ce fût absolument faux, mais le facteur historique reste décisif. A la limite, les Américains de cette époque me feraient penser aux provinciaux français d'aujourd'hui : Paris ne s'est pas entièrement débarrassé de l'anxiété de naguère, tandis qu'à Dijon, Tours ou Périgueux on trouve le temps de rencontrer l'étranger de passage et de se montrer généreux.

Une autre politique

Même alors, il est vrai, le mouvement ouvrier américain connaissait aussi des problèmes et des contradictions. Par exemple, nous avons vu que le terme d'organiseur était à la mode ; or il n'était pas utilisé par tous les syndicalistes, loin de là. La plupart des syndicats déjà anciens de l'A.F.L., et même une partie des jeunes syndicats du C.I.O. [1] appelaient leurs permanents *business agents,* agents d'affaires. On est loin ici de toute connotation idéaliste et, à une oreille française, une telle dénomination peut même paraître tout à fait offensante. Pourtant, le *business agent* ne procédait pas seulement du conservatisme propre aux vieux syndicats de métiers, qui détestaient la politique et ne songeaient qu'à l'argent ; il perpétuait aussi l'ancienne et noble tradition du syndicalisme libertaire, dans laquelle les ouvriers tiennent à faire leur syndicat entre eux, en dehors des patrons mais aussi des politiciens. Alors, comme il faut bien s'occuper des

1. En 1936, les nouvelles Fédérations constituées à l'appel de John L. Lewis, président du syndicat des mineurs, quittèrent l'American Federation of Labor pour former le Congress of Industrial Organizations. Les deux confédérations sont aujourd'hui réunifiées.

choses, on engage quelqu'un. Et comme on n'a pas peur d'appeler un chat un chat et un sou un sou, on le paye sur les cotisations et on l'appelle *business agent,* exactement comme font les patrons. Les ouvriers ne valent-ils pas autant que les patrons, ne sont-ils pas capables de faire aussi bien ?

Le *business agent* est un salarié, aux ordres du syndicat local, contrairement au permanent à l'européenne à qui l'on délègue une autorité et qui peut avoir tendance à en abuser. La figure de l'organiseur, naturellement, séduit bien davantage l'homme de gauche européen, tout comme les libéraux américains à l'époque. Il personnifie le mouvement, la conquête, l'histoire en marche ; tandis que l'agent d'affaires représente la routine des intérêts et des contrats, n'est au fond qu'un avocat comme un autre. Mais il faut bien voir aussi que l'organiseur, payé par les instances centrales de la fédération syndicale — quelque part à New York, Washington ou Detroit — est un fonctionnaire, un apparatchik, souvent un intellectuel, tandis que le *business agent* est en général choisi localement et répond directement aux vœux de ses mandants. Il y a un aspect démocratique dans ce système mieux ancré dans la pratique locale, plus décentralisé. Car derrière l'idéalisme de l'organiseur, ne voit-on pas se profiler tout de suite la menace bureaucratique ?

A cette menace, la réponse d'un mouvement dynamique tel que celui-là, c'est bien sûr l'expansion, la marche en avant. L'Amérique ouvrière a toujours été peu organisée. Malgré la puissance des grands syndicats, les syndiqués n'ont jamais représenté plus du quart des travailleurs [1], soit une proportion du même ordre qu'en France. Aussi les organiseurs avaient-ils à mener de rudes batailles. Le territoire était quadrillé, on dressait des plans de campagne, on leur donnait même des noms de code. Chaque année, le C.I.O. repartait à

---

1. Il n'y en a plus maintenant qu'à peine 20 %.

l'assaut du textile du Sud. En effet, depuis des années, les grandes affaires de textile de la Nouvelle-Angleterre s'installaient dans le Sud, où la main-d'œuvre était bon marché et les syndicats proscrits. Le Sud étant le principal bastion de la réaction, sa conquête devait permettre à l'Amérique de devenir tout entière libérale et progressiste. Or, trente ans plus tard, le Sud n'est toujours pas syndicalisé. On continue à lancer tous les ans une nouvelle offensive, on grignote, cela fait même un film à succès comme *Norma Rae*. Mais l'enthousiasme s'est perdu en route.

En 1948, on croyait encore à la victoire, parce qu'il ne s'agissait pas simplement de gagner une élection syndicale dans une douzaine d'usines, mais de changer le monde. On rêvait d'une autre politique, de lendemains qui chantent : c'était plus simple, plus concret qu'en France, mais là aussi fondé sur une série de conjectures parfaitement improbables.

La politique est un merveilleux mécanisme pour dissoudre les contradictions pratiques dans un au-delà mythique. Ainsi, le syndicalisme américain était déchiré entre les vieux syndicats de métiers A.F.L., malthusiens et plus ou moins racistes, et les nouveaux syndicats C.I.O. des grandes industries (acier, automobile, caoutchouc, appareillage électrique), qui acceptaient tout le monde sans restriction de couleur ni de métier ; et, par ailleurs, entre activistes et bureaucrates, militants et permanents, délégués d'atelier et états-majors des fédérations. Mais on pouvait se réconcilier dans la politique, c'est-à-dire dans l'espoir. La gauche et les syndicats, à l'époque, c'était tout un, c'était le grand rêve d'alliance entre ouvriers, paysans, Noirs et minorités. Cet « habit d'Arlequin », rendu fameux par Roosevelt [1], a

---

1. Franklin Roosevelt, le premier, s'est donné pour objectif une alliance bizarre, faite de pièces et de morceaux, que les journalistes ont appelée son habit d'Arlequin et qui comprenait le plus grand nombre de minorités possible malgré les contradictions entre les objectifs de chacune d'elles : gens du Sud, Noirs, syndicats, *farmers* mécontents, « ethniques » des grandes villes...

toujours résumé toute la stratégie du parti démocrate.
Cependant, dans la coalition rooseveltienne il fallait encore
ajouter aux minorités ethniques une région minoritaire — le
Sud —, indispensable pour remporter la victoire. Le parti
démocrate, parti du mouvement, parti du changement,
s'ancrait donc traditionnellement dans une région de sensibilité totalement opposée [1]. Mes amis syndicalistes rêvaient de
briser la réaction sudiste et ainsi de réorienter le parti
démocrate vers une alliance plus cohérente : celle de toutes
les catégories d'opprimés, contre les grands intérêts capitalistes.

Certains — les gauchistes de l'époque — pensaient même
qu'il n'y avait plus rien à tirer du parti démocrate et qu'il
fallait fonder un parti travailliste, un *labor party* à l'anglaise :
le parti socialiste d'Eugen Debs avait rassemblé de véritables
foules et obtenu près d'un million de voix [2] en 1912. Dans les
années vingt, le sénateur La Follette avait connu son heure de
gloire à la tête du *farmer-labor party*, qui sembla un instant
menacer les deux partis officiels. Henry Wallace appartenait
à la même lignée. Malheureusement pour lui et pour elle,
l'état-major qui menait sa campagne était truffé de *fellow-
travellers*. Or les grands syndicats, qui s'employaient alors à
éliminer les nombreux sous-marins communistes et gauchistes qui s'étaient infiltrés chez eux pendant les années du New
Deal, n'entendaient pas accepter le moindre compromis sur
ce point. Ils s'engagèrent donc résolument aux côtés de Harry
Truman, qui leur apparut très vite comme leur unique
recours face à la campagne réactionnaire, violemment anti-

---

1. L'accession au pouvoir de deux présidents sudistes — Johnson et Carter, —
marque, me semble-t-il, la fin de cette configuration classique de la politique
américaine.
2. Les femmes ne votaient pas encore, et l'Amérique n'avait que le tiers de sa
population actuelle ; aussi ce million de voix pesait-il presque aussi lourd que les
suffrages recueillis par le parti socialiste français à la même époque.

syndicale, menée par les républicains. La sécession des
Sudistes, qui jugèrent inacceptables les termes pourtant bien
modérés du programme voté par la Convention démocrate,
réduisit encore la base de cette alliance.

La victoire de novembre 1948 était inespérée ; mais ce
« miracle » n'allait tenir aucune des promesses du grand
rêve. A peine fut-il élu que Harry Truman accepta de passer
l'éponge et réintégra les Sudistes dans le parti, avec tous leurs
privilèges et leur capacité d'obstruction au Congrès. L'hypo-
thèque extrémiste était levée, mais l'autre, celle que
représentaient les Sudistes, demeurait. Le mouvement syndical s'installait dans une guerre de tranchées.

J'ai fait un rêve

« *I made a dream* » sera le slogan, en 1963, du grand
discours de Martin Luther King. Mais, déjà à la fin des
années quarante, syndicalistes et libéraux américains étaient
mus par un rêve généreux, qui paraît aujourd'hui bien loin :
la fraternité universelle, une solidarité inébranlable (« *Solida-
rity for ever* », chantait-on dans le refrain de l'hymne
syndical), la vraie démocratie. Et, contrairement à la gauche
européenne, le libéralisme américain ne dressait pas une
immense liste de « méchants ». Bien sûr, il y avait Wall
Street, les réactionnaires sudistes, les grandes corporations,
mais on n'insistait pas. Au fond, tout le monde avait sa place
dans ce rêve. Pour ma part, j'avais beau résister à cette vision
quelque peu idyllique, je ne pouvais m'empêcher de me
sentir profondément touché.

Toute ma vie je me souviendrai de ma première leçon de
démocratie libérale à l'américaine, qui me fut donnée par un
vieux monsieur, très ridé et tout tassé, mais toujours
souriant. Ce vétéran du syndicalisme avait été membre du

National Labor Relations Board [1] de Roosevelt (qui avait littéralement créé le nouveau mouvement syndical avec le C.I.O.) et arbitré d'innombrables conflits. Au soir de sa vie, une fondation lui avait alloué deux ou trois cent mille dollars, avec trois pièces à Washington et une secrétaire, pour consacrer deux années à rédiger un livre où il transmettrait son expérience. Je vins le voir au début de mon séjour, sans la moindre recommandation, pour lui demander conseil. Il me reçut tout de suite, avec beaucoup de chaleur, et non sans quelque amusement répondit longuement à mes questions naïves. A la fin, comme je lui demandais où je pourrais le mieux me documenter, il me dit avec un sourire attendri : « Installez-vous donc dans la pièce à côté, il n'y a personne ; tous ces documents que vous cherchez, je les ai rassemblés pour moi. »

Je revins tous les jours. Au bout de quelques semaines, je m'y retrouvais un peu mieux dans l'incroyable maquis politico-juridique du mouvement syndical américain, et je commençais à avoir envie de sortir de mon bureau. Précisément allait se tenir à Atlantic City le congrès du Syndicat de l'automobile, un grand événement pour le monde syndical : Walter Reuther, l'étoile montante du syndicalisme ouvrier, devait à cette occasion tenter de se rendre définitivement maître du plus puissant de tous les grands syndicats industriels. Quand je lui annonçai mon intention, mon mentor me dit : « C'est très bien, il faut que vous voyiez comment ça se passe. Mais vous me devez quelque chose. Moi, je ne peux pas y aller, je suis trop vieux, ces grandes assemblées me fatiguent. Aussi, vous allez prendre des notes et me faire un compte rendu. » Quand j'objectai que je ne savais pas rédiger en anglais, il ne fit qu'en rire ; puis, pour

---

1. Le N.L.R.B., qui fut créé par la loi Wagner en 1935, avait pour mission de déterminer — le plus souvent au moyen d'élections — l'organisation syndicale la plus représentative, seule habilitée à négocier avec l'employeur.

me rassurer, il m'offrit l'aide de sa secrétaire. J'allai donc au congrès. Fasciné par cet énorme cirque, j'écoutai absolument tout, les morceaux de bravoure des grands ténors, les propos de couloirs, les discussions tactiques de chaque *caucus*[1].

Je n'attendis pas longtemps après avoir remis mon rapport, sur lequel j'avais sué sang et eau. Le vieux monsieur me convoqua dans son bureau, me fit asseoir et, après m'avoir décerné de vifs éloges sur ma bonne compréhension des mécanismes politiques et des manœuvres auxquelles j'avais assisté, changea de ton pour ajouter : « Mais il y a aussi quelque chose que vous n'avez pas encore compris. » Il se cala dans son fauteuil et me regarda droit dans les yeux. « Jeune homme, vous allez bientôt partir. C'est bien, il faut que vous connaissiez le pays. New York, Washington, ce n'est pas l'Amérique. Il faut que vous voyagiez, que vous vous arrêtiez, que vous preniez votre temps. C'est seulement ainsi, en voyant combien ce pays est immense, que vous découvrirez que c'est le pays de la liberté, un pays où chacun a sa chance. Moi, voyez-vous, je suis arrivé de Russie tout petit, avec mes parents. J'ai mis très longtemps à comprendre : quand on reste dans un petit coin, on ne comprend pas. Mais ensuite j'ai travaillé, je suis allé partout et j'ai pris conscience que tout était possible. Oui, vraiment, tout était possible. Je ne suis pas arriviste, pas même ambitieux, mais j'aimais travailler ; et j'ai eu une bonne vie, une vie bien remplie, dont jamais je n'aurais osé rêver. C'est à l'Amérique que je le dois.

« Jeune homme, n'oubliez jamais cela : vous êtes dans le pays de la liberté. Et il y a une chose encore qu'il faut que vous sachiez. Vous allez vous arrêter dans les États du Middle West et de l'Ouest, où a été appliquée la loi du *homestead*[2].

---

1. Réunion officielle d'une fraction ou d'une tendance, au sein d'un parti ou d'un syndicat.
2. Cette loi, passée par le Congrès en 1862, organisait une attribution égalitaire de toutes les terres vacantes de l'Ouest et du Middle West, à raison d'un lot de 64 acres par famille.

Eh bien, dans chaque État, le législateur — le Congrès de l'Union — a imposé qu'on réserve un territoire pour financer un collège : les *land grant colleges* ont servi à améliorer l'agriculture et, plus tard, ont formé la base des universités d'État. Il faut que les jeunes puissent étudier, que tout le monde ait sa chance. L'éducation aussi, c'est la liberté. N'oubliez jamais, jeune homme : le pays de la liberté ! »

Les gens de l'automobile

En 48, et pour longtemps encore, c'était l'U.A.W. — la fédération des ouvriers de l'automobile — qui incarnait le mieux ce rêve américain. Ce syndicat, le plus important du C.I.O., était extrêmement ouvert et actif, toujours en flèche du point de vue culturel autant que politique. Dirigé par une équipe jeune et dynamique, de sensibilité social-démocrate, il consacrait beaucoup d'argent et d'efforts à l'éducation, valeur suprême du « pays de la liberté ». Pour comprendre les particularités de ce syndicat, il faut savoir que l'automobile formait une industrie bien à part, et les travailleurs de l'automobile une race spéciale. La plus puissante industrie américaine était celle de l'acier qui, avec les chemins de fer et les banques, avait produit les premiers magnats : les Carnegie, les Mellon, les Frick. Dans cette industrie traditionnelle, beaucoup d'ouvriers appartenaient à des minorités bien enrégimentées, Polonais, Italiens, Ukrainiens. Le syndicat y avait été introduit par les mineurs, qui avaient investi pour cela tous leurs propres fonds syndicaux et créé une bonne machine bureaucratique [1], en majorité catholique, tranquille, plutôt honnête et à vrai dire pas très enthousiasmante.

1. L'Irlandais catholique, Philip Murray, lieutenant du Gallois protestant John L. Lewis, prit la tête du syndicat de l'acier, ainsi que du C.I.O., après le succès de la campagne de syndicalisation de l'acier.

L'automobile, bien différente des mines ou de l'acier, était l'industrie de la mobilité : non seulement elle vendait un moyen de déplacement, mais elle faisait travailler surtout des gens de passage. Le vieux Ford offrait 5 dollars par jour à qui voulait bien se présenter pour faire le travail. Aucun paternalisme : il lui suffisait d'être le maître absolu pendant les heures qu'il payait ainsi. Et l'on vint effectivement du monde entier pour ces 5 dollars, y compris de France : ainsi Hyacinthe Dubreuilh ou Louis-Ferdinand Céline, parmi beaucoup d'autres. Mais il fallait aussi, bien sûr, des travailleurs plus compétents et moins instables pour les travaux vraiment qualifiés : on les fit venir d'Europe. Tous les outilleurs, par exemple, venaient d'Angleterre, des Pays-Bas ou d'Allemagne, et ils apportaient des traditions, libertaires parfois mais surtout social-démocrates. Ce sont eux qui organiseront le syndicat, Walter Reuther et ses frères en étant le meilleur exemple : ces quatre fils d'une bonne famille ouvrière allemande social-démocrate avaient roulé leur bosse un peu partout. Walter et un de ses frères avaient travaillé notamment en Union soviétique, à Gorki, et c'est d'ailleurs ainsi qu'ils étaient devenus violemment anticommunistes. Pour rebâtir l'U.A.W., on déploya un effort gigantesque : partout, dans des séminaires de fin de semaine, des cours du soir, des écoles d'été pour les délégués, on formait les syndiqués aux problèmes de l'économie, de la santé, de la pollution, ainsi qu'à l'action politique et à la négociation. A l'époque, les problèmes raciaux étaient plus difficiles à aborder ; quand on organisait une *square dance,* au moment de l'échange de partenaires les Blancs s'arrangeaient toujours pour se retrouver avec des Blanches et les Noirs avec des Noires. Mais on commençait à pouvoir en parler, semer des graines qui germeraient plus tard.

L'U.A.W. était un syndicat de gens vertueux. Walter Reuther lui-même était réputé pour ne jamais boire d'alcool.

Je me souviens qu'à Atlantic City, quand le résultat du vote par délégations fut annoncé et sa victoire officiellement proclamée, on lui apporta une bière avant qu'il ne monte à la tribune et il en but quelques gorgées. Une longue rumeur parcourut l'immense foule : « le rouquin » boit de la bière ! Et, après cet extraordinaire événement, ce fut vraiment l'explosion de joie.

Pour le monde entier

Si le grand rêve du mouvement syndical avait une telle force, cela tient sans doute à une conjoncture politique favorable, mais aussi à l'expansion américaine dans le monde entier. Le célèbre plan Marshall joua ici un rôle essentiel. Quand le général Marshall, secrétaire d'État, et le président Truman voulurent faire accepter leur plan au Congrès qui se montrait fort tiède, ils durent trouver des relais pour mobiliser le grand public et lutter contre la réaction isolationniste, qui risquait de ramener les républicains au pouvoir. Aussi s'adressèrent-ils aux syndicats, seule grande organisation populaire capable de mener une telle campagne, de prêcher la solidarité internationale dans tous les États de l'Union.

Au milieu de mon séjour, je m'aperçus tout à coup que la machine était en marche. Partout où j'allais, j'étais « un frère qui vient de France », on me faisait monter à la tribune et je devais trouver quelque chose à dire. Cela s'avéra plus facile que je n'aurais cru : il me suffisait de me montrer, de dire que les Français existaient, n'étaient pas des sauvages, ne demandaient qu'à travailler et à boire de la bière comme les Américains, et tout de suite on me faisait fête. Un jour, tout de même, j'eus plus de mal. C'était à Cleveland (Ohio), une très grande ville du Middle West riche d'une certaine-

tradition culturelle, avec même un opéra municipal, mais
dont les habitants passent, on ne sait trop pourquoi, pour le
type même des bouseux. J'appelai au téléphone le *business
agent* d'un syndicat local de la construction métallurgique. Il
me reçut tout de suite, mais à peine étais-je assis en face de
lui qu'il attaqua : « Alors, vous êtes français !... Moi, votre
pays, je ne l'aime pas, mais pas du tout... J'ai été soldat là-
bas... C'est sale, très sale, et puis c'est mal organisé... Et les
gens n'aiment pas travailler... Non, vraiment, je n'aime pas
votre pays. » M'armant de toute ma patience, je réussis à lui
faire donner deux exemples, relatifs aux ampoules électriques
et à une pompe à eau de Normandie. Et, à partir de ces deux
malheureux faits, j'entrepris de lui expliquer ce qu'était un
pays au sortir d'une guerre... Après deux heures de discussion
et force bières, c'était la grande amitié, et il m'assura qu'il
voterait sans aucun doute pour le plan Marshall.

Mais en général les syndicalistes n'avaient pas besoin d'être
convaincus ; le plan Marshall répondait parfaitement à leur
générosité ingénue, à leur foi dans le progrès universel
illimité. A leurs yeux, il suffisait que chacun s'exprime pour
que l'on puisse se comprendre. Et, grâce à l'éducation, tous
les hommes pourraient être égaux, tous pourraient être frères.
Certes, les syndicalistes ont eu ensuite leur récompense. Ils
ont pris des postes à Paris et partout en Europe, jouant fort
bien leur rôle d'aile libérale de l'expansion américaine et
scandalisant beaucoup de nos bons esprits. Pourtant, il est
manifeste, si l'on regarde le passé avec un peu de distance,
qu'à cette prétendue colonisation les prétendus colonisés ont
énormément gagné, sur le plan économique mais également
social.

Ce furent d'abord les vieux routiers de l'A.F.L. qui
s'infiltrèrent dans les organes du plan Marshall. Liés à la
C.I.A., ils avaient une longue expérience de la lutte
anticommuniste. En France, leur dirigeant Irving Brown

subventionnait directement Force ouvrière et le parti socialiste. Quelques années plus tard, leurs adversaires des
syndicats d'industrie C.I.O. prirent leur revanche : un des
frères Reuther s'installa à son tour à Paris, de façon beaucoup
plus austère et en liaison cette fois avec la C.F.T.C.
Aujourd'hui encore, on retrouve dans les cultures politiques
de F.O. et de la C.F.D.T., à la fois parallèles et opposées, les
divergences et les querelles de leurs amis américains d'autrefois.

L'envers de la médaille

On ne négocie pas simplement pour négocier. Tout
mouvement politique libéral a besoin de dépasser la lutte
immédiate en affirmant des valeurs. L'idée d'un Bien
universel, qu'il fallait étendre au monde entier, était de ce
point de vue une bénédiction pour tous ces braves idéalistes
américains, ravis de leur activité bienfaisante en Europe, et
plus encore au Japon, au début des années cinquante. Mais il
n'est pas de plus grand piège que la générosité : le Japon, une
fois devenu un grand pays moderne et démocratique, n'a plus
besoin de personne et devient même un concurrent dangereux. L'Amérique ouvrière ne s'en est jamais remise. Certes,
les syndicats jouent toujours un rôle important dans la vie du
pays, mais ils sont devenus conservateurs. Les libéraux ne
croient plus aux syndicats et, après avoir successivement
essayé en vain plusieurs chevaux de bataille, ont du mal à
retrouver une identité. Le grand mouvement de cette époque,
quoique tout à fait réel et vivant, n'en reposait pas moins sur
une illusion.

La première fois que je ressentis ce désenchantement, ce
fut en interviewant Hubert Horatio Humphrey, qui était
déjà un personnage en 1948. Le très jeune *coming man* de la

gauche libérale syndicaliste était alors maire de la ville de
Minneapolis dans le Minnesota : un État remuant, politiquement actif, assez à gauche en raison d'une forte influence
social-démocrate et populiste venue de Scandinavie et d'Europe du Nord. Humphrey, fils de pharmacien, brillant sujet
à l'Université, était devenu professeur adjoint de sciences
politiques, puis s'était fait élire sous la bannière démocrate.
C'était l'homme des syndicats, particulièrement de
l'U.A.W., et aussi l'homme de la gauche, le plus libéral
peut-être de tous les libéraux. Or, ce qui frappait chez lui,
c'était son irrépressible flot de paroles, une véritable logoma-
chie. Il avait réponse à tout et, avant même que vous ne
posiez un problème, en donnait déjà la solution — toujours
orientée vers la vertu, toujours confiante dans la force de
l'éducation. Merveilleux Humphrey, allègre et dévoué,
tellement touchant ! Le bon Américain qui irait toujours
jusqu'au bout, même de la guerre du Vietnam — traîné par
Johnson, bien sûr, et encore par vertu... Mais toute cette
rhétorique ne pouvait qu'entraîner la perplexité. Puisque tout
était si simple, pourquoi n'avançait-on pas plus vite ? Depuis
le temps qu'on éduquait et qu'on discourait, pourquoi la
discrimination raciale subsistait-elle, de même que la pauvreté massive, la corruption et la Maffia ?

La corruption notamment touchait de très près les syndicats. En 1948, celle qui régnait dans le syndicat des
camionneurs n'avait pas été encore révélée officiellement,
mais elle était de notoriété publique dans le mouvement
ouvrier. Cherchant à comprendre, je lus tout ce que je pus
trouver à propos de ce syndicat. C'était, hélas, trop clair.
D'une part, la corruption se développe toujours là où la
fraude est facile. Or, chez les camionneurs, les vols, les
substitutions, les accidents et incidents divers sont difficilement contrôlables. D'où un pillage endémique, quoique
moins général et moins organisé que chez les dockers. D'autre

part, les transports sont une activité vitale pour les entreprises, qui seront prêtes à payer pour éviter d'être bloquées. Sans les camionneurs, une entreprise peut se voir privée de ses matières premières ou incapable de livrer ses clients. Dès lors, rien n'empêche un bon *business agent* de garantir à ses amis chefs d'entreprise la paix sociale dont ils ont besoin, moyennant une honnête petite rente. Admettons même que cette pratique soit peu fréquente : il n'en existe pas moins toute une gamme de formes plus nuancées, où l'on se « rend service » mutuellement. Et ce n'est nullement au détriment des syndiqués de base : le *business agent* peut exiger et obtenir pour eux de bons salaires et des conditions de travail convenables, tout en accumulant lui-même tranquillement une petite fortune. Ensuite, eh bien, quand on a un peu d'argent et de bons amis bien placés, il est facile de faire fructifier son bien. Beaucoup de ces potentats locaux en arrivaient rapidement à jouer sur des centaines de milliers de dollars. Les commissions qu'ils touchaient sur les contrats collectifs d'assurance-maladie souscrits par leurs membres leur servaient souvent de première mise de fonds. Sans être des gangsters comme ceux du célèbre film de Kazan [1], ils constituaient un très large milieu de demi-corruption, au sein duquel fleurissaient aisément des pratiques beaucoup plus graves.

En 1948, les camionneurs n'étaient pas encore dirigés par Jimmy Hoffa [2], le « tsar » de Detroit, l'ennemi n° 1 de Bobby Kennedy, qui passa plusieurs années en prison et finit assassiné lors d'un règlement de comptes [3]. C'était un certain Dave Beck, président de la Conférence des camionneurs du

1. *On the Waterfront* (Sur les quais), 1954.
2. Hoffa était lié plus ou moins directement à la Maffia de Detroit.
3. Detroit, ville frontière, ville de passage, ville de cette industrie brutale qu'est l'automobile, a toujours été, avec Montréal et Chicago, un des foyers du gangstérisme américain.

Nord-Ouest, qui régnait sur la mosaïque de féodalités régionales qu'était alors la fédération des camionneurs. Installé à Seattle, la grande ville de l'État de Washington, Dave Beck était le type parfait du nouveau riche. Locaux somptueux, boiseries, doubles portes capitonnées, secrétaires blondes platinées, hautes moquettes : le patron était devenu un vrai notable. Nommé *regent* de l'Université de Washington, il n'était pas peu fier du titre. Sexagénaire mais en excellente forme, il me reçut juste après son jogging quotidien, et je fus très frappé du discours qu'il me tint, tout aussi édifiant que celui de Humphrey. Un peu moins intelligent sans doute, mais rapide et ayant réponse à tout ; moins vertueux bien sûr, mais non moins convaincu. C'est en toute sincérité qu'il était démocrate, partisan de Truman et du plan Marshall, apologiste de l'éducation. Son syndicat consacrait beaucoup d'argent aux campagnes d'organisation et à l'action politique et, sans être toujours d'accord avec l'U.A.W., loin de là, luttait comme elle pour la bonne cause. Il me donna pour preuve de son efficacité et de sa bonne foi les salaires des camionneurs, meilleurs en moyenne que ceux des ouvriers de l'automobile.

Cela mérite réflexion, car l'effondrement de l'idéal syndicaliste tient pour une bonne part à de telles situations. Indépendamment de toute corruption, il est clair qu'il ne s'agit plus tant ici de justice que de rapport de force. Si les camionneurs gagnaient plus, c'est qu'ils étaient en mesure d'exercer un véritable chantage sur le reste de la société, bien davantage que les ouvriers de l'automobile. La loi du marché, censée tout arranger à la longue, ne semblait pas pressée d'intervenir. Ce problème très général, qui bat en brèche tout idéalisme, se pose de même chez nous au niveau de services publics comme E.D.F., qui peuvent à tout instant paralyser la France en abaissant une manette. Cela explique l'importance des électriciens au sein de la C.G.T. et du parti communiste, qui en tirent une énorme capacité de contrôle sur la société française. Certes, il s'agit là de pouvoir politique et non d'abus égoïstes ou corporatifs, mais le mécanisme est le même. Les syndicats américains de 1948, d'ailleurs, étaient loin d'ignorer les manipulations politiques. La folie du maccarthysme, de la haineuse chasse aux sorcières qui allait dévaster la gauche américaine, n'est pas née de rien : communistes et *fellow-travellers* étaient effectivement nombreux et jouaient en particulier dans les syndicats un rôle non négligeable. C'était là, très exactement, l'envers de la corruption. En effet, on ne peut pas rester longtemps organiseur ou *business agent* syndical sans être soumis à de fortes tentations. La vertu, dont on se réclamait à l'origine du mouvement, à elle seule ne permet que bien rarement de résister. Le seul recours est alors l'idéologie qui, exactement comme la corruption, détourne le mouvement de son sens : on essaie d'emmener les gens ailleurs que là où ils étaient d'abord prêts à aller. « Pour leur bien », certes, et sans qu'on en retire d'autre avantage qu'une influence sur les événements immédiats, et plus largement sur l'histoire. Mais cela n'est pas rien.

C'est ainsi que pas mal de dirigeants moyens, infiltrés au bon endroit, travaillaient en sous-marins pour la cause du communisme. Et les ouvriers, qui bien souvent commençaient à bouffer du Soviétique dès le petit déjeuner, après le bulletin d'informations de la radio, votaient régulièrement pour eux aux élections d'entreprise, parce qu'ils étaient plus zélés, plus honnêtes, plus efficaces que les autres. Quand les bruits commençaient à se répandre, ils refusaient d'y croire : le communisme, c'était le mal par excellence, et quelqu'un d'aussi vertueux ne pouvait être au service du mal. Il est vrai d'ailleurs que ces révolutionnaires ne pouvaient pas faire grand-chose, sinon se consacrer mieux que les autres à l'action syndicale et attendre des jours meilleurs. Le mouvement

savait mettre à profit leur dévouement, qu'aucune tâche ne
rebutait. Quand ils furent chassés, ce fut une catastrophe : la
vertu se retrouva livrée à elle-même, sans le soutien de ce
ferment activiste, et même l'U.A.W. vit alors rapidement
s'installer un fonctionnement bureaucratique.

La nature de l'illusion

Trente ans après, l'idée d'un *labor party* à l'anglaise, dont
rêvaient les activistes de l'Amérique ouvrière, paraît incon-
grue, voire absurde. Les intellectuels ont déserté les syndicats, qu'ils considèrent désormais comme des organisations
profondément conservatrices. Sans doute la très large diffu-
sion d'une nouvelle vulgate marxiste dans les universités
revêt-elle encore l'expression « classe ouvrière » d'une aura
magique. Mais elle désigne en réalité maintenant les Noirs,
les femmes, les homosexuels, le tiers monde, en aucun cas les
syndicats. Le blocage politique lié aux démocrates sudistes a
disparu, sans même qu'on s'en aperçoive, pendant la présidence Johnson ; mais cette transformation, si longtemps et
passionnément espérée par la gauche, n'a produit aucun des
effets qu'elle en attendait. Non seulement le conservatisme
n'a pas reculé, mais il s'est diffusé dans l'ensemble du
territoire. C'est maintenant dans le Nord que se posent les
problèmes raciaux les plus aigus.

Les organisations syndicales elles-mêmes ont perdu beaucoup de leur vitalité. La fédération des camionneurs n'a pas
été véritablement assainie. L'U.A.W. a perdu la partie face
aux syndicats de métier. George Meany, le vieux leader
conservateur de la confédération A.F.L.-C.I.O. unifiée et le
principal porte-parole de l'idéologie corporative, a survécu
plus de quinze ans à son cadet Walter Reuther, dont le décès
dans un accident d'avion, en 1970, sera durement ressenti

Tous les ans, on lance en vain une nouvelle campagne pour syndiquer le textile du Sud. L'U.A.W., alourdie et bureau-cratisée par le système des contrats collectifs, doit en outre se consacrer avant tout à préserver les emplois chez Chrysler et dans les autres firmes. Au-delà de ces simples constatations, on s'aperçoit que l'affaiblissement des syndicats, de leur poids économique, social et politique, tient pour une bonne part à la diminution de la population ouvrière et notamment des « cols bleus » de l'industrie, clientèle traditionnelle des syndicats. Mais pourquoi, demandera-t-on, les organisations syndicales n'ont-elles pas réussi à syndiquer les « cols blancs », les travailleurs des bureaux, des services, des hôpitaux ? C'est que le syndicalisme américain, par sa nature même, repose sur le modèle de la négociation libre et qu'en dépit des apparences, à long terme celle-ci favorise toujours les minorités : ce ne sont pas les gros bataillons qui y gagnent le plus, mais les petites minorités bien organisées, capables d'exercer au moment décisif le chantage le plus efficace. Aussi n'est-il pas nécessaire ni même utile de perdre son temps à syndicaliser tout le monde, bien au contraire. Le comportement des années 35-50 était rendu possible par la Grande Crise, qui entraîna une réaction idéaliste. Et, même alors, le mouvement ouvrier classique, représenté par l'A.F.L., ne fit pas grand-chose pour la syndicalisation des grandes industries.

Aujourd'hui, les syndicats rassemblent des minorités bien établies, qui profitent de la situation exactement de la même manière que les corporations dénoncées par François de Closets[1]. Il n'est pas étonnant qu'à ce jeu les petites féodalités de l'A.F.L. l'emportent sur les grands empires syndicaux tels que l'automobile et l'acier. Ni que ce milieu ouvrier privilégié, et qui souvent se sait privilégié, soit

1. Cf. en particulier *la France et ses mensonges* Denoël, 1977

devenu conservateur et ait acquis des réflexes réactionnaires.
On compte aux États-Unis 20 millions seulement de syndiqués, bien payés parce que syndiqués, auxquels font face,
bien sûr, les salariés de toutes sortes qui forment la classe
moyenne, mais aussi un nombre au moins égal de salariés
beaucoup moins bien rémunérés ; plus bas encore, on trouve
20 millions d'assistés, totalement ou partiellement à la
charge de la collectivité, et enfin 8 à 12 millions d'illégaux [1]
travaillant au noir, le plus souvent pour des salaires de
famine.

La fin des années soixante a vu naître la réaction des « *hard
hats* » : les travailleurs portant le casque, c'est-à-dire essentiellement ceux du bâtiment, syndiqués dans les vieux
syndicats de métiers A.F.L. Jouissant de très bons salaires, ils
sont une classe moyenne privilégiée à l'intérieur de la classe
moyenne que forment les syndiqués. Or leur situation se
trouve menacée par le désordre et l'insécurité, comme aussi
par la promotion des minorités de couleur. C'est principalement dans les quartiers qu'ils habitent que règne l'insécurité
et que se détériorent les services collectifs. Propriétaires de
leurs maisons, ils ne peuvent facilement déménager. En
outre, les impôts fonciers augmentent — pour payer le
Welfare, ne manque-t-on pas de souligner. Les écoles,
envahies par les minorités, sont d'un niveau de plus en plus
mauvais et l'avenir est bouché pour leurs enfants, qui ont
aussi de plus en plus de mal à obtenir des bourses, réservées
en priorité aux minorités. Si les candidats réactionnaires
cultivent particulièrement les quartiers ouvriers, ce n'est pas
sans raison — ni sans succès.

Les grandes industries semblent glisser vers la pente que

---

1. Pour 1980, les estimations varient entre 3 et 12 millions, avec une forte
présomption en faveur du chiffre supérieur. Pour sa seule ville, le maire de New
York a officiellement avancé le chiffre d'un million d'illégaux, soit une personne
sur sept ou huit.

connaît bien l'Angleterre. A force de demander plus [1] sans vouloir s'occuper du comment, les syndicalistes américains se sont enfermés dans un cycle sans issue. Contrairement à ce qu'ils imaginaient, le progrès technique n'a pas suivi la progression de leurs revendications et des acquis obtenus. L'invraisemblable bureaucratisation juridique entraînée par l'application des contrats collectifs n'a pas été un aiguillon mais un frein pour l'innovation. Les industries de masse américaines ne sont plus en pointe, ni du point de vue technique ni du point de vue social. Et le niveau de vie des ouvriers américains commence maintenant à baisser [2]. Le progrès social par la libre négociation a depuis longtemps déjà rencontré ses limites. C'est que cette formule, loin d'avoir une valeur universelle, n'était efficace que dans un climat d'expansion générale. Quand il n'y a plus de frontière, quand s'ouvre l'ère du monde fini, les mécanismes s'inversent et cela même qui était source de progrès menace de conduire au déclin.

---

1. Voici plus de cent ans, appelé à témoigner devant le Congrès sur le syndicalisme américain, Samuel Gompers eut cette réponse lapidaire, qui fit fortune : « Que veut votre mouvement, Monsieur Gompers ? — *More, Senator.* »
2. On estime qu'en valeur réelle il a baissé de 9 % dans les dix dernières années, contre une hausse de 25 % en moyenne dans les pays du Marché commun.

CHAPITRE II

L'AMÉRIQUE UNIVERSITAIRE
ou
le rêve de la vérité

Le rêve de la vérité

On n'abandonne jamais un rêve simplement parce qu'on ne peut plus y croire. On le développe, on l'élargit, on le transforme, puis un jour on s'aperçoit que c'est devenu un autre rêve. Le rêve de la gauche libérale américaine, c'était un progrès social arraché par un combat peut-être radical, voire violent, mais exempt du fatras intellectuel et des excès propres aux groupes révolutionnaires. En 1943, bien avant Cuba ou la Yougoslavie, c'est aux États-Unis qu'on pouvait trouver ce rêve : je fus pro-américain de gauche, espèce un peu rare en France mais qui semblait encore honorable. On me traitait même à l'époque, gentiment, de marxiste indépendant. C'était une position généreuse, sans compromission ni à droite ni à gauche, et surtout concrète. Mais des rêves de cette sorte, s'ils ne se renouvellent pas sans cesse, s'étiolent. Or l'Amérique syndicaliste n'avançait guère ; l'idéal sombrait dans la routine, s'enlisait dans les bourbiers juridiques. Si je n'en ressentis aucune déception, c'est à vrai dire que sur le moment je ne m'aperçus de rien. Il me faudra des années pour être capable de mettre en question mes illusions de cette époque.

Dans les années cinquante, une autre Amérique, que j'avais à peu près totalement ignorée lors de mon premier voyage, vint insensiblement remplacer la première : l'Amérique intellectuelle, qui nourrissait elle aussi un rêve — le rêve de la vérité. C'était très séduisant, pour quelqu'un qui avait décidé d'étudier la société. Certes, une telle étude ne découle pas, en général, d'un simple goût du savoir comme tel, mais plutôt de l'espoir d'un changement : on veut apporter sa pierre à la construction d'un monde nouveau, et autrement qu'en distribuant des tracts (faute de juger cela suffisant, ou faute de pouvoir croire à ce que disent les tracts). Il n'en reste pas moins qu'on est tout prêt, lorsque cet espoir est déçu, à lui substituer l'amour de la science et à réinvestir son espérance dans l'idée de vérité.

Pour bien comprendre la force de cet autre rêve, il faut se rappeler ce qu'étaient à cette époque la société française et, à un moindre degré, l'Europe tout entière : des pays déchirés, piétinés, qui reniaient leur vieille culture mais sans parvenir à la dépasser. Ceux qui atteignaient l'âge d'homme dans les années cinquante furent totalement paralysés par la frénésie des grands rhétoriqueurs qui régnaient sur le monde idéologique, et dont le vernis révolutionnaire dissimulait mal une arrogance d'aristocrates. L'Amérique intellectuelle d'alors, au contraire, ne le cédait pas en générosité à l'Amérique ouvrière. On s'y serait cru au temps de la Révolution française, sous la célèbre inscription : « Ici commence le pays de la Vérité. » Race, couleur, religion, idéologie, rien de tout cela n'y avait la moindre importance. La grande armée des scientifiques était ouverte à quiconque venait servir la cause de la Vérité, à la seule condition de respecter les normes du travail scientifique et la règle de la preuve : rien ne saurait être établi si l'on n'en a apporté la preuve. Nul autre préalable,

aucune arrière-pensée : un chat est un chat, même en pata-
gon, et s'il ne l'est pas dans la langue marxiste-léniniste,
c'est que celle-ci est inutile. Dommage, dira alors le scientifique sans la moindre trace d'ironie, ç'avait l'air intéresssant !

Toutes les chaises de l'Université de Harvard, de lignes
austères et uniformément noires, sont fabriquées sur le même
modèle et marquées de l'emblème de l'Université : un
écusson doré triparti frappé de lettres gothiques : VE-RI-
TAS. J'ai toujours eu la tentation d'en voler trois ou quatre,
mais sans jamais pouvoir m'y résoudre ; on ne s'approprie pas
la Vérité. Quelle merveille, cependant, pour une discussion
intellectuelle, que de devoir s'asseoir sur des chaises *Veritas* !
On sait pourquoi on est là, qu'il faut écouter l'autre et
progresser avec lui, qu'il ne s'agit pas de se quereller ou de
chercher à prendre le dessus mais de coopérer à l'œuvre de
vérité. En France, on ne respectait pas la vérité. D'ailleurs ça
n'existait pas, c'était une invention bourgeoise ; il fallait
avant toute chose dire d'où l'on parlait, exhiber la justesse de
sa position et la pureté de son âme. Rien de tel en Amérique :
que l'on fût blanc ou jaune, marxiste ou positiviste, peu
importait au regard de la vérité. L'attention des plus grands,
de ceux que vous respectiez le plus dans votre spécialité, vous
était offerte immédiatement. Ils ne vous recevaient pas pour
vous éblouir et vous faire leur numéro comme ç'eût été le cas
en Europe, mais pour vous écouter, dans l'espoir que vous
auriez quelque chose à leur apprendre. Et ils réussissaient
effectivement, grâce à leur faculté d'écoute, à tirer de vos
propos décousus quelque fragment de vérité. « Jeune
homme, n'oubliez pas que c'est ici le pays de la Vérité » : je
retrouvais mon mentor de Washington. Je ne l'avais jamais
perdu, c'était bien le même pays.

Cette vérité qu'exaltait l'Amérique intellectuelle devait
beaucoup de sa force d'attraction à son caractère concret et
pratique. On se répétait, la bouche gourmande : « Il n'y a

rien de plus pratique qu'une bonne théorie. » Et, si la vérité
faisait l'objet d'un culte célébré dans les universités et les
centres de recherche, c'était avec une austérité que ne déparait
point une certaine coquetterie de la simplicité : dites ce que
vous avez à dire, mais dites-le vite. Une vraie théorie tient en
une phrase et trois équations, même en sciences sociales. Le
reste n'est que prolégomènes verbeux, précautions inutiles,
digressions, fioritures d'Européen décadent. Je n'ai jamais pu
me plier complètement à cette discipline : trop soucieux des
nuances, j'éprouvais le besoin de préciser le contexte et les
limites de validité de ce que j'avais à dire. Mais j'ai
énormément appris à cette école.

Certes, j'ai vu par la suite mes maîtres, ou ceux que j'avais
crus tels, devenir sentencieux et jouer aux *prima donna* tout
comme des Européens. Heureusement, l'Europe a changé,
l'Amérique davantage encore, et elles se sont énormément
rapprochées. Je n'oublierai jamais, pourtant, cette Amérique
de la Vérité ; naïve, peut-être, mais grande et généreuse. Il
était bon, voire décisif pour l'humanité entière, qu'un pays
sût maintenir cette passion avec une telle intensité, quand
tous les autres avaient fléchi.

L'austère Michigan

Jamais sans doute ce culte ne fut aussi bien servi, en
sciences humaines tout du moins, que dans les institutions de
l'austère Michigan. C'est un pays de vastes plaines et de lacs,
couvert de pins et de bouleaux, un pays nordique au soleil
pâle. Pays de l'industrie de l'automobile — géante, mons-
trueuse, monomaniaque —, où les ouvriers ne sont pas des
ouvriers mais des gens de passage ; mais pays aussi d'intellectuels austères, soigneux, puritains, un peu illuministes à la
façon scandinave. Le Michigan est l'État qui par tête

d'habitant dépense le plus pour ses universités, dont la meilleure est l'Université du Michigan, établie à Ann Arbor non loin de Detroit. Quand j'y vins pour la première fois en 1956, la ville venait d'élire comme maire, parce qu'intellectuel, un professeur de sciences politiques à l'Université. Le savoir exerçait un si grand prestige que certains managers de l'automobile, parmi les plus libéraux, avaient délaissé Grosse Pointe pour habiter Ann Arbor. McNamara était de ceux-là et jamais, sauf cas de force majeure, il ne manquait un cocktail d'universitaires. Certains fonctionnaires de la fédération syndicale ouvrière faisaient de même. L'université civilisait peu à peu les mœurs brutales de la grande ville.

Pour ma part, je venais là dans le cadre d'une de ces « missions de productivité » que le plan Marshall avait imposées aux Européens et qui ont joué un rôle de première importance dans la transformation de l'Europe. Les Américains avaient exigé, lors de la signature du plan, qu'une large fraction des crédits qu'ils ouvraient soit consacrée à la formation des élites européennes et à la recherche ; ainsi furent organisées les missions de productivité, qui permettaient à des centaines de personnes, appartenant aux secteurs d'activité les plus divers, de passer aux États-Unis quelques semaines au cours desquelles on leur montrait ce qui se faisait de mieux dans leur domaine, en leur expliquant comment et pourquoi. Il y avait beaucoup à voir en un temps limité, et les gens sortaient de là épuisés. Mais cette méthode de choc se révélait fructueuse. C'est de cette époque que date la soif de connaissances, de voyages d'étude, de discussions entre pairs, bref l'ouverture d'esprit qui caractérise aujourd'hui les activités économiques et sociales européennes, au point qu'à cet égard les Européens sont désormais bien souvent en avance sur les Américains. Jusqu'alors, ils dissimulaient jalousement leurs histoires et leurs secrets : cette découverte de l'Amérique les transforma radicalement. Parler, discuter,

c'était donc possible ! Les Européens attrapèrent là le virus du
progrès et ils ne s'en sont pas défaits depuis. Le système des
séminaires, l'immense appareil de la formation permanente et
même la loi Delors sont inconcevables sans cette contamina-
tion initiale.

Le Michigan fut le haut lieu de notre mission de
productivité. Nous y passâmes une semaine, sans une minute
de répit, à écouter les plus importants chercheurs en
psychologie sociale faire le point sur leur spécialité et
présenter leurs hypothèses et résultats. Jamais je n'ai appris
tant de choses en si peu de temps. Dans les années cinquante,
leur grand problème, tout comme le mien, était celui des
relations hiérarchiques. Leurs hypothèses, libérales et opti-
mistes, tournaient toutes autour de la notion de *permissivité* :
ils voulaient démontrer que des méthodes de direction
permissives pouvaient être non seulement plus satisfaisantes,
mais aussi plus efficaces que les méthodes autoritaires. Ils
travaillaient en laboratoire par des recherches expérimentales
menées sur des volontaires — surtout des étudiants, naturellement —, et essayaient de vérifier leurs modèles et
hypothèses par de vastes enquêtes *in vivo,* dans des entreprises
et des administrations. On pensait pouvoir développer cette
méthodologie jusqu'à conduire une expérimentation contrô-
lée dans des entreprises réelles. En fait cela n'aboutit jamais,
hormis quelques tentatives très peu concluantes et vite
avortées, mais à l'époque on espérait encore, en toute bonne
foi, y parvenir un jour.

Alors que, dans d'autres centres de recherche, on parlait
avec fougue d'une percée méthodologique imminente, à Ann
Arbor régnait avant tout une extrême rigueur. Je me souviens
d'un chercheur venu nous expliquer que ses résultats avaient
complètement infirmé ses hypothèses, et qui voyait là un
remarquable succès puisqu'il avait réussi à éliminer l' « hypothèse nulle » — cette plaie de nos sciences approximatives,

qui consiste en ce qu'un modèle opératoire, conçu pour trancher entre le blanc et le noir, produit le plus souvent du gris. Dans ce cas précis, c'était noir, sans aucune nuance. Autrement dit, il s'était trompé. Ses résultats démentaient l'hypothèse, libérale et optimiste, sur la base de laquelle il travaillait. Mettant la Vérité bien au-dessus de ses propres désirs, il n'en était que plus exalté. La réfutation qu'il s'était lui-même infligée témoignait de la qualité de son travail. Le Dieu de la Vérité exigeait des sacrifices et plus ceux-ci étaient coûteux, plus le fidèle s'affermissait dans sa foi.

Dans l'ensemble, cependant, on croyait encore passionnément à cette permissivité qui devait renouveler l'homme et la société. Beaucoup d'autres universités et centres de recherche travaillaient à partir des mêmes prémisses, et l'Amérique tout entière était atteinte par ce puissant mouvement quasi religieux qui, du docteur Spock à la créativité de groupe, a secoué si profondément les sociétés occidentales. Mais c'est à Michigan qu'un grand laboratoire scientifique, le premier, se lança dans cette aventure. Traitez bien votre prochain et il vous traitera bien ; intéressez-vous aux problèmes de vos subordonnés au lieu de punir leurs insuffisances, ils vous en aimeront davantage et la productivité vous sera donnée par surcroît : contre les cercles vicieux de la hiérarchie et de l'agressivité, il s'agissait de démontrer la possibilité de « cercles vertueux ». Cette idée restait simpliste, car ni les conditions à l'intérieur desquelles la vertu peut se maintenir par elle-même, ni les moyens de passer de la mauvaise à la bonne spirale n'ont jamais pu être sérieusement précisés [1]. Pourtant, beaucoup de choses sont sorties de là, les meilleures comme les pires : les illusions sur les rapports humains et les relations publiques, qui révulsaient la gauche européenne des

---

1. C'est un des sujets essentiels sur lesquels nous avons travaillé, Erhard Friedberg et moi-même, dans *l'Acteur et le Système* (Seuil, 1977).

années cinquante, les illusions de la psycho-sociologie pour
une large part le rêve libertaire de Mai 68, l'exaltation de la
rencontre, la mise en question des institutions, le désordre
dans tout l'appareil d'éducation [1].

Au pays des réservoirs à pensée

Le meilleur exemple que je connaisse d'institution fondée
sur l'idée d'un « cercle vertueux » appartient précisément au
monde de la recherche. Si l'institut de recherche lié à
l'Université de Michigan, composé essentiellement d'enseignants, conservait une éthique et un mode de fonctionnement très universitaires, on trouvait déjà aussi, dans l'Amérique des années cinquante, une formule tout à fait neuve :
celle des *think tanks,* les réservoirs à pensée. La recette est
simple : mettez ensemble suffisamment de grosses têtes et de
jeunes gens prometteurs, dégagez-les de toutes contraintes —
administratives, techniques et, autant que possible, sociales
—, payez-les bien, lancez-les sur des pistes excitantes pour
l'esprit ; puis, tout bonnement, laissez-les penser et
attendez...

Les réservoirs à pensée se développèrent sur le modèle de
l'Institute of Advanced Study de Princeton, où brillait
Einstein, et de la Brookings Institution de Washington, dont
l'objectif était de fournir à l'administration fédérale les
études, les recherches, les modèles intellectuels dont elle
pouvait avoir besoin.

Le plus grand succès en ce domaine dans les années
cinquante et soixante fut la Rand Corporation. Cette
institution un peu mystérieuse, fondée par l'armée de l'Air

1. Loin de moi l'idée de tout rapporter à une découverte intellectuelle, de faire
de Michigan le laboratoire du monde moderne des années 60-70. Il est cependant
intéressant de suivre le trajet des hypothèses scientifiques, souvent inattendu.

américaine avec mission de réfléchir sur les systèmes d'armement du point de vue des coûts et de l'efficacité, s'orienta
ensuite de plus en plus vers les problèmes généraux de la
rationalité des choix et de la théorie de la décision. La Rand
s'était installée à Santa Monica, en Californie du Sud, et
l'idée de réservoir à pensée ne tarda pas à s'associer, dans
l'esprit du public, à l'agréable climat californien. C'est là que
Hermann Kahn commença sa carrière et, en « pensant
l'impensable [1] », acquit sa célébrité — si grande qu'il servit
de modèle au Dr Strangelove imaginé, non loin de là, par les
studios de Hollywood. C'est à la Rand que furent élaborés les
nouvelles méthodes de rationalisation des choix, qui firent la
fortune de McNamara au département de la Défense et que
l'Amérique exporta ensuite dans le monde entier.

Ce qui est extraordinaire dans ce phénomène des *think
tanks*, c'est l'immense considération dont jouit soudain le
simple *acte* de penser. Certes, le monde n'avait pas attendu les
Américains pour admirer le savoir et même la sagesse. Mais
ici, le respect est poussé au plus haut degré et tout concourt à
créer les conditions idéales où la pensée de quelques individus
choisis pourra prendre son envol. Chacun d'eux, seul dans sa
cellule, loin des embarras des laboratoires et des contingences
de l'enseignement, se consacre à son austère tableau noir.
Autour de lui règne l'atmosphère la plus propice : chaleu-
reuse, mais dans un total silence. Ni téléphone, ni discussions de couloirs. Comme le « Silence, on tourne » des
plateaux de cinéma, on croit entendre résonner cette unique
et absolue consigne : « Silence, il [2] pense. »

J'ai été en 1959-60 pensionnaire d'un de ces réservoirs à
pensée, le Center for Advanced Study in the Behavorial

1. Titre de son premier grand livre, dans lequel il examine avec le plus grand
sang-froid les perspectives de guerre nucléaire.
2. Les féministes voudront bien me pardonner ce masculin ; très rares étaient
encore les femmes, à l'époque, dans ces institutions.

Sciences C'était un centre un peu particulier, fort proche du
modèle de Princeton, où l'on accueillait 45 personnes, à
chaque mois de septembre, pour une année seulement. Face
au paysage magnifique des collines qui dominent l'Université
de Stanford, chaque pensionnaire avait son bungalow, muni
de rayonnages et de l'invariable tableau noir. Tous les matins,
on venait lui demander de quels livres il aurait besoin, afin
d'aller les lui chercher à la bibliothèque universitaire. Le
centre n'avait que cinq ans d'existence et, quoique bien rodé,
était encore dans sa phase de grand enthousiasme. Cette
année-là s'avéra une année d'individualisme : les travaux
collectifs ne faisaient guère recette. En revanche, on se
rencontrait beaucoup de bungalow à bungalow, on se
consultait, on échangeait ses premiers *papers,* on en discutait
au soleil, au gré des déjeuners champêtres.

Le centre avait été créé par la fondation Ford pour renforcer
la recherche universitaire dans les sciences du comportement,
où la fondation joua un rôle décisif dans les années cinquante
et soixante. Sciences du comportement, cela signifiait sciences humaines, bien sûr, mais dans une perspective très
positiviste : concrète, acharnée à fournir des preuves, tournée
vers l'expérimentation et l'analyse des conséquences pratiques
possibles. La grande affaire de la fondation Ford, c'était le
cultural lag, le retard des sciences humaines face aux sciences
de la nature et aux technologies qui progressaient à toute
vitesse, bouleversant les comportements humains et les
régulations sociales. Il fallait relever ce défi, si l'on voulait
éviter de perdre tout contrôle sur cette course effrénée, et
pour cela investir dans les sciences du comportement.
Raisonnement impeccable, que la fondation Ford menait
jusqu'au bout. Tout était soigné jusque dans le plus petit
détail. La sélection des pensionnaires reposait sur un étonnant
système de démocratie élitiste : pour être sûr de prendre les
meilleurs, on faisait circuler des listes auprès de toutes les

notoriétés dans chaque discipline. On s'efforçait ensuite de réaliser un équilibre en fonction des âges, des orientations, des disciplines, après quoi le choix final ne souffrait plus aucune discussion : on faisait totalement confiance aux heureux élus. Hormis la proscription de la musique et des sports, ils ne connaîtraient pendant un an point d'autre règle que la généreuse maxime de Rabelais : « Fais ce que veux. »

Des étudiants civilisés

Pour un universitaire, c'est un chemin bien inhabituel que je suivis aux États-Unis : d'abord la vie active, puis les institutions de recherche, puis les *think tanks,* et seulement alors les universités. En 1967, je fus enfin appelé à enseigner, sans la moindre expérience préalable et, de surcroît, sans même avoir été étudiant aux États-Unis. Chaque étape successive avait été un nouveau choc : l'Amérique libérale, si ouverte et dynamique, pour le craintif étudiant débarquant d'une société française bureaucratique ; la recherche rigou-reuse, pour le jeune intellectuel européen plus accoutumé aux généralités abstraites ; l'absolue liberté de Stanford, pour un esprit formé dans le respect des formes et des hiérarchies. L'honneur que me faisait Harvard ne me prit pas moins au dépourvu : moi qui même en France n'avait jamais encore enseigné, je devais tenir mon rang de *full professor* dans la plus prestigieuse des universités de l'Est. Il faut savoir que partout ailleurs en Amérique, même dans d'excellentes universités comme Berkeley ou Michigan, on ressentait une considérable distance culturelle vis-à-vis de l'Est. *Back East :* là-bas ils ont de la classe, ils sont moins naïfs, ils représentent la civilisation elle-même. Et à Harvard plus encore qu'ailleurs.

Et voilà donc qu'un jour je les trouvai devant moi, ces étudiants civilisés. Plus nombreux qu'on ne m'avait dit : une bonne centaine. Je m'affolai un peu, bafouillant, parlant trop longtemps. A la seconde séance, ils n'étaient plus qu'une quarantaine. A la troisième, vingt-cinq. J'avais beau me répéter qu'un petit cours vaut bien mieux qu'un grand amphithéâtre, je me sentais tout de même cruellement mortifié. Il me fallut une bonne semaine pour découvrir qu'il n'y avait rien là de particulier et que j'avais partagé le lot commun : pendant la première semaine de cours, il est d'usage que les étudiants se promènent un peu partout, aillent écouter les nouveaux cours, avant de faire leur choix définitif pour le semestre. Personne ne garde son audience du début. Vingt-cinq personnes pour un premier cours, me dit-on, mais vous devriez être content, c'est un succès ! Ces vingt-cinq fidèles, en tout cas, furent merveilleusement coopératifs. Tant par nervosité qu'en raison de l'obstacle linguistique, je n'étais pas toujours bien compréhensible. Ils me faisaient alors répéter, sans le moindre complexe mais avec une grande gentillesse. Et si je restais vague sur tel ou tel point, ils le mettaient généreusement au compte de mon anglais, jamais d'une imprécision dans la pensée, et ils m'aidaient à clarifier les choses. Le cours se faisait avec eux, et plus je les mettais à contribution, plus ils étaient contents. Quelle différence avec la France ! Ils n'étaient pas là pour se morfondre passivement ou pour critiquer, mais pour tirer le meilleur parti d'une ressource qui leur était offerte. Cela se manifestait immédiatement dans l'extraordinaire capacité d'écoute de ces garçons et de ces filles, auxquels rien n'échappait de ce que je pouvais dire. Ils suscitaient ma parole par la simple vertu de leur attention et, quand elle ne venait pas ou n'était pas assez claire, ils m'encourageaient par leurs questions. Là-dessus venaient ensuite se greffer des échanges plus personnels, presque toujours fructueux. Un étudiant s'aventurait : « Vous dites cela, c'est très séduisant, mais est-ce qu'on ne pourrait pas dire aussi que... » Ou bien : « Votre analyse, ça me fait penser à... » Si je répondais : « Non, je ne vois pas le rapprochement », il n'en était pas du tout vexé. Et grâce à son intérêt je pouvais repartir de là, extraire d'une question un peu naïve l'intuition maladroitement exprimée qui s'y trouvait presque toujours : « Tel que vous le présentez, le raisonnement ne tient pas, mais vous touchez là à quelque chose d'essentiel, qui pourrait mener à une autre interprétation intéressante... » Là aussi, nous étions dans une spirale « vertueuse », et ensemble nous travaillions de façon tout à fait remarquable. D'autant plus que, comble de l'étonnement pour un enseignant français, je pouvais leur suggérer de lire tels livres, et ils les lisaient — mieux, ils les lisaient à temps pour que nous puissions en parler sérieusement.

C'étaient, en effet, des étudiants vraiment civilisés. Très indépendants, ils ne faisaient preuve d'aucune obséquiosité, mais se montraient naturellement déférents, pleins de gentillesse et de chaleur humaine. Et quand ils avaient compris quelque chose qui leur paraissait important, ils tenaient à venir m'en remercier, avec la plus grande simplicité. Quand je repense aux deux semestres complets d'enseignement que j'ai faits alors, je suis bien près de me dire, tel un ci-devant : qui n'a pas connu les bonnes universités américaines dans les années soixante, n'aura pas connu le bonheur d'enseigner. Ces étudiants m'ont beaucoup apporté jusque dans mon travail de recherche. Sans eux, je n'aurais jamais réussi à dépasser une vision de la bureaucratie beaucoup trop limitée à la France. Je leur présentais les cas français que j'avais étudiés, j'en analysais devant eux les mécanismes, et je répétais avec force — par précaution, mais aussi par une sorte de chauvinisme renversé — que tout cela était spécifiquement français, que seule la France pouvait présenter des effets aussi monstrueux. Or ils étaient tout prêts à accepter la méthode de recherche, le raisonnement, les hypothèses, mais à condition justement de

pouvoir les étendre au-delà du contexte français. Mes
propositions leur paraissaient utiles, donc elles devaient
valoir aussi pour les États-Unis. Et, de fait, en travaillant par
eux-mêmes, en étudiant des cas concrets, en rédigeant des
papers, ils m'ont démontré que sur ce point j'avais tort et que,
malgré Philippe Le Bel et Louis XIV, la bureaucratie n'était
pas plus française qu'américaine. Jamais par la suite je n'ai pu
traiter comme je le faisais encore alors de l'administration et
de la bureaucratie, en France ou ailleurs.

Comme un arrière-goût de tristesse

Peu avant d'écrire ce livre, je suis retourné enseigner à
Harvard, après dix ans d'interruption. En apparence,
c'étaient toujours les mêmes étudiants, rapides, ouverts,
intelligents, travailleurs. Mais ils étaient tristes, ils n'avaient
goût à rien, l'avenir leur semblait bouché. Certes, les
étudiants français aussi sont tristes. Mais eux ont toujours
grogné, râlé, réclamé, sans que ni eux-mêmes ni personne n'y
attachent beaucoup d'importance. On sait trop bien qu'après
toutes ces belles protestations, ils trouveront finalement la
petite combine qui leur permettra de s'arranger avec ce
monde pourri. Des Américains tristes, c'est tout autre chose :
une tristesse simple, sans nuance et sans rémission. Pour les
animer un peu, je devais les provoquer, leur dire brutalement
que leur avenir dépendait avant tout d'eux-mêmes, que dans
un pays comme le leur le travail ne manquait pas pour des
intellectuels, qu'il y aurait de la place pour ceux qui seraient
capables de se battre. Là, je les retrouvais un peu. Mais si
j'attendais qu'ils se manifestent d'eux-mêmes, rien ne venait.
Arrivés trop tard dans un monde trop vieux, ils avaient perdu
courage. Cela dépassait d'ailleurs la simple indifférence ou
l'apathie : on sentait là un goût de la dérision, presque une

délectation dans l'échec. A mon séminaire de doctorat, je demandai des exemples d'innovations sociales américaines, dont nous pourrions examiner ensemble les mécanismes d'apparition et de développement : la moitié de leurs suggestions concernaient des innovations condamnables, des innovations dans le mal. Ainsi, le premier qui osa s'exprimer voulait étudier les nouvelles pratiques du F.B.I. pour lutter contre la corruption. Ces pratiques contestables venaient de soulever un véritable tollé dans la presse : des agents déguisés en cheiks arabes s'étaient infiltrés dans les milieux proches du Congrès, à Washington, et avaient déposé des enveloppes, bourrées de liasses de gros billets, chez leurs nouveaux amis, congressmen et sénateurs. Le nombre de ceux qui avaient refusé ces enveloppes était faible, lamentablement faible. Voilà, me disait mon étudiant, un procédé nouveau, malhonnête peut-être mais nouveau ; et nous devons étudier aussi les mauvaises innovations, qui sont peut-être plus importantes que les bonnes.

Toutes les Américaines ne sont pas rousses, et je n'irais pas jusqu'à soutenir que les étudiants américains, après n'avoir vu que le bien pendant des années, ne sont désormais plus capables de voir autre chose que le mal. Mais il y a, de toute évidence, un mouvement général de découragement, et une sorte de retournement pervers qui pousse les jeunes Américains à brûler ce que l'Amérique a adoré, à piétiner les idoles positives, à prendre toutes choses par le mauvais côté. Cela se manifeste jusque dans la recherche en sciences sociales. La machine continue de tourner, on subventionne toujours des recherches par centaines. Mais on est entièrement plongé dans ce que Thomas Kuhn appelle la « science normale [1] », dans la routine au jour le jour. Cela donne de plus en plus de

1. La *Révolution copernicienne*, Fayard, 1973.

précision et de rigueur, mais sur des sujets de moins en moins
intéressants ; et des statistiques, encore des statistiques, avec
d'interminables notes en bas de page. Le travail est soigné
mais l'imagination s'étiole. Et si l'on sort parfois de cette
routine, c'est au profit d'expériences et de propositions tout
imprégnées de cette fascination du mal. Le récent succès de
l'ouvrage de Stanley Milgram est de ce point de vue [1]
particulièrement impressionnant : presque le parfait envers
des expériences menées à Michigan voici vingt ans. On
essayait alors de montrer qu'une bonne formule de permissivité produirait à la fois une plus grande satisfaction des
intéressés et un meilleur résultat pour le groupe. Milgram au
contraire s'attache à prouver qu'en manipulant tels et tels
éléments de son contexte social, on peut transformer n'importe quel paisible citoyen en tortionnaire nazi. Cercles
vertueux, cercles vicieux : il ne serait pas sans intérêt de
montrer que l'une et l'autre des deux spirales peuvent
fonctionner dans la réalité, selon les situations, et de chercher
à comprendre comment on passe de l'une à l'autre, comment
se fait le bon ou le mauvais déclic. Mais l'essentiel, quoi
qu'on pense de la signification scientifique — contestable —
des expériences de Milgram, c'est que leur succès repose sur
l'intention philosophique qui les anime : de même que le
succès de l'idéologie permissive ne tenait que pour une faible
part à la qualité théorique des expériences de Michigan. Sans
doute l'Amérique a-t-elle trop longtemps et trop ardemment
cru au bien, préparant ce déplorable retournement.

Bien sûr, ce n'est là qu'un aspect des choses. J'ai rencontré
pendant ces mêmes mois plusieurs jeunes Français issus de
nos grandes écoles, des ingénieurs donc [2], qui voyaient les

---

1. Trad. fr. : *Soumission à l'autorité*, Calmann-Lévy, 1974.
2. Il est de bon ton désormais, parmi nos élites, de passer a la fin de ses études
une année au M.I.T., à Berkeley ou à Harvard, et les Français forment souvent le
plus nombreux et le plus actif des groupes d'étudiants européens.

choses tout autrement. Eux s'émerveillent encore de la liberté
d'esprit, du sens pratique et de la confiance en l'homme qui
imprègnent toujours la vie universitaire américaine. Tout
juste sortis d'une France qu'ils désignent comme
« vacharde », ils se sentent là heureux comme poissons dans
l'eau et, dans leurs moments d'élan philosophique, reprennent à leur compte la sempiternelle comparaison entre
l'essence supposée de chacun des deux pays. Ils n'ont pas tort,
bien évidemment, mais paradoxalement ce sont eux-mêmes
qui donnent raison à mon analyse, parce qu'il suffit de les
voir pour se convaincre que la France a elle aussi beaucoup
changé : toujours guillerets, toujours en tête du groupe, ils
sont en fait plus américains que les Américains. Ce sont eux
maintenant qui se lancent dans leur conquête de l'Ouest,
cependant que leurs camarades américains, pour une bonne
part, ont décroché et n'avancent plus que par la force de
l'habitude.

Voici quinze ans ou même dix ans, je connaissais des
intellectuels heureux, et dont les familles étaient heureuses.
Le monde s'ouvrait à eux, on les consultait, ils avaient du
poids dans la collectivité. Les universités étaient des cathédra-
les où se célébrait le culte de la rationalité triomphante. Des
businessmen prenaient parfois l'avion à la seule fin d'assister
au cours d'un professeur célèbre. Les enfants d'intellectuels
étaient tous surdoués, promis à l'avenir le plus brillant. Si la
société post-industrielle naissante donnait naissance à une
classe dirigeante, ce ne pourrait être qu'une classe de
théoriciens, la *theory class* chère à des sociologues aussi avertis
et aussi opposés entre eux que Daniel Bell ou Kenneth
Galbraith. Ce triomphalisme a fait long feu et, en quelques
années, l'intellectuel heureux est devenu un intellectuel
amer. Les familles et les réseaux d'influence se sont défaits.
Les enfants prodiges ont sombré dans la drogue ou sont
devenus menuisiers. On enseigne toujours la théorie, à

Harvard et ailleurs, mais personne ne prend plus l'avion pour venir s'instruire. Les étudiants sont blasés et les maîtres sont las. Les privilégiés qui supputaient savamment les chances, pour les autres sociétés, de progresser jusqu'à atteindre l'efficacité et le consensus social qui caractérisaient le modèle américain, les voilà à leur tour touchés par la maladie de l'impuissance et du doute. Serait-ce que les faits de civilisation vont et viennent, comme la mode ou les cycles économiques ?

Bien sûr, on peut trouver des raisons économiques et sociologiques à cet effondrement d'un système universitaire, à défaut d'avoir su en analyser les mécanismes de fonctionnement quand il était encore temps. Ce système vivait sur le mode de l'expansion, la concurrence y était bénéfique parce qu'il y avait de la place pour tout le monde. Pour réussir, un professeur devait publier ses travaux le plus vite possible, de manière à se faire un nom et à attirer les meilleurs étudiants. Ceux-ci contribueraient à son succès, car c'est avec de bons étudiants qu'on fait de la bonne recherche. Et la valeur d'un chercheur sera d'autant plus reconnue que des disciples auront fait fructifier ses idées et seront devenus importants à leur tour. D'où l'intérêt, au lieu de préparer dans l'ombre l'annonce éclatante de résultats secrètement accumulés pendant des années, de mener au contraire une politique ouverte, généreuse et, pour tout dire, expansionniste. Un scientifique en plein essor prendra auprès de lui quatre ou cinq brillants doctorants, qui l'aideront à mener à bien son ambitieux programme de recherche. C'est là que gît le lièvre. Car le programme ne durera que trois ans ou quatre, cinq au plus, et pour ces doctorants qui auront produit une thèse de haute qualité il faudra trouver une place, puis financer un autre programme de recherche, dans lequel ils s'entoureront à leur tour de quatre ou cinq jeunes loups, encore plus brillants et aux dents encore plus longues. Même en tenant compte des échecs inévitables, on obtient ainsi un accroissement géométrique, beaucoup trop rapide et qui ne peut que se briser net un jour ou l'autre : à ce rythme-là, en cinquante ans la moitié de tous les Américains seraient dans la recherche ! Si l'expansion a pu cependant se poursuivre assez longtemps, c'est parce qu'on avait effectivement les moyens de faire vivre beaucoup de scientifiques et que le *baby boom* ainsi que les progrès de la scolarisation créaient des places nouvelles. C'est ainsi que l'on vit naître de nouvelles universités, les universités d'État croître de façon impressionnante, tel petit *college* rural devenir en quelques années une université florissante, avec des centaines de postes à pourvoir. La liberté d'embauche, dans ce système concurrentiel bien rodé, accélérait le processus : les jeunes universités, notamment californiennes, s'arrachaient les vedettes à prix d'or et, en faisant monter le niveau des rémunérations, rendaient encore plus attrayantes, pour les meilleurs étudiants, des carrières prestigieuses qui de surcroît devenaient lucratives [1]. Et les fonds pour la recherche semblaient inépuisables, comme les besoins de l'État et de l'industrie.

Dès la fin des années soixante, l'extrapolation de cette expansion menait à des résultats absurdes. Et cela commença à craquer, en 1970-1971, du côté de la physique, la science de pointe, qui avait attiré le plus d'étudiants. Les physiciens, soudain en surnombre, se rabattirent sur les sciences voisines, propageant ainsi la crise de proche en proche dans les autres sciences exactes, puis dans l'édifice scientifique tout entier, sciences sociales comprises. La crise des disciplines littéraires se déclara presque en même temps : l'inflation y avait été moins forte et elles dépendaient beaucoup moins des crédits de recherche, mais l'arrêt brutal de l'expansion universitaire

---

1. Sans compter naturellement les possibilités de consultation ou de collaboration avec des firmes de recherche-développement.

eut des effets dramatiques sur le marché de l'emploi. La
bonne spirale heureuse de naguère fit place, au moins dans les
disciplines les plus vulnérables, à un très grave cercle vicieux.
Les étudiants les plus doués se portèrent vers les écoles
professionnelles — Business schools, Law schools, Medical
schools — qui seules assuraient des débouchés. (On en vient
même à organiser des programmes de reconversion, rapide au
management, pour les docteurs frais émoulus en littérature
ou en sciences sociales). La recherche n'attirant plus les jeunes
gens les plus doués, les chercheurs en place ne se sentirent
plus stimulés. Les mandarins se retirèrent dans leur tour
d'ivoire, les postes d'assistants furent pourvus à un niveau de
plus en plus médiocre. La recherche devint donc de moins en
moins créatrice et attira de moins en moins les bailleurs de
fonds. Cela contribua encore à écarter les éléments les plus
prometteurs, et ainsi de suite, par une spirale implacable.

On ne peut, cela va de soi, parler de la crise universitaire
américaine sans faire une grande place à ces mécanismes
fondamentaux. Néanmoins, si ce type d'explication était
entièrement suffisant, il aurait certainement été possible
d'atténuer la violence de la crise et, surtout, de maintenir le
tonus des éléments les plus doués et les plus tenaces. Mais le
sort a voulu qu'une crise morale d'une tout autre nature
affecte au même moment le pays tout entier, et plus particulièrement son élite intellectuelle ; de là vient, en réalité,
que le grippage de la mécanique de l'offre et de la demande
ait produit des effets si dramatiques. La crise morale générale a en outre rendu à peu près impossible d'affronter
rationnellement les difficultés. Quand les scientifiques ne
croient plus à la science et que les sociologues s'en tiennent à
la contestation, on ne peut espérer qu'ils sachent remettre en
route la machine. Et comme leur attitude négative se vend
mal, on voit les subventions et les fonds de recherches disparaître au moment même où le besoin en eût été le plus grand.

L'illusion de la bonne conscience

Mais il faut creuser plus profond encore : si le système est entré dans une telle crise morale du fait des difficultés économiques et de la tragédie vietnamienne, c'est sans doute que quelque faiblesse constitutive l'empêchait de surmonter les obstacles, de s'adapter à la situation. Cet arrière-goût de tristesse, que je ressens si fort en 1980, je me souviens maintenant l'avoir déjà perçu voici dix ans, en mai 1970, à la fin de mes cours. Ç'avait été une bonne année pour mes étudiants et moi-même, malgré l'agitation et les grèves universitaires. Pleins d'enthousiasme, ils se battaient contre la guerre, pour le bien, pour l'humanité entière. Leurs problèmes de conscience étaient simples et ils ne détestaient pas qu'un Européen comme moi oppose à leurs certitudes un brin de scepticisme. Puis ce fut, après l'intervention au Cambodge, la dernière grande vague d'agitation : manifestations, *sit in,* mouvements divers à travers tout le pays. Début mai, survint la fusillade de Kent, dans l'Ohio : dans un campus perdu au fond de l'État le plus réactionnaire du Middle West, la garde nationale se jugea débordée et les officiers firent tirer sur les manifestants. La foule sans armes qui s'avance, les soldats qui tirent dans le tas : répétition des grandes scènes révolutionnaires classiques, mais avec ici quelque chose d'absurdement grotesque. Car la garde nationale de l'Ohio ne se composait pas de militaires, mais de braves gens du coin, épiciers, plombiers, pompistes, complètement affolés par une situation à laquelle ils ne comprenaient rien. Et la foule, ce n'étaient pas les phalanges du prolétariat insurgé, pas même des étudiants aux théories élaborées, ayant lu Marx en allemand dans le texte, mais les enfants de ces épiciers, de ces plombiers, de ces pompistes, qui, avec un temps de retard sur le reste des étudiants américains, prenaient conscience du drame vietnamien.

La grève lancée à Harvard ne signifiait pas grand-chose, puisque les cours touchaient à leur fin. Je proposai à mes étudiants que nous nous rencontrions encore une fois. Presque tous acceptèrent de venir, en expliquant, presque pour se justifier, qu'ils n'avaient rien de mieux à faire, puisque de toute façon il n'y avait rien à faire.

Bien sûr, notre conversation porta entièrement sur le seul sujet possible : la guerre. Ils étaient si découragés que, tout d'un coup, ils se mirent à pleurer, garçons et filles. Ce fut un choc pour moi, et je compris que c'était fini : ils n'iraient pas plus loin, le mouvement était retombé. C'est le même arrière-goût de tristesse que je reconnais maintenant. Certes, qu'auraient-ils donc pu faire ? La situation était bloquée de toutes parts. Mais le vrai problème n'était pas là : ils voyaient jusqu'au sens même de tout ce qu'ils avaient fait jusqu'alors tout d'un coup remis en question. Qu'avaient-ils tous espéré ? Que les murailles tombent, une fois qu'ils auraient tourné sept fois autour d'elles en proclamant qu'ils avaient la morale pour eux ? C'était un peu le résultat qu'ils avaient obtenu une première fois, quand la « croisade des enfants » avait mené Johnson à renoncer à la présidence. Mais la guerre ne s'était pas arrêtée pour autant et, quand un jour elle s'arrêtera, ce sera de son propre mouvement, non de leur fait. Finalement, ce qui se dévoilait n'était rien d'autre que la même illusion déjà entretenue depuis longtemps par la gauche libérale la plus traditionnelle et paisible : la confiance absolue dans la justice, dans le bon droit qui doit nécessairement triompher, l'idée qu'il suffit de se lever et de parler — *speak up !* —, parce qu'il n'y a pas de limite au progrès. La croyance au bien écarte les complications : si la guerre est bonne, il faut aller jusqu'au bout et la gagner ; si elle est mauvaise, elle l'est totalement et il faut lâcher les fusils séance tenante. Deux

Amériques ont pu ainsi s'affronter directement avec une égale bonne conscience de part et d'autre — avec au fond, très exactement, la même bonne conscience.

On m'objectera que cette interprétation éclaire peut-être les problèmes du mouvement étudiant, mais en aucune façon ceux du système universitaire et de la recherche scientifique. En réalité, la science elle-même est affectée par de telles questions d'ordre moral. Car la science, au bout du compte, n'est pas seulement la science mais tout un système humain en mouvement. Et pour que le mouvement se poursuive, il faut que règne, dans ce système humain, suffisamment de foi en la possibilité du développement, du progrès. Le postulat du bien universel est également utile au travail scientifique. Quand il s'effondre, les scientifiques eux aussi perdent confiance, y compris dans les disciplines les plus abstraites, et le travail scientifique en est gravement affecté. Cela va même plus loin encore, me semble-t-il. Le postulat du bien et de l'expansion indéfinie ne stimule pas l'imagination, n'incite pas au renouvèlement. Si la science américaine s'est tant appuyée sur la science européenne, ce n'est nullement par hasard : l'Europe formait des caractères mieux trempés, auxquels l'Amérique donnait seulement plus de moyens pour mettre en œuvre leurs idées. Cette symbiose réussie ne doit pas cacher que les limites sont toujours proches : quand la source se tarit, le système a grand mal à se renouveler. On n'en est pas là pourtant, bien heureusement. Mais déjà l'on peut constater les méfaits d'un cycle trop rapide d'applications immédiates. L'énorme machine devient moins imaginative, donc à terme moins productive, à mesure qu'elle se fait plus efficace dans l'immédiat. Les sciences sociales, tout particulièrement, souffrent d'une telle dégradation, où il faut voir un signal d'alerte pour l'ensemble du système universitaire américain.

Dès les années soixante, le ver était dans le fruit. On s'était

trop abandonné à l'idéalisme du bien, au modèle naïf du
consensus et de l'éducation universelle. Les États-Unis
faisaient figure de société parfaitement équilibrée, hors des
remous et des drames de l'histoire : rien de si différent, en
définitive, du point Oméga des teilhardiens ou de l'apothéose
marxiste, mais effectivement réalisés. Dans cette perspective,
la réflexion sur les pays dits, précisément, « en voie de
développement » s'intéressait avant tout aux possibilités de
passage progressif d'une économie sous-développée à une
économie développée — le fameux *take-off* de Rostow.
Appliquant cette notion à la politique, on dressait un tableau
de toutes les combinaisons possibles de différentes variables
et l'on se demandait comment passer des mauvaises cases de
ce tableau à la case idéale, où toutes les variables sont
positives : celles qu'avaient déjà atteinte les États-Unis. Je
caricature à peine l'ingénuité propre aux travaux de l'époque :
l'Amérique intellectuelle de ces fastes années soixante était
aussi une Amérique pleine de suffisance, qui croyait avoir
trouvé les clefs du progrès indéfini et qui ne cherchait plus.
Elle tenait ses vérités pour absolues, oubliant que toute vérité
n'est jamais que partielle et qu'une vérité partielle, caressée
trop longtemps, devient une idée folle.

CHAPITRE III

L'AMÉRIQUE DE LA DÉCISION

ou

le rêve de la rationalité

Le rêve de la rationalité

Le rêve de la vérité est aussi dangereux que nécessaire. S'il n'avait l'illusion de pouvoir atteindre la vérité, jamais l'homme ne se battrait pour un monde meilleur. Mais, de cette illusion-là, on a vite fait de tomber dans une autre : celle de posséder la vérité, qui ouvre la voie aux pires aberrations. Peut-être parviendra-t-on un jour, grâce à des valeurs plus solides, à se garder de cette tentation, à entretenir le feu sacré sans incendier le temple. Espérons-le. L'illusion de la rationalité, en revanche, exclut par nature un tel assagissement ; car elle consiste, en définitive, à croire possible d'engager un deuxième pari avant de savoir si l'on a gagné le premier : d'une vérité toujours incertaine, on tirera « de longues chaînes de raisons, toutes simples et faciles » — statues aux pieds d'argile... Pourtant l'idée de rationalité, elle aussi, est indispensable. Nous avons absolument besoin de croire non seulement que deux et deux font quatre, mais qu'une bonne méthode donne de meilleurs résultats qu'une mauvaise et, plus généralement, qu'il vaut mieux réfléchir avant d'agir. Hélas, de ces croyances nécessaires, on tire trop aisément des formulations déjà bien proches du délire : le calcul peut s'appliquer tel quel à la réalité ; ce que l'on conçoit bien s'énonce clairement ; la cohérence est un bon test de fiabilité... Que l'on raffine encore un peu, que l'on systématise de semblables énoncés, et le désastre est aux portes.

Je n'ai pas tout de suite rencontré cette illusion, dans l'Amérique des années soixante, et j'en ai moins encore mesuré la gravité, protégé que j'étais et par le milieu universitaire et par ma qualité d'étranger. Je souscrivais encore à ce cliché, largement répandu parmi les Européens et les Américains eux-mêmes, qui voit par excellence en l'Amérique le pays du pragmatisme. A mes yeux, en cherchant toutes les applications pratiques possibles de la science, ils ne faisaient rien de plus que marier leur pragmatisme traditionnel au récent culte de la vérité, dont la rigueur me séduisait puissamment. Il me restait à découvrir que les Américains, loin d'être plus pragmatiques que les Européens, à certains égards le sont beaucoup moins : précisément parce qu'ils croient trop immédiatement, trop naïvement, à la vérité et à la rationalité. Aussi deviendront-ils cyniques plus facilement que sceptiques. Si la suffisance et la complaisance des théoriciens américains peuvent dépasser toutes les bornes, cela tient à une extraordinaire faculté de perdre tout contact avec la réalité. Chez eux la démesure, l'*ubris,* rôde toujours à proximité... J'ai cru pourtant à ce rêve. C'était tellement excitant, les choses étaient si simples, si rapides, si efficaces ! On allait droit au but, avec la plus totale liberté d'esprit. Les idées s'incarnaient directement dans les faits, l'action devenait enfin la sœur jumelle du rêve.

Faire déjeuner ensemble trois personnes qui se croient importantes, cela demande, à Paris, une secrétaire habile et plusieurs semaines. Ensuite, le déjeuner prendra au bas mot deux heures et demie, dont la moitié ou les deux tiers seront perdus en préliminaires, manœuvres d'approche, jeux d'esprit et balivernes. A Harvard, un déjeuner se décidait sur-le-champ, d'homme à homme, et ne durait jamais plus d'une heure et quart. Dix minutes pour passer la commande et expédier les quelques plaisanteries d'usage, histoire de montrer qu'on est en forme, puis tout de suite l'ordre du jour. De quoi parle-t-on ? Moi, je voudrais mettre à l'ordre du jour les points 1, 2, 3. Lui ne souhaite pas aborder 2 tout de suite mais voudrait ajouter 4 et 5. Je suis d'accord pour 5, mais je préférerais réserver 4 pour la fin, parce que j'ai besoin d'être d'abord au clair sur tout le reste. Cinq minutes à peine pour établir ce programme, et on passe au point n° 1. Les questions sont acérées, les réponses précises. C'est que les mots pèsent, portent en eux des actes, induisent de nouvelles réflexions, sans divorce entre l'action et la pensée. Si jamais survient une intuition intempestive, on peut même interrompre l'échange pour en faire état : « Ça me fait penser à... » On ouvre la parenthèse deux minutes, on la referme, on y reviendra plus tard. Ensemble ou chacun pour soi : peut-être cela donnera-t-il, dans quelque *paper,* une note en bas de page : « Je dois cette idée à mon ami Untel. » Bonheur d'écouter, bonheur d'être écouté. On relance la balle, sans idée de compétition — splendide jeu de tennis où l'on ne compterait pas les points. Joie de l'esprit libéré de la matière : au café, on ne sait pas très bien ce qu'on a mangé ; mais est-ce vraiment si nécessaire ?

Mon meilleur exercice de rationalité bien tempérée, à Harvard, fut le séminaire sur la crise des missiles de Cuba. Il n'y avait guère là que sept à huit personnes. Le but était de parvenir à une théorie de la décision qui fût capable d'intégrer l'ensemble des paramètres liés à la vie politique, aux processus administratifs et à toutes les autres contingences matérielles qui, innombrables nez de Cléopâtre, entravent la marche de la rationalité. Notre base de travail était la thèse d'un doctorant extrêmement brillant, qui était par ailleurs le secrétaire du groupe, Graham Allison [1], et notre sujet de discussion la genèse de la décision prise par Kennedy lors de la crise des missiles. La question n'était pas du tout de réunir les faits : Allison avait déjà beaucoup travaillé et tous mes collègues connaissaient par cœur les détails de l'affaire. Non, il s'agissait tout bonnement d'élaborer une interprétation à la fois incontestable quant à la qualité théorique, exhaustive quant aux faits et, au bout du compte, raisonnable. Pour ce qui est de la méthode, elle reprenait un peu celle de *Rachomon* [2] : confronter plusieurs visions contradictoires du même fait. Mais, au lieu de considérer la réalité à travers l'expérience de chaque participant, c'est en fonction des diverses théories de la décision qu'on la passait successivement au crible. La théorie, certes, est abstraite, fruste, mutilante. Sa vertu explicative reste toujours en deçà de celle qu'offre une bonne analyse journalistique. Mais si on l'abandonne, on retombe précisément dans l'analyse journalistique : on choisit qui sont les bons et les méchants, on décrit les intentions des uns et des autres, on explique comment les mauvaises intentions ont bien entendu triomphé, on démasque le vrai coupable. Or, tout notre effort tendait au contraire à éviter une trop facile clarification rétrospective, et le moralisme qui l'accompagne presque toujours, afin de comprendre le comment des choses au moment même où elles se passaient. Dans l'affaire que nous examinions, il ne semblait pas y avoir d'obstacle insurmontable : tout le monde considérait la décision prise comme bonne ; les mauvaises intentions n'avaient pas triomphé, il n'y avait pas à chercher de coupable. Notre critique s'exerçait sur le bien, ce qui est tout de même plus facile que de

---

1. *The Essence of Decision. Explaining the Cuba Missile Crisis*, Little, Brown, 1971.
2. Film de A. Kurosawa, 1950.

s'efforcer de rendre compte du mal. Le fait est, donc, que les
« faucons » n'avaient pu profiter de la crise pour prendre leur
revanche sur l'épisode de la baie des Cochons et liquider enfin
Cuba. Cependant, pourquoi avaient-ils perdu ? Car, l'analyse
le montrait, l'équilibre des forces ne penchait nullement en
faveur des « colombes », qui en fait étaient également
perdantes dans cette affaire. La solution ne pouvait en aucun
cas être trouvée simplement en scrutant la psychologie et les
intentions du président, mais bien en analysant comment le
problème s'était posé et comment, pour y répondre, les
protagonistes avaient utilisé leurs différents atouts, notamment leur compétence et leur imagination.

Si les faucons avaient perdu, c'était faute d'avoir bien
compris le problème, du fait de leurs limitations propres. Le
président avait été joué par Khrouchtchev, qui avait délibérément menti. Et les preuves de ce mensonge allaient être
révélées en pleine campagne électorale, contredisant de façon
scandaleuse les déclarations rassurantes du président. Celui-ci
ne pouvait pas, dès lors, ne pas réagir, et à la manière forte.
Les faucons avaient donc la partie belle, étant les mieux
placés pour fournir une telle réponse. Après avoir exploré
plusieurs solutions pacifiques, qui apparurent totalement
insuffisantes, le National Security Council fit étudier la
moins dangereuse des solutions de type militaire : l'attaque
atomique dite « chirurgicale », qui anéantirait les fusées
soviétiques sans menacer en rien la population urbaine ni le
régime de Castro. Cependant, les faucons n'étaient pas une
entité abstraite mais, en l'occurrence, très précisément
l'armée de l'Air, qui disposait de ses programmes et de ses
experts. Ces programmes ne prévoyaient aucune semblable
attaque chirurgicale, et les experts déclarèrent qu'ils ne
pouvaient garantir le succès d'une telle opération. Seul le
programme de liquidation du régime de Castro constituerait,
selon eux, une réponse raisonnable. On n'avait pas le temps

de vérifier (quand on put le faire, on s'aperçut qu'ils avaient tort). Mais les aviateurs, qui croyaient avoir gagné et tenir enfin le président, durent déchanter, car le président refusa cette solution et exigea que l'on cherche encore, ce qui permit à un autre groupe au sein de l'armée, à savoir la Marine, d'imaginer une solution dure, mais beaucoup moins dangereuse : la mise en quarantaine des navires soviétiques.

Les marins se révélèrent donc être des colombes, pourrait-on croire, et c'est là ce qui modifia l'équilibre des forces. Pas le moins du monde : les marins ne sont pas moins des faucons que les aviateurs. Ils profitèrent d'ailleurs des circonstances pour mettre en œuvre des opérations particulièrement dangereuses et qui leur avaient été interdites jusque-là, telles que la chasse aux sous-marins soviétiques à travers toutes les mers du globe. Mais cette arme, en relative perte de vitesse, ne devait à aucun prix laisser passer l'occasion d'une aussi éclatante victoire sur les aviateurs. Et les vraies colombes, dans tout cela, que leur était-il arrivé ? Eh bien, elles avaient perdu elles aussi, nullement par manque d'intelligence ou de préparation, mais parce que toutes les solutions diplomatiques demandaient du temps : un temps dont on ne disposait plus, à cause du retard avec lequel la C.I.A. avait fini par vérifier les informations sur les implantations des missiles à Cuba. Voilà donc le coupable, dira-t-on : la C.I.A. ! Pas même : si la C.I.A. était en retard, cela venait des contraintes exercées sur elle par les instances législatives et exécutives, et des querelles entre services. Or, qui pourrait être partisan d'alléger ces contraintes ? Et même, après avoir considéré sérieusement le problème, de rationaliser les services de renseignement en vue d'une efficacité maximale ? Ce serait là un risque immense : seule la guerre entre services de renseignement permet de contrôler chacun d'eux et, au bout du compte, d'être assuré que leurs informations sont crédibles. Le renseignement rationalisé, ce serait la dictature du renseignement. On n'y échappe qu'au prix d'une certaine lenteur : il faut savoir payer ce prix.

La conclusion de tout cela, c'est qu'il n'y a pas de rationalité absolue, mais seulement des rationalités partielles, contingentes, liées aux circonstances. Pour comprendre les choix que les hommes font, il faut comprendre comment sont structurés tant le champ des problèmes que l'éventail des réponses possibles ; ce qui signifie tenir compte des grands appareils et de leurs intérêts, mais aussi de leurs habitudes et de leurs capacités ; et tenir compte, de même, des règles du jeu propres au système politique et au système administratif — bien moins des programmes et des plates-formes électorales que des impératifs concrets auxquels doivent se plier les différents protagonistes, petits ou grands. Aussi le bon décideur — par exemple le bon président — n'est-il pas celui qui tient la meilleure idée, qui met en œuvre les meilleures intentions ou qui poursuit les plus hautes ambitions. *Why not the best ?* Pourquoi pas le meilleur : cette devise de Carter ouvre le plus sûr chemin vers le désastre. Le bon décideur est celui qui a bien compris la structure des problèmes à résoudre et qui parvient à mettre sur pied un système de décision suffisamment ouvert et imaginatif, apte à découvrir la solution la moins mauvaise compte tenu des contraintes inhérentes à la situation.

Ces années-là, pleines de surprises et de découvertes, virent l'intelligence commencer à envahir les choses dites sérieuses. Tout paraissait possible. Ce séminaire était le foyer intellectuel de la Kennedy School of Government, tout récemment fondée et qui avait pour mission de former les hommes d'État de demain : une sorte d'E.N.A., plus libre, plus ouverte, davantage tournée vers la réflexion et la recherche. On croyait avoir du temps devant soi, alors que le drame avait déjà commencé et que la catastrophe allait tout balayer : l'année 1968 bouleversera plus gravement encore les États-Unis que

la France. Pourtant je ne voudrais pas renier ce que nous
fîmes, ce en quoi nous crûmes. Nous étions de bonne foi, des
hommes de bonne volonté. Nous essayions d'introduire la
raison, donc le scepticisme, dans les illusions de la rationalité
triomphante, sans nous rendre compte encore des limites du
monde où nous intervenions. Mes collègues ne manquaient
pas de courage et savaient maintenir une certaine distance.
Certains allaient un peu trop souvent « consulter » à
Washington, mais ils gardaient la tête froide. Un jour,
Johnson proposa à l'un d'entre eux, Thomas Schelling, une
mission spéciale en vue de réorganiser le Département d'État.
Tom est un admirable intellectuel. D'aspect sérieux, honnête, ouvert, tout son être semble mangé par son visage, et
son visage presque désincarné est celui-là même de la
rationalité. Il travailla quelques semaines, puis convoqua le
séminaire : le Département d'État, nous dit-il en substance,
est irréformable ; la seule mesure raisonnable serait de le
supprimer, mais cela n'entre certainement pas dans le cadre
des décisions que pourrait choisir de prendre le président ; je
vais donc refuser cette mission. Dans la longue discussion
passionnée et assez cocasse qui suivit, j'eus la surprise de me
retrouver presque seul à plaider pour Foggy Bottom [1].
Timidité d'Européen ? Respect des institutions établies ?
Toujours est-il que face au reste du séminaire je défendis,
bien en vain, la cause des complications, de la lenteur et du
temps perdu...

   Henry Kissinger, pendant ce temps-là, jouait aux *war
games* avec les généraux du Pentagone. Il n'était pas des
nôtres, trop lié décidément aux républicains. Mais Stanley
Hoffmann, resté son ami, assurait la liaison. Toutes les
semaines, Kissinger allait à Washington et en revenait tout

---

1. « Le fond brumeux », tel est le sobriquet dérisoire que les initiés utilisent
pour désigner le Département d'État.

épanoui : avec cette énorme modestie, cette écrasante simplicité qui lui vaudront une place dans l'histoire, il racontait
comment il les battait à tous coups, ces généraux qui avaient
la force, mais auxquels Henry opposait la pure intelligence.
Cedant arma togae, l'intelligence gagnera toujours. L'arrogance de la raison solitaire commençait à menacer.

Au commencement était la Harvard Business School

Le petit monde de Cambridge (Massachusetts) tourne
autour d'un seul centre : Harvard Square. Avec sa station de
métro et ses kiosques à journaux, le Square n'a guère d'autre
intérêt que purement symbolique. Mais c'est le foyer de
l'intellectualité américaine, un peu à la manière de Saint-
Germain-des-Prés. Tout à côté se trouve Harvard College —
le *yard,* l'enclos —, avec ses grands arbres, son administration, ses divers départements, ses salles de cours et la plus
grande bibliothèque universitaire du monde. Un peu plus
loin, deux autres pôles un peu moins importants : *across the
river,* de l'autre côté de la rivière, la Harvard Business School ;
et *down the road,* en bas de la route, le M.I.T. [1] et ses cohortes
d'ingénieurs et de technocrates parcourant les bâtiments
néoclassiques. Ainsi ingénieurs, gens du business et intellectuels tout court ont-ils chacun leur temple dans ce périmètre
sacré : solide triangle, que les malentendus et les suspicions
innombrables n'ont jamais pu ébranler.

Pour qui veut comprendre la rationalité moderne à
l'américaine, dans sa grandeur comme dans ses limites, c'est
across the river qu'il faut aller voir. La Harvard Business School
n'est pas une grande école à la française, une de ces
institutions trompe-l'œil où s'apprennent toutes sortes de

---

1. Massachusetts Institute of Technology.

techniques qui se révéleront inutiles après le concours de
sortie, le seul véritable acquis étant le titre d'ancien élève.
C'est au contraire une vraie école, où l'on sait ce qu'on va
chercher et où on le trouve. Une usine, en quelque sorte, une
merveilleuse usine fabriquant, avec un impitoyable contrôle
de qualité, ces produits de très haute technicité : des
« décideurs », superbes machines capables d'ingurgiter une
incroyable masse de données et de paramètres, puis d'en tirer
la décision optimale. Le procédé de fabrication de ces
décideurs est un enseignement dans lequel importe bien sûr
le contenu, mais aussi la méthode qu'il inculque — méthode
simple, robuste, inaltérable — et, surtout, insaisissable et
pourtant essentielle, quelque chose qui s'apparente à une
véritable religion.

Le contenu, qui peut ne pas paraître bien inaccessible,
concerne principalement l'évaluation des résultats des activités humaines, ainsi que les meilleurs moyens d'utiliser les
ressources disponibles en fonction de ces résultats. C'est là un
problème crucial, en raison de la complexité interne qui
caractérise les grandes entreprises modernes, en raison surtout
de la complexité plus grande encore de l'environnement dans
lequel elles évoluent. Ainsi, le système du marché n'est plus,
au-delà d'une certaine dimension, un guide suffisamment
précis. Il indique jusqu'à quel point des produits sont
compétitifs, mais non pourquoi ils le sont ; il ne permet pas
de déterminer la contribution respective de chaque facteur de
production, ni de départager les prétentions contradictoires
de responsables sectoriels, qui avancent tous d'excellents
arguments pour obtenir davantage d'investissements, c'est-à-
dire pour mieux se placer dans la répartition des ressources. Il
existe une contradiction fondamentale au niveau de la
dimension des entreprises. Le succès implique une taille et
une puissance toujours plus grandes, permettant de rationaliser la production et les achats, de diminuer les prix de revient

et ainsi d'écraser des concurrents plus faibles : on reconnaît l'analyse marxiste de l'inéluctable concentration. Cependant, plus une entreprise est importante, moins elle maîtrise sa propre activité ; elle tend à se perdre dans la complexité bureaucratique et à devenir paresseuse et inefficace, le cas limite étant celui du monopole parfait, comme en Union soviétique où la confusion générale a finalement contraint à utiliser les prix américains pour disposer au moins d'un moyen d'évaluation approximatif.

Parvenir à rester actif et efficace sans renoncer à grandir, tel est le problème des organisations modernes. Pour le résoudre, on choisit en général d'introduire le marché au sein même de l'organisation ; non pas, sans doute, le marché concret, trop encombrant, mais un substitut abstrait, un mode de calcul permettant de faire apparaître la contribution réelle de chaque unité et de chaque fonction, de mesurer leur performance. Cela n'a rien à voir avec une décentralisation au sens où l'on emploie ce terme en politique, c'est tout bonnement un recours intransigeant à la clarté des comptes. Tel est le modèle qui a fait le succès des consultants américains et que des firmes comme MacKinsey ont importé en Europe voici déjà quinze ans.

Cependant, en mettant l'accent sur l'environnement, on fait apparaître deux autres dimensions décisives : la comparaison entre activités, et l'évolution des activités dans le temps. De là on peut tirer une logique différente de la précédente, prônée par la nouvelle vague des consultants — par exemple le Boston Consulting Group — et qui mène à un autre modèle de décision : un modèle stratégique visant à constituer le meilleur « portefeuille » possible d'activités. L'une et l'autre doctrines sont issues de la Harvard Business School. Si elles ont connu une telle fortune, c'est qu'elles sont toutes deux très simples et très pratiques, que leur mise en application s'avère immédiatement rentable, et qu'en outre

elles mettent à profit une méthode d'enseignement et de
communication particulièrement efficace.

La méthode d'enseignement appliquée à la Harvard Business School est connue dans le monde entier sous le nom
d'étude de cas, *case study*. Son véritable lieu de naissance est la
Law School, où la formation du futur juriste ne s'appuie pas
sur l'analyse des textes mais bien des problèmes à résoudre.
« De l'autre côté de la rivière », cette méthode a dû prendre
en compte la plus grande complexité des choix en matière de
business, ainsi que les éléments d'incertitude et de projection
dans le temps. L'effet de simulation n'en est que renforcé : la
compétition entre les étudiants permet d'élargir le champ des
possibles, en même temps qu'elle soumet chacun des
participants à un contrôle impitoyable de la part du groupe.
Chaque étudiant doit travailler comme un forcené s'il veut
tenir son rang dans le groupe : tous les soirs, il étudie une
centaine de pages pour préparer ses cas, pour trouver des
solutions qu'il devra ensuite défendre face à la pointilleuse
critique de ses camarades et concurrents. Cette maïeutique de
groupe est redoutablement efficace et place la Harvard
Business School au nombre des plus grandes institutions
jamais édifiées par le génie humain, aux côtés de l'Ordre des
Jésuites et du Grand État-Major prussien !

Mais le succès de la Harvard Business School ne tient pas
seulement à un enseignement dont le contenu riche et concret
va de pair avec une méthode à l'efficacité éprouvée. Cela
serait encore peu de chose, si par ailleurs cette formation ne
développait un esprit de corps et un ensemble cohérent de
valeurs qu'il est impossible de ne pas comparer à une sorte de
religion. Cela peut paraître surprenant, puisque cette école,
bien éloignée de toute ambition idéologique, n'a d'autre but
que celui, bien terre à terre, de former les étudiants pour
répondre aux exigences de la conduite des affaires. Pourtant,
jamais je n'ai rencontré d'enseignants aussi pénétrés de

l'importance de leur mission, d'étudiants aussi profondément endoctrinés. C'est qu'il s'agit en fait bien moins d'apprendre à gagner de l'argent qu'à trouver la solution exacte. Le Dieu qu'on sert n'est pas le Veau d'or, comme on pourrait le croire, mais la rationalité. Chercher les gros coups, profiter d'une situation privilégiée pour s'assurer une rente, se remplir les poches avant de faire charlemagne, autant de méthodes qui sont jugées ici arriérées et immorales : pas besoin d'avoir fait la Harvard Business School pour ça ! Bien entendu, le business reste le business, et ces jeunes managers ne manqueront pas d'en apprendre toutes les ficelles au contact des anciens, qui bien souvent ne sont pas passés par les écoles. Mais la religion de la rationalité va bien au-delà du business, aucun domaine, en principe, ne lui est étranger.

Et c'est bien à cette religion que le monde entier se convertissait, dans le milieu des années soixante. L'Europe, le Japon, bientôt tous les pays un peu dynamiques subirent la contagion. Et, aux États-Unis même, toutes les activités — administratives, d'éducation, de santé, d'assistance sociale — semblèrent devoir en être bientôt profondément renouvelées. Ainsi la Kennedy School of Government avait pour doctrine centrale qu'il était possible de découvrir des méthodes rationnelles pour les choix administratifs et politiques. Ainsi l'éducation, sous tous ses aspects, paraissait susceptible de brillantes transformations, non seulement par une meilleure gestion des ressources financières mais par l'amélioration du processus lui-même : quand on analyse la mise en œuvre d'un programme éducatif, on s'aperçoit qu'un temps fou est gaspillé pour une médiocre transmission d'informations non pertinentes, alors que le message vraiment utile ne passe pas. Une rationalisation de l'effort, en vue de mieux se consacrer au but principal, pourrait décupler le rendement. A ceux qui s'indignaient d'une perspective aussi technocratique, on répondait que précisément, le

capital humain étant de loin le plus précieux, il importait de
ne pas le dilapider.

La frontière solitaire de la raison

Robert McNamara aura été la plus haute figure de cette
puissante vague de rationalité. L'époustouflante machine
intellectuelle ne doit pas faire oublier l'homme, qui est
exemplaire : actif, équilibré, courageux, sensible, ouvert,
plus que bien d'autres sujet, quoi qu'en aient dit ses
détracteurs, aux problèmes de conscience ; modeste, simple,
sans nulle arrogance technocratique malgré quelque tendance
à s'impatienter dans les débats de chiffres, où il n'a pas son
pareil. Sa carrière, certes fulgurante, en définitive ne fut pas
très mouvementée. Jeune professeur à la Harvard Business
School en 1939, tenu pour le génie du contrôle statistique, il
sert pendant la guerre dans l'armée de l'Air et, avec d'autres
jeunes technocrates, joue un rôle déterminant dans la
constitution et la mise en branle de la plus gigantesque
armada de tous les temps, cela malgré une administration
plus apathique encore qu'en France. Après la victoire, lui et
sept de ses anciens collègues proposent leurs services à la
compagnie Ford, qu'il fallait entièrement remettre à flot :
l'immense bureaucratie construite par le vieux Ford, sur un
modèle féodal hyper-centralisé, perd de l'argent depuis vingt
ans. Le jeune Henry Ford, petit-fils du fondateur, s'est
emparé du pouvoir par une révolution de palais, mais cela ne
suffit pas à dissiper l'immense confusion qui règne dans cet
empire. Pour s'en dépêtrer et y voir enfin plus clair, il fallait
repartir à zéro, examiner un par un tous les secteurs
d'activité : où perdait-on de l'argent et pourquoi ? qui prenait
les décisions et faisait les choix ? avec quelles conséquences et
moyennant quels risques ? McNamara ne s'intéressait pas le

moins du monde aux automobiles en tant que telles. Il se
targuait même, dit-on, d'ignorer comment était faite une
voiture. Mais le problème n'était pas celui de la production,
sur laquelle régnaient les seuls techniciens. McNamara se
moquait des carburateurs comme des chromes et des enjoli-
veurs, mais il savait compter et pouvait introduire l'ordre et
l'efficacité. Aussi lui pardonnait-on d'appartenir à un autre
monde, d'habiter Ann Arbor comme les intellectuels, de
s'intéresser à toutes sortes de choses — fût-ce même l'avenir
de l'industrie automobile ou la sécurité offerte par tel modèle
de voiture. Il apportait ce dont on avait le plus besoin :
l'aptitude à se saisir de la réalité. Au bout du compte, Henry
Ford en vint à lui abandonner la présidence de la compagnie ;
mais, tout juste après cette nomination, il fut appelé à
Washington par John F. Kennedy, qui venait de remporter
sa victoire électorale. Il fallait trouver quelqu'un qui fût
capable de s'attaquer à ce monstre qu'était la bureaucratie de
la Défense — le célèbre Pentagone. Pour ce poste difficile,
McNamara était chaudement recommandé par son ancien
supérieur dans l'armée de l'Air, banquier fort respecté par
l'establishment et qui servait de mentor au jeune président.
Leur entrevue ne dura qu'une demi-heure : miracle de la
rapidité américaine. Les deux hommes devinrent immédiatement amis et le furent jusqu'à la fin. Après l'assassinat de
John, McNamara restera fidèle à la famille Kennedy à travers
toutes les épreuves.

Le Département de la Défense est réellement un monstre :
un budget de 85 milliards de dollars [1] ; des bases à travers le
monde entier ; des systèmes d'armes, d'alerte et de contrôle
d'une inimaginable complexité ; des employés par centaines
de milliers, des bureaucrates par milliers, des généraux ou
amiraux par centaines, en surnombre. Les commandes

_____

1. En 1960 ; cela ferait plus du double aujourd'hui.

militaires contribuent pour une large part à faire vivre
l'économie civile ; des centaines de grandes entreprises et des
milliers de fournisseurs de toutes sortes en dépendent ; et les
sénateurs et congressmen, soucieux des emplois de leurs
électeurs, sont aux aguets. Tous les gouvernements, dans
tous les pays, doivent faire face à ce problème insoluble : la
ponction des dépenses militaires sur le budget national
apparaît toujours trop lourde, sans que pour autant le système
de défense puisse être considéré comme vraiment satisfaisant ;
il est impératif de réduire les dépenses, mais comment ?
Toute tentative pour supprimer un programme, même
parfaitement secondaire, soulève un tollé. Des réductions
budgétaires par pourcentage uniforme, ou encore des mesures
générales de plafonnement, risquent de tailler à tort et à
travers, augmentant encore le gaspillage. Et l'on est contraint
d'investir sur des systèmes d'armement nouveaux, pour suivre
l'escalade générale et rester capable de protéger le pays. La
seule solution consiste à obtenir une totale transparence de
l'emploi des fonds, ou à tout le moins un meilleur contrôle,
qui puisse mettre en rapport les dépenses et l'utilité réelle de
chaque activité au sein de l'énorme machine.

Comme chez Ford, McNamara avait mission d'aider à y
voir plus clair, d'introduire l'ordre et la rationalité dans une
bureaucratie proliférante, de remettre sur ses rails une
machine devenue incontrôlable en raison de son gigantisme.
Il ne s'agissait pas tant de dépenser moins que de dépenser
mieux, en supprimant des dépenses improductives au profit
d'autres, plus productives. Les questions étaient : à quoi ceci
sert-il ? ne pourrait-on faire mieux d'une autre manière ? La
Rand Corporation avait mis au point une méthode pour
transposer dans les secteurs publics le calcul coûts/avantages
utilisé pour le business, et le premier acte de McNamara fut
d'installer à des postes clefs les jeunes chercheurs de la Rand.
Aux vieux routiers de la bureaucratie fédérale, cette tentative

paraissait héroïque et sans espoir. Elle ne réussit naturellement qu'à moitié, mais entraîna cependant des résultats
tangibles, parfois spectaculaires. Un vent nouveau souffla sur
l'administration fédérale. La méthode reposait sur deux
démarches : une analyse de système (relations entre les grands
objectifs, les objectifs secondaires et les programmes opérationnels, nature et finalité de ceux-ci) et une analyse
comparative coûts/avantages de ces programmes. A la
Défense se posaient des problèmes à première vue insurmon-
tables : une formidable complexité technique et administrative, et une véritable jungle de féodalités, chaque bureau
étant lié à des clients eux-mêmes représentés par des
parlementaires, et tout cela composant un complexe militaro-
parlementaire plus résistant encore que le complexe militaro-
industriel naguère dénoncé par Eisenhower. En revanche, les
militaires s'avérèrent bien plus coopératifs qu'on ne l'avait
cru et ne résistèrent pas longtemps. En fait, ces technocrates
honnêtes et obéissants, bien moins retors que la moyenne des
bureaucrates et des hommes politiques, ne méritent pas leur
réputation d'extrême conservatisme. Certes, ils surent
domestiquer l'envahisseur et apprivoiser la méthode ; mais
l'essentiel est qu'ils l'adoptèrent et que le Congrès lui-même
dut emboîter le pas, se convertir à la religion du calcul
rationnel. Les résultats restèrent bien souvent très en deçà des
espoirs de départ, mais quelque chose avait bougé, McNamara avait permis de faire un pas décisif.

Quand Johnson arriva au pouvoir, McNamara était devenu
indispensable. Le courant ne passait pas entre lui, qui restait
fidèle aux Kennedy, et le nouveau président qui les haïssait.
Mais Johnson était fasciné par la puissance intellectuelle de
McNamara et enthousiasmé par sa méthode, qui lui semblait
l'instrument universel dont il avait besoin pour réaliser ses
grands desseins. Il décréta que le Planning Programming
Budgeting System — nom de la méthode de la Rand —

serait le principe d'organisation fondamental non seulement
de toute l'administration fédérale mais également des administrations d'États et de villes [1]. Il croyait ainsi pouvoir
maintenir sa grandiose vision de la « Grande Société » et
poursuivre la guerre du Vietnam : grâce à McNamara,
l'intendance suivrait. Or, même avec McNamara, l'intendance ne pouvait suivre. La guerre du Vietnam s'enlisait,
principalement, j'essaierai de le montrer plus loin, à cause du
mensonge généralisé : sur les buts, sur les moyens, sur les
opérations elles-mêmes. Quant aux affaires civiles, elles ne
soulevaient bien sûr pas de tels problèmes de conscience ;
mais le désordre y était, d'une certaine façon, plus omnipré-
sent encore. En effet, il y a tout de même en matière de
défense un certain nombre de contraintes, pour ainsi dire un
principe de réalité. La guerre rend toutes les significations
ambiguës et fausse tous les calculs mais l'objectif principal
demeure, indépendamment de la guerre, de faire au moins
aussi bien, et si possible un peu mieux que l'ennemi —
l'Union soviétique —, et là on sait clairement où l'on va, on
peut donner au contribuable, grâce aux méthodes de rationalisation budgétaire, l'assurance qu'il aura la meilleure défense
possible compte tenu de sa charge fiscale. Les affaires civiles
sont beaucoup moins claires, parce que les buts que l'on
poursuit restent inévitablement confus : personne n'a jamais
su dire à quoi servait une société, considérée dans son
ensemble ; en outre, pour faire passer une mesure législative,
il est indispensable dans un système démocratique de
préserver une certaine ambiguïté, tant dans les objectifs que
dans les formulations adoptées. Par ailleurs, les diverses
mesures qui sont prises à différents moments, voire même
simultanément, sont le plus souvent contradictoires ; si l'on

---

1. Le président n'a pas qualité pour légiférer sur les administrations d'États et
de villes, qui ne dépendent pas de lui, mais il peut leur faire des recommanda-
tions.

prend chacune d'elles à la lettre, on aboutit au plus grand désordre. Pour éviter cela, il faudrait savoir quel poids respectif donner aux diverses valeurs qui inspirent les mesures concrètes : paix sociale, justice (notion qui peut s'interpréter diversement), bien-être des plus démunis, plein emploi, développement économique. Or on veut tout cela à la fois ; on sait que tout cela est lié, mais on ne comprend pas du tout comment. La clarté technocratique ne fait que poser de nombreux problèmes, généralement insolubles, sans apporter, loin de là, une meilleure connaissance de la réalité humaine que les calculs sont censés exprimer.

Il y eut quelques aberrations spectaculaires, tel que l'ordre d'appliquer le P.P.B.S. à toutes les activités du Département d'État, par conséquent à tous les postes diplomatiques à l'étranger. On vit donc, pendant quelques mois, des diplomates s'efforcer de comptabiliser l'usage de leur temps et de le répartir entre diverses rubriques bureaucratiques, ou d'évaluer selon un calcul coûts/avantages l'utilité des relations qu'ils entretenaient... Et même dans les cas, bien plus nombreux, où un tel exercice avait un sens, ce fut à la longue un échec flagrant, pour les raisons que nous allons voir. Soulignons tout de même au passage que cette expérience est loin d'avoir été totalement inutile et qu'elle a suscité un très grand nombre de réflexions inédites et de solutions originales, dont toutes les implications n'ont pas été encore tirées. Parfois, aussi, des décisions élaborées de cette façon se sont avérées excellentes pour de tout autres raisons que celles qui les avaient inspirées. Ainsi, les limitations de vitesse imposées aux automobilistes n'ont permis que de bien maigres économies d'énergie, mais ont réduit de façon spectaculaire le nombre des victimes de la route. A posteriori, on peut d'ailleurs chiffrer cet avantage, au risque de scandaliser : qui peut vouloir évaluer le prix d'une vie, sinon un technocrate sans âme ? Pourtant, si le calcul permet de démontrer que

telle mesure rationnelle peut épargner 3 000 morts par an,
vive le calcul ! De la même façon, les dépenses de santé et
même de recherche ont fourni d'excellents thèmes de
réflexion, non seulement en Amérique mais ensuite dans
toute l'Europe occidentale et au Japon. Pourquoi alors ces
méthodes, qui ont permis dans plus d'un domaine une
meilleure compréhension des faits, n'ont-elles pas débouché
sur des applications vraiment adaptées ? Il y a à cela deux
raisons principales. La première est que tout le monde
triche : par un système de relations publiques et d'alliances
contre nature, lorsqu'on espère obtenir telle mesure ; par des
arrangements individuels ou des protections collectives, au
moment de l'application. Aucune valeur sacrée, aucune peur
du gendarme ne retient personne de tricher ainsi. La seconde
raison est que partout entrent en jeu des systèmes humains
complexes, préexistant à l'action administrative et qui,
perturbés par celle-ci, ne tardent pas à se reconstituer sous
une autre forme. Ces systèmes obéissent à des principes
d'agencement bien différents de ceux que considère le calcul
coûts/avantages des technocrates, et l'effort de rationalisation, loin d'aider à les comprendre, tend à détruire leurs
régulations propres. De ce point de vue, la tentation
d'arrogance de ceux qui s'estiment détenteurs de la vérité
devient particulièrement dangereuse. La modestie qu'affi-
chent souvent les technocrates n'y change rien, c'est d'une
arrogance plus fondamentale qu'il s'agit. Ainsi vit-on, sous
Johnson, l'action de tous ces brillants apôtres de la rationalité
perdre graduellement de vue le plus élémentaire bon sens.

Rationalité et libéralisme

L'administration fédérale américaine, si elle pouvait sembler difficile à gouverner du temps de Kennedy, apparaît

vingt ans plus tard comme le comble de l'inefficacité et de la confusion, à un degré proche de l'absurdité pure et simple. C'est pourquoi jamais la France, qui pourtant connaît bien le problème, n'a vu éclater chez ses citoyens pareille réaction d'amertume, d'indignation, parfois de rage. Beaucoup d'Américains considèrent que Washington est désormais irréformable. Plus d'un souhaiterait, ni plus ni moins, supprimer toute l'administration fédérale. Cette réaction joue un rôle de plus en plus grand dans la vie politique. Un des principaux thèmes de Jimmy Carter, pendant sa campagne de 1976, avait été la réforme des instances fédérales : beaucoup de ses velléités de technocrate bien-pensant se sont perdues dans les sables de la bureaucratie, mais la « dérégulation » est devenue malgré tout la grande affaire à Washington, en cette fin des années soixante-dix. C'est de manière systématique que l'on s'efforce de démanteler les grandes Commissions fédérales de régulation qui, notamment en matière de transports, de communications, d'environnement, enserrent toutes les activités dans un corset de règlements innombrables. En outre, contrairement à ce qui se passe en France, ceux-ci sont appliqués à la lettre par de véritables cohortes d'hommes de loi pleins de zèle, auxquels notre vertu de scepticisme fait totalement défaut.

Pour ce qui est des républicains, ce sont tout naturellement eux qui se montrent les plus bruyants dans la dénonciation de Washington et qui attendent le plus grand bénéfice de ce mouvement de l'opinion. Outre une longue tradition réactionnaire, fort simpliste, qui alimente leur rhétorique, ils ont depuis quelques années reçu un renfort d'une tout autre qualité intellectuelle : les économistes friedmaniens qui ont en France inspiré les « nouveaux économistes », les « libertariens » de toutes sortes qui prêchent le contrôle direct de toutes les activités par les citoyens eux-mêmes, enfin les néo-conservateurs qui dénoncent la faillite d'un libéralisme de plus en plus bureaucratique. Face à cette convergence des deux grands partis, Ted Kennedy est seul à défendre encore la traditionnelle position libérale du parti démocrate. Mais, l'électorat noir mis à part, presque personne ne le suit sur ce point, même parmi ses amis les plus fidèles, qui ont vu un grave avertissement dans le succès que la candidature de John Anderson a recueilli parmi les classes moyennes libérales et surtout parmi les étudiants : l'avenir n'est plus, désormais, aux programmes sociaux, à l'intervention technocratique dans l'économie pour protéger l'emploi, à la prise en charge des intérêts des minorités, à toutes ces mesures centralisées, visant au bien de la société tout entière, qui caractérisaient la grande tradition du libéralisme américain. Plus personne n'ose défendre une bureaucratie fédérale que toute la rhétorique politique décrit comme envahissante et absurde. Les démocrates sont sur la défensive, parce qu'ils représentent directement les innombrables groupes et minorités qui forment la clientèle de cette gigantesque entreprise : le gouvernement fédéral. Comment a-t-on pu en arriver là ? Comment le culte de la clarté et de la rationalité, qui régnait dans les années soixante, a-t-il pu faire place à ce désenchantement général et, concrètement, à cette débâcle de l'activité gouvernementale ?

On ne pourra répondre à cette question sans faire intervenir dans la réflexion l'histoire, cette histoire dont l'Amérique avait cru le cours arrêté et qui maintenant prend sa revanche. Sans vouloir anticiper sur la deuxième partie de ce livre, il me paraît utile de proposer ici quelques réflexions sur les systèmes de décision américains et sur leurs graves faiblesses, que les difficultés rencontrées ont fini par mettre au jour. Le culte de la rationalité a vécu sur l'illusion que l'on pouvait connaître totalement les faits et par conséquent déterminer la meilleure solution — que les hommes finiront par accepter, puisque c'est la meilleure, dès que seront

surmontées toutes les complications, difficultés, manipulations qui pèsent encore sur les rapports humains. Alors,
démocratie et rationalité convergeront étroitement, dans un
monde devenu transparent. La démocratie présidera aux
choix, la rationalité permettra de les appliquer totalement.
En un sens, c'est un très vieux rêve qui resurgit là.
McNamara retrouve ici la tradition utopiste ; déjà Taylor et le
vieux Ford avaient cru pouvoir substituer l'administration des
choses au gouvernement des hommes. Certes, le travail de
mes collègues de Harvard allait, pour une large part, à
l'encontre de cette illusion. Mais ils étaient portés par une
vague si puissante que leur scepticisme, qui était aussi le
mien, ne pouvait en rien atténuer l'immense optimisme dont
ils étaient eux aussi, malgré tout, profondément pénétrés.

Les Américains avaient trop longtemps cru à la vertu des
arrangements libres entre les parties concernées : laissons les
divers intérêts et factions négocier entre eux, et ils découvri-
ront petit à petit, par essais et erreurs, la meilleure solution.
Par un mécanisme semblable à la « main cachée » d'Adam
Smith, les hommes, en cherchant chacun leur intérêt,
aboutissent sans le vouloir au bien collectif. L'avènement du
calcul rationnel remettait en cause cette logique, dont les
faiblesses apparaissaient trop clairement. Quand le court
terme est systématiquement privilégié par rapport au long
terme, il permet certes le meilleur arrangement possible dans
l'immédiat ; mais les succès d'aujourd'hui sont bien souvent
les désastres de demain. Et rien ne prouve que le système sera
capable d'apprentissage. Tout serait pour le mieux si l'on
pouvait constamment le réformer, mais la prépondérance des
technocrates n'y contribue guère car, incapables de le
comprendre profondément, ils ne vont faire que le compli-
quer, sous couleur de le clarifier, et contraindre à la
clandestinité les arrangements ouverts d'autrefois, qui
deviendront beaucoup plus difficiles à contrôler. On aboutit

ainsi à la pire formule de toutes : une façade de moralisme technocratique, doublée d'un système d'arrangements clandestins incontrôlable, qui ne laissera transpirer aucune information et s'enlisera de plus en plus dans les ornières de départ. La guerre du Vietnam, d'une certaine façon, correspond parfaitement à ce modèle. Finalement, à force de vouloir tout décider dans la plus grande clarté, on finit par laisser des bureaucrates assoiffés de justice abstraite régler, de façon compliquée et coûteuse, des problèmes auxquels les intéressés auraient spontanément trouvé des réponses beaucoup plus efficaces.

Pourtant, la réaction actuelle à ce modèle n'est pas moins absurde. Qui peut sérieusement croire les principes de Milton Friedmann [1] capables de redresser le système d'éducation américain, en pleine dégénérescence, ou même de rétablir la compétitivité de l'économie américaine ? On peut tricher avec le marché tout autant qu'avec la loi ou qu'avec les procédures bureaucratiques. D'aucune manière la société ne peut devenir un système transparent, s'ajustant toujours de façon optimale en fonction d'une information idéale. Certes, la technocratie a vite fait d'atteindre le seuil à partir duquel elle devient folle ; mais l'*ubris* des politiciens n'est pas moins dangereuse. Quant aux hommes d'affaires, ils en viendraient à se trancher la gorge tout seuls, si on les laissait faire. Il ne suffit pas de prendre le contre-pied de quelque chose pour en être véritablement sorti. Je pense ici à un homme qui me semble admirablement symboliser cette oscillation entre technocratisme et moralisme, caractéristique des années soixante, en même temps que l'incapacité à assumer la complexité de la réalité humaine : Daniel Ellsberg. Celui-ci comptait parmi

---

1. Milton Friedmann, prix Nobel d'économie en 1979, est le père de ceux qu'on appelle en France les nouveaux économistes, qui répudient Keynes et voient le salut dans le retour à l'économie du marché pour tous les biens et services, même publics.

les hommes de McNamara à la Défense, après avoir été l'un des plus brillants doctorants de Harvard. Passionné, ambitieux, il avait totalement assumé la position morale dont se réclamaient les États-Unis pendant la guerre du Vietnam : la défense de l'Occident. Engagé par la Rand, il fut l'un des cerveaux qui dirigèrent l'effort de guerre. Ensuite, convaincu que la guerre ne pouvait plus être gagnée, il travailla quelque temps sur les scénarios possibles de désengagement. Mais l'art, trop peu logique, des arrangements humains lui était absolument insupportable. Désabusé, meurtri par son expérience, il changea brutalement de camp et finit par livrer au *New York Times* la copie de tous les papiers secrets qu'il avait eus à sa disposition, déclenchant un des plus violents scandales de la fin de la guerre. Il devint alors aussi intransigeant dans le raisonnement moralisant qu'il l'avait été auparavant dans le raisonnement guerrier, son système de pensée rationnelle, comme celui de la plupart des intellectuels de sa génération exerçant des fonctions dirigeantes, était capable de se retourner complètement mais non de s'adapter à la réalité.

DEUXIÈME PARTIE

Le retour du tragique

Les peuples heureux n'ont pas d'histoire, dit-on. Mais l'histoire toujours revient, et en général elle se venge.

Jean-Marie Domenach avait souligné dès 1957 cette fatalité du tragique. L'homme ne peut pas plus échapper au tragique qu'à la mort.

Le retour du tragique a forcé l'Amérique heureuse à regarder la face cachée de son système social et de sa culture. Il n'a pas créé le mal américain, mais il l'a révélé.

C'est une histoire shakespearienne, pleine de bruit et de fureur, de sang et de larmes, de folie.

CHAPITRE IV

SHAKESPEARE I
Cette énorme tache de sang

Le coup du destin

C'est le 22 novembre 1963 que le tragique, brutalement, saisit l'Amérique. Selon un sondage digne de foi, plus de la moitié des Américains furent la proie de troubles psychosomatiques dans les heures qui suivirent l'assassinat de John F. Kennedy. Peu d'entre eux réussirent à dormir cette nuit-là. Quelque chose avait basculé dans l'univers paisible et optimiste de l'Amérique heureuse.

On voulut d'abord n'y voir qu'une affaire de violence. D'une certaine façon, ce meurtre, comme ceux qui lui succédèrent (Martin Luther King, Robert Kennedy), peut sembler moins surprenant aux États-Unis qu'il ne serait en Europe. Ce pays a toujours connu la violence, depuis les règlements de comptes de l'ère de la frontière. C'est le pays des armes en vente libre et des shérifs au colt facile, mais aussi des violences sociales, syndicales ou patronales — les témoins qu'on supprime, les opposants trop gênants qu'on fait disparaître. Les dix interminables années de la guerre du Vietnam, avec tous ses côtés inavouables, surprennent davantage. Mais les États-Unis ont aussi une tradition de

violence militaire et la guerre de Sécession fut la plus
meurtrière de toutes les guerres civiles en pays civilisé, à la
seule exception de la Révolution russe. Mais le coup de
tonnerre de 1963 n'annonçait pas le retour de la violence ou
même de la guerre : c'était l'irruption du Destin.

L'illusion de la vérité, de la rationalité, du progrès
illimité, avait depuis longtemps fait disparaître jusqu'à l'idée
du tragique. La mort elle-même, devenue aseptisée, dissimu-
lée dans les *funeral parlors,* avait disparu du monde quotidien.
La violence qui subsistait çà et là n'apparaissait que comme
vestige de formes archaïques, qu'un traitement plus rationnel
des communications finirait par éliminer. Plus généralement, c'était le mal qui n'avait pas de véritable existence, qui
n'était que l'effet de l'incompréhension, de l'arriération, du
retard culturel. Il n'y avait pas de méchants, seulement des
malheureux et des incompétents. Aussi, pendant des mois
l'Amérique tout entière s'appliqua à minimiser la portée du
drame de Dallas. C'était un accident, l'œuvre d'un fou isolé,
un hasard extraordinaire, certes, mais un hasard. A l'Européen incrédule — aucunement convaincu que le meurtrier
d'un président puisse ainsi disparaître à son tour par un
deuxième hasard, victime d'un bistrotier douteux, proxénète
et lié à la Maffia —, on opposait des dénégations de principe
et les milliers de pages des témoignages officiels.

Le temps qui a passé a amené l'oubli. Mais pas la paix.
L'Amérique heureuse sur laquelle s'interrogeait Simone de
Beauvoir comme beaucoup d'Européens, l'Amérique s'assou-
pissant en toute bonne conscience sur sa prospérité, cette
Amérique-là avait vécu. Un héros solaire était venu, bravant
le Destin, et y avait laissé sa vie. Ses funérailles furent
austères, d'une simplicité toute grecque. Entré dans le
mythe, il symbolisait les catastrophes à venir.

La faute intellectuelle

Quand on pense à toutes ces années d'angoisse et de vacarme, à la crise morale et même matérielle que connaît encore l'Amérique, c'est toujours au Vietnam que l'on en revient : pourquoi ? comment ? quel a donc été le fatal engrenage ? Kennedy porte-t-il une grave responsabilité dans cette affaire ? Ou l'essentiel doit-il être mis à la charge de Johnson et de son entourage ?

La thèse « révisionniste » des libéraux américains, défendue avec passion et brio par David Halberstam, c'est que tout était déjà en germe sous « JFK ». En formant son équipe de conseillers super-brillants, *The Best and the Brightest*[1], le président avait choisi des gens qui, sous des apparences libérales, étaient des faucons, incapables d'admettre qu'un si petit pays puisse leur résister. De fait, c'est bien Kennedy qui avait choisi les principaux responsables qui sous Johnson menèrent la guerre au Vietnam. Et la guerre était déjà pratiquement engagée, dès lors qu'il avait envoyé 25 000 « conseillers » pour soutenir Diem. Pourtant, si l'on ne peut prouver que Kennedy aurait arrêté la guerre à temps, rien ne démontre non plus qu'il n'aurait pas su tirer les leçons de l'évolution de la situation et limiter les dégâts. La vraie question n'est peut-être pas celle-là. Les libéraux comme Halberstam continuent à poser les problèmes en termes de bien et de mal : les faucons sont le mal, les colombes le bien, et l'on se demande seulement ce qu'il faudrait faire pour extirper les faucons de la politique américaine, qu'ils déshonorent. Cette conception simpliste, à la limite dange-

---

1. *On les disait les meilleurs et les plus intelligents*, Laffont, 1974.

reuse, me paraît éluder la seule véritable interrogation :
pourquoi et comment un pays au faîte de la puissance,
disposant des meilleures méthodes et des meilleurs cerveaux,
a-t-il pu se lancer dans une aventure aussi absurde ? La guerre
du Vietnam, en effet, doit être considérée avant tout comme
une grave faute intellectuelle :

1. Ce fut la plus lourde erreur stratégique des États-Unis
depuis Yalta, voire depuis la non-participation à la Société
des Nations, qui facilita l'émergence du nazisme ;

2. La guerre du Vietnam d'autre part était une guerre
absurde, totalement irrationnelle, sans même l'excuse d'un
intérêt matériel ou d'une tradition coloniale.

Avec le recul, les conséquences de cette erreur stratégique
apparaissent incalculables. En 1962, les États-Unis se trouvent, au moins apparemment, au sommet de leur puissance.
Ils sont le pays le plus riche, ils ont le meilleur armement, ils
sont encore largement respectés, dans le monde entier,
comme étant la patrie de la liberté. Lors de la crise des
missiles de Cuba, ils humilient publiquement l'Union
soviétique et triomphent sans employer la force, par la seule
vertu de l'intelligence. En 1980, les États-Unis ne comptent
plus les coups auxquels ils se sont trouvés hors d'état de
riposter. Leur puissance militaire est tenue en échec par celle
des Soviétiques. Sur le plan économique, leurs alliés les ont
gagnés de vitesse. Ils ont perdu le crédit moral dont ils
jouissaient traditionnellement : partout ou presque dans le
monde, il sont le symbole de l'impérialisme et du néo-
colonialisme. Intérieurement, ils sont divisés, en pleine
déroute morale, incapables de trouver un leader susceptible
de surmonter toutes ces difficultés.

Le Vietnam, bien sûr, n'est pas responsable de tout. Mais
dans un monde aussi interdépendant que celui où nous
vivons, une défaite majeure dans un secteur donné compro-

met la situation dans tous les autres secteurs. Lorsque nous avons perdu l'Afrique du Nord, ou du moins nos chances d'y réussir une retraite en bon ordre, qui sauvegarde nos intérêts, cela tenait pour beaucoup à notre obstination antérieure dans le combat sans espoir que nous avions mené en Indochine. Les États-Unis ont gravement compromis leurs chances sur ce terrain essentiel que constitue le Moyen-Orient, en s'acharnant sur un théâtre d'opérations secondaire, où ils n'avaient rien à gagner. Par ailleurs, leurs extravagantes dépenses de guerre ont totalement déréglé le système monétaire international et leur ont fait perdre leur position naturelle d'autorité financière mondiale, en même temps qu'elles affaiblissaient substantiellement l'économie américaine. Enfin et surtout, la guerre a non seulement altéré l'image des États-Unis dans le monde, mais provoqué une crise morale sans précédent dans la jeunesse américaine elle-même, puis dans le pays tout entier. Six à sept ans plus tard, cette crise n'est toujours pas surmontée. Était-il raisonnable de risquer des effets aussi catastrophiques à seule fin de maintenir dans l'orbite américaine un pays certainement intéressant et attachant, mais qui ne semblait éprouver aucune passion particulière pour le mode de vie occidental ? C'est ici que l'on voit toute l'ampleur de la faute intellectuelle. Comment le pays de la rationalité triomphante a-t-il pu si mal calculer les « coûts et avantages » de l'aventure où il se lançait ? Comment, malgré les gigantesques moyens de recherche et de réflexion dont ils disposaient, ses analystes de systèmes et ses *task forces* ont-ils pu à ce point s'abuser ?

Nous autres, Français, nous sommes également beaucoup trompés sur le Vietnam, et nous avons bien des péchés sur la conscience. Mais nos erreurs, pour honteuses qu'elles soient, ne sont pas incompréhensibles. Nous avions au Vietnam des intérêts matériels et, surtout, des intérêts moraux plus importants encore et auxquels beaucoup de Français étaient passionnément attachés. Colonialistes relativement heureux, nous étions — stupidement, sans doute — fiers de notre œuvre. On ne se détache pas facilement du bien qu'on croit avoir fait. L'Indochine moderne, nous estimions l'avoir créée : la route Mandarine, l'Institut Pasteur, les plantations de caoutchouc, les cimenteries, les charbonnages, toutes ces réalisations concrètes, c'était nous. D'autre part, les colons, à leur manière, certes, connaissaient le pays et sa culture. Et les militaires encore mieux. Ils adoraient les palabres, les négociations subtiles, les coups fourrés. Salan l'asiatique était un vrai mandarin, qui savait fumer l'opium comme il faut et quand il faut. Tous ils furent pris au piège parce qu'ils connaissaient trop bien le pays et ne parvenaient pas à concevoir que celui-ci change jamais. Mais les Américains étaient totalement neutres, sans aucun intérêt ni matériel ni affectif. Leur engagement, totalement libre de tels facteurs, pouvait être calculé rationnellement, dans le cadre d'une stratégie globale extrêmement simple : le Vietnam était-il un bon terrain pour enrayer l'avance communiste ? était-il possible et utile de s'y battre ? L'expérience française montrait clairement qu'il fallait répondre par la négative. Mais cette leçon fut écartée sans examen : on estima que les Français avaient perdu d'une part en raison de leur position de métropole coloniale, d'autre part parce qu'ils ne savaient pas mener une guerre moderne.

Deux raisonnements simplistes empêchèrent les responsables américains de voir la réalité telle qu'elle était : la théorie des dominos et l'exemple de la Corée. La théorie des dominos est une théorie particulièrement absurde, qui ne repose sur rien d'autre qu'une image. Certes, le monde est interdépendant, une défaite sur un terrain entraîne des conséquences sur tous les autres. Mais ce n'est pas pour autant un système rigide, comme un château de cartes ou un alignement de dominos verticaux. Il est d'ailleurs piquant de remarquer que les libéraux, John F. Kennedy le premier, avaient critiqué la politique de *containment*, dépourvue de toute imagination, pratiquée par John Foster Dulles. Il s'avéra finalement que les conservateurs républicains avaient mené une politique plus prudente et plus souple. L'abandon du *containment* aurait dû conduire à plus de flexibilité ; or, dès la première menace sérieuse, c'est le réflexe de rigidité qui prévalut.

L'exemple de la Corée se comprend mieux. Il démontre avec quelle facilité on devient prisonnier de ses victoires : elles obscurcissent l'esprit bien davantage que les défaites. Les Américains auraient dû s'interroger sur les similitudes partielles, et surtout sur les différences profondes entre la Corée et l'Indochine. D'un côté, un pays relativement développé, qui n'avait jamais été colonisé par une puissance occidentale, et que dirigeait un leadership brutal mais authentiquement national. De l'autre, un pays où le sentiment national, profondément blessé par la colonisation occidentale, s'était reconstitué avec force pendant six années de guerre cruelle, autour de leaders communistes ; et dans lequel n'apparaissait aucune structure, aucun leadership capable de s'opposer au communisme. Mais l'Amérique de la rationalité était trop confiante pour regarder cette réalité en face. La faute intellectuelle était double : arrogance de l'establishment américain, connaissance du Vietnam à peu près nulle. Pourtant, au sortir de la Deuxième Guerre mondiale, les États-Unis disposaient des meilleurs instruments de connaissance sur les pays qu'ils avaient dû combattre ; ainsi l'occupation du Japon, qui s'appuyait sur cette connaissance, fut-elle un chef-d'œuvre de sagesse et de générosité, ainsi la victoire en Corée procédait-elle encore du même effort. Mais, dix ans plus tard seulement, militaires, diplomates et politiciens ne raisonnent plus qu'en termes abstraits, personne ne prenant le temps d'étudier sérieusement le terrain ; les experts ont disparu ou ne sont plus

écoutés, c'est le règne de la pire bureaucratie. Si les Français
se sont trompés sur l'Indochine pour avoir trop bien cru la
connaître, les Américains quant à eux l'ont perdue parce
qu'ils refusaient obstinément de faire l'effort nécessaire pour
la comprendre.

J'eus l'occasion de passer quelques jours à Saigon en 1960,
sous le régime Diem, avant la reprise de la guerre. Je fus reçu
par la Mission universitaire de recherche américaine. Le
principal travail de cette Mission était la formation de cadres
vietnamiens. Des centaines de fonctionnaires du gouvernement Diem travaillaient sur des « cas » américains, que leur
exposaient de jeunes Américains totalement ignorants non
seulement de la tradition vietnamienne mais même de la
culture française, à laquelle avaient été formés dès l'enfance
tous leurs auditeurs. Aucun des nombreux Américains que je
rencontrai ne parlait ni le vietnamien ni le français, de sorte
que deux interprètes étaient parfois nécessaires : vietnamien-
français, français-anglais. La C.I.A. était engagée jusqu'au
cou dans de complexes intrigues politiques, mais personne
n'aurait su répondre à la moindre question sur les problèmes
brûlants du pays : l'assimilation du million de catholiques
qui avaient fui le Nord, le fonctionnement des villages et
leurs rapports avec l'administration Diem, l'influence des
anciens maquisards, le rôle encore exercé par les sectes. Le
seul recours de ces Américains de bonne volonté, déjà
gravement inquiets devant la montée du terrorisme, c'étaient
ces hommes, sages et respectés, connaissant l'âme indigène et
ne craignant pas de trafiquer même avec les Vietcongs : les
planteurs français. Ils prenaient, dans les descriptions de mes
interlocuteurs, l'allure de héros, véritables Buffalo Bill
dignes de la grande épopée américaine de la conquête de
l'Ouest.

La tragédie trouve son roi

Il n'est pas de tragédie vraiment grande sans un roi. Le simple jeu des forces sociales engendrera peut-être des révolutions, mais jamais des tragédies. Entre le premier drame, tout d'une pièce, presque élégiaque, où par l'assassinat de John F. Kennedy le tragique fit irruption dans une Amérique heureuse, et la pièce la plus noire, au sombre roi Richard, le traître Nixon, prend place un intermède décisif mais ambigu — qui exigeait un roi équivoque, bon et méchant, rationnel et fou, sensible et cynique, toujours emporté par la démesure. Lyndon Baines Johnson avait toutes les qualités de ce grand rôle, les puissantes épaules d'un cowboy texan [1], un courage inébranlable et tout l'aveuglement nécessaire.

Le Destin, pourtant, avait longtemps hésité. Normalement, suivant les règles du jeu politique américain, un Sudiste ne pouvait accéder à la présidence : le Sud en effet avait à jamais perdu, en même temps que la guerre de Sécession, tout titre à prétendre incarner les idéaux américains. En revanche il se constitua graduellement en bloc de pression uni et efficace, jouant un rôle déterminant au Congrès et tout particulièrement au Sénat. Utilisant à fond la règle de l'ancienneté, par laquelle les postes importants dans les Commissions étaient dévolus aux élus de plus longue date, et assurés par la tradition du parti unique (démocrate) d'une stabilité quasi absolue, les parlementaires sudistes étaient encore, voici quelques années, les plus influents parmi leurs

---

1. Il n'avait jamais été cow-boy, bien sûr, ni même fils de cow-boy, étant né d'une institutrice et d'un notable rural. Mais son grand-père avait convoyé les grands troupeaux de bêtes, aux temps héroïques du Texas, aussi aimait-il à se donner cette allure d'homme de l'Ouest.

collègues. Mais ils restaient par le fait même cantonnés à la politique sectorielle, donc exclus de la course à la présidence. C'est Johnson qui le premier rompit cette tradition, par un tragique coup du sort qui bouleversa de fond en comble ce jeu politique traditionnel. Sa désignation à la vice-présidence par Kennedy était un choix tout à fait naturel : choisir comme *running mate* le chef de file incontesté des Sudistes, qui au cours des primaires avait été un concurrent sans grand espoir mais dont le poids régional demeurait considérable, cela permettait de s'assurer les suffrages du Sud, sans lesquels la victoire eût été impossible. En outre, marqué par le New Deal et fidèle de Roosevelt, Johnson avait su garder une image libérale et ne risquait donc pas trop d'aliéner à Kennedy les voix libérales de gauche des États du Nord — non moins indispensables pour une élection qui se joua, rappelons-le, à 100 000 voix près.

Ainsi Johnson, dont le meurtre de Kennedy devait faire un président, ne semblait guère destiné à ce rôle selon les critères traditionnels de la politique américaine ; c'était, par ailleurs, un homme d'une étoffe tout à fait exceptionnelle pour un vice-président. Ceux-ci sont en effet assez généralement des acteurs de second plan qui, lorsque le malheur les contraint à assumer les charges de la présidence, sont accablés par l'énormité d'une tâche à laquelle ils ne sont en rien préparés. Dans le cas de Johnson, au contraire, tout le monde s'était immédiatement demandé comment un homme aussi influent et à la personnalité aussi forte que le tout-puissant leader de la majorité démocrate au Sénat allait pouvoir se contenter d'un rôle de représentation tel que la vice-présidence. Et quand il prit le pouvoir, il apparut bien davantage comme un usurpateur que comme un héritier. Dans les mois qui suivirent, on vit courir sous le manteau un pamphlet, très prisé notamment des intellectuels, où Johnson apparaissait comme un Macbeth incapable d'effacer la « petite tache de

sang » de l'usurpation, cependant que les grands féodaux —
les McBundy, les McNamara — balançaient entre la fidélité
et la trahison. Tout de suite on se trouva en pleine tragédie
shakespearienne.

L'homme qui devenait tout d'un coup, par un extraordinaire concours de circonstances, « le plus puissant du
monde » présentait deux grands traits particuliers : c'était le
parlementaire le plus habile que l'histoire américaine eût
jamais connu, et d'autre part un tempérament inquiet, à la
fois généreux et méfiant, dont l'ambivalence constitutive se
résolvait le plus souvent en mégalomanie. Sa capacité
manœuvrière était, ainsi que tous l'attestent et notamment
ses biographes, littéralement prodigieuse. Négociateur-né, il
savait user mieux que personne de la flatterie comme des
menaces, des cajoleries et des promesses comme du plus pur
chantage. C'était le roi du trafic d'influence, expert à jouer
cartes sur table au bon moment. Il passait sa vie au téléphone,
au point que la gestion de son standard était devenue la partie
la plus importante de son secrétariat. Même après son
accession à la présidence, il n'hésitait pas à appeler directement n'importe quel parlementaire : « Dites donc, mon
vieux, j'ai un vrai problème à régler, il n'y a que vous qui
puissiez m'aider... Vous savez, je pense toujours à vous pour
votre affaire, vous pouvez compter sur moi absolument, mais
pour ce vote, j'y reviens, parlez donc à X et à Z, j'ai vraiment
besoin des voix de vos amis... Et pour le reste, ne vous
tourmentez pas, tout ira bien. » Il tenait des fiches détaillées
sur tous ses collègues, leurs problèmes particuliers, les
promesses qu'il leur avait faites, les moyens de pression dont
il disposait vis-à-vis d'eux. Toute sa force tenait dans cette
étonnante combinaison de libéralisme sincère, à la Roosevelt,
et d'habileté politicienne. John F. Kennedy, rétrospectivement, apparaissait comme un président plutôt inefficace,
dont les projets échouaient au Congrès parce qu'il se montrait

trop idéaliste ou trop brutal, trop inapte au compromis et au marchandage.

Le deuxième élément absolument fondamental du caractère de Johnson, la mégalomanie, n'apparut pas tout de suite au grand jour. Johnson était avant tout un homme généreux, qui cherchait à satisfaire tout le monde. « L'homme de l'abondance [1] » : non seulement ses collègues parlementaires, mais ses assistants, ses amis, ses secrétaires étaient accablés de cadeaux. Un de ses collaborateurs était-il mal habillé, il l'envoyait séance tenante, à ses frais, se faire couper un complet chez un bon tailleur. De même, comme sa jeune biographe Doris Kearns était encore célibataire, il s'obstina à vouloir la marier à quelque jeune millionnaire texan. Mais derrière le bienfaiteur qui dépensait sans compter son argent, son temps et son énergie pour contenter tout le monde, se cachait un détestable tyran qui ne supportait pas qu'on lui résiste. Et son don de séduction, son énergie, son activité débordante lui permettaient de subjuguer des tempéraments plus faibles. C'est ainsi qu'il mena à la ruine, politiquement et moralement, Hubert H. Humphrey, ancien collègue du Sénat devenu son vice-président et son ami, mais dont même la campagne électorale pour la présidence, en 1968, devait être perturbée par les interventions de Johnson. Celui-ci s'identifia vraiment, plus qu'aucun président avant lui, à l'image de « l'homme le plus puissant du monde ». Et il considéra toujours qu'il pourrait garder le Vietnam en en payant le prix, tout comme il pouvait acheter n'importe qui à Washington.

Deux autres traits enfin sont nécessaires pour comprendre le personnage et son échec, deux traits en apparence contradictoires : le courage, et une profonde incapacité à prendre une véritable décision. Johnson avait le courage d'un

---

1. *People of Plenty*, célèbre livre de David Potter.

cowboy, doublé d'une énergie, d'une patience, d'une sincérité à toute épreuve. Il était infatigable et rien ne devait
jamais lui résister. S'il fallait payer, il payait. Quand la
guerre du Vietnam devint pour lui un calvaire, il le supporta
et ne s'en déchargea sur personne [1]. Sa renonciation à la
présidence, en mars 1968, ne manquait pas de dignité. Mais
il ne possédait pas cette autre forme de courage, qui permet
de décider vraiment : non pas choisir quand et comment faire
un compromis, ni calculer jusqu'où on peut aller trop loin
dans une situation donnée, mais accepter de braver l'impopu-
larité, d'investir pour l'avenir, de ne pas transiger sur
l'essentiel. Certes, il a fait passer une législation extrêmement progressiste, mais elle était due pour l'essentiel — ainsi
la loi sur les droits civiques — à John F. Kennedy ou à des
bureaucrates et des intellectuels nommés par celui-ci. Johnson se montrait d'une extraordinaire efficacité pour faire
passer dans la réalité parlementaire les idées des technocrates,
mais nullement pour guider ceux-ci, les pousser plus loin ou
même les arrêter. C'est lui qui inventa le slogan de la
« Guerre contre la pauvreté », mais il s'en repentit très vite.
Là comme ailleurs, il en fit trop sur le moment, mais sans
préparer l'avenir.

C'est par son fait, pourrait-on dire, que le libéralisme
américain traditionnel s'est épuisé. La guerre du Vietnam est
certainement le plus dramatique exemple de cette incapacité
à décider. L'engagement encore limité amorcé par Kennedy
ne fut jamais remis en cause par son successeur, et l'on passa
progressivement de 25 000 « conseillers » à un corps expédi-
tionnaire de 500 000 hommes, sans jamais prendre de vraie
décision. Non seulement l'exécutif trompa délibérément le
Congrès, mais il se trompa délibérément lui-même. On se

---

1. Même si, devenant de plus en plus méfiant et soupçonneux, il alla jusqu'à
prétendre que les articles de Reston, le grand journaliste du *New York Times*,
étaient inspirés par l'ambassadeur soviétique.

mit à bombarder le Nord pour ne pas envoyer les troupes que
les militaires estimaient indispensables. On envoya ensuite
des troupes pour pouvoir arrêter les bombardements. Tous les
problèmes furent toujours abordés sous l'angle le plus
étroitement technique. Les divers comités où l'on délibérait
sur les mesures à prendre étaient chaque fois composés de
manière à garantir le consensus, parfois avec un opposant
servant de caution, comme l'a raconté James D. Thompson
dont l'opposition, ne pouvant s'appuyer sur des informations
qu'on lui cachait, resta toujours purement morale et sans
effet sur les problèmes techniques, seuls à l'ordre du jour. Le
système de rapports humains établi autour du président
rendait absolument impossible une information sérieuse sur
la réalité. La machine McNamara fabriquait une information
officielle, impersonnelle et aseptisée, avec un ratio invariablement favorable dans le *bodycount*. McNamara lui-même
mit plusieurs années à en soupçonner la fiabilité. Certains
doutes flottaient, certes, parmi les fonctionnaires du Département d'État et même de la présidence, mais la nature même
du système les empêchait de venir au jour. Ainsi John
McNaughton, adjoint direct de McNamara sur la question du
Vietnam, en était-il arrivé à rédiger trois sortes de notes
confidentielles : la note confidentielle officielle, qui suivait
la voie hiérarchique normale ; la note confidentielle secrète,
adressée aux très rares collègues en qui il avait une entière
confiance — cette note émettait des doutes sur tous les points
figurant dans la première, mais ne comportait pas de
jugement ; enfin une note strictement intime où s'expri-
maient ses jugements personnels, totalement négatifs. Johnson n'eut jamais connaissance que des premières, McNamara,
outre celles-ci, que de quelques-unes parmi les deuxièmes, et
absolument personne, jusqu'au décès de l'auteur dans un
accident d'avion en 1967, d'aucune des troisièmes.

Notre IVe République connaissait bien ce problème de

l'écart entre la rhétorique et la réalité, les paroles privées et les actes publics. Mais nous avons cru que le régime d'assemblée en était la cause ; aux États-Unis, un système présidentiel triomphant a démontré que les contradictions et l'aveuglement d'un seul homme peuvent dépasser ceux de toute une assemblée. La force de Johnson tenait, bien entendu, pour une large part à la popularité qui lui avait permis d'être élu en 1964 avec une des plus fortes majorités jamais obtenues aux États-Unis, que continuèrent d'attester les sondages, favorables presque jusqu'à la fin y compris sur la question du Vietnam. Seul, sans doute, un chef aussi populaire pouvait conduire son pays à un tel désastre.

Le chef et ses hommes

Vis-à-vis de ses conseillers, Lyndon Johnson eut toujours une attitude des plus étranges. La politique américaine, traditionnellement, reposait sur un rapport bien déterminé entre le chef et son équipe : au chef de porter la responsabilité des décisions prises, face à l'électorat ; à l'équipe de fournir les connaissances et la capacité de réflexion. La qualité des hommes dont s'entoure le président est essentielle, elle témoigne de la sagacité de ses choix. Mais chacun sait qui est le patron ; c'est bien d'un régime présidentiel qu'il s'agit. Le cas de Johnson était évidemment particulier, puisqu'il héritait, après le meurtre de Kennedy, des équipes que celui-ci avait constituées : les secrétaires d'État, les membres du cabinet, l'état-major de la Maison-Blanche. Personne ne s'étonna qu'il leur demande à tous de rester, dans ces circonstances tragiques, et les experts y virent une preuve de clairvoyance et d'habileté politique : à huit mois des élections suivantes, le vice-président, porté à la présidence par un simple automatisme constitutionnel et non par le suffrage universel, voulait ainsi affirmer une continuité dont le pays avait grandement besoin. Une fois élu, en revanche, rien ne l'obligeait à garder auprès de lui des hommes qu'il n'avait pas choisis. Et le pays en fut d'autant plus surpris qu'il l'avait triomphalement confirmé dans ses nouvelles fonctions. Fort de cette légitimité, pourquoi donc hésitait-il à former sa propre équipe, conformément aux coutumes les mieux établies ? Ceux des conseillers de Kennedy qui s'éloignèrent le firent entièrement de leur propre gré et indépendamment les uns des autres ; leur renouvellement ne fut pas plus rapide qu'il n'aurait sans doute été avec Kennedy toujours à la tête du pays.

Cette façon d'agir était réellement mystérieuse, chez un homme à la personnalité aussi affirmée. On savait, de plus, qu'il avait souffert, pendant ses trois années de vice-présidence, de devoir rester dans l'ombre de ce brillant état-major. Il semblait assez clair qu'il avait toujours détesté le clan Kennedy et son entourage, ainsi que le style même imposé par le président défunt. Pourquoi alors maintenir à leur poste les hommes de confiance légués par celui-ci ? Il faut voir là, sans aucun doute, l'expression d'une profonde ambivalence : il admirait cette équipe tout autant qu'il la détestait. Aussi, incapable de se résoudre à écouter ces hauts fonctionnaires, le verra-t-on prendre plaisir à les humilier, jusque de la façon la plus grossière. Là-dessus, les anecdotes foisonnent, colportées par les journalistes puis recueillies par les biographes : ainsi de l'habitude qu'il prit d'ordonner à ses conseillers de l'accompagner aux toilettes, où il poursuivait l'entretien sur les affaires du jour comme s'il eût été dans les salons de la Maison-Blanche. Doris Kearns, dont nous verrons plus loin l'étonnante relation qui la lia à Johnson, insiste, sans doute à juste titre, sur le sentiment d'insécurité profonde que devait éprouver ce Texan mal dégrossi dans un milieu cosmopolite et hautement cultivé. Mais il y a là quelque chose aussi qui dépasse la seule personne de Johnson et renvoie au changement profond que représentait, dans la culture politique américaine, l'irruption des technocrates sur le devant de la scène : tout comme Johnson par les représentants kennedyens de la nouvelle rationalité, Nixon puis Ford seront fascinés par le personnage de Kissinger. Johnson, la vedette du Congrès, le virtuose des marchandages politiciens, découvre en accédant à la présidence qu'il lui manque quelque chose : non pas tant une vision d'ensemble — qu'il croit pouvoir reprendre de Roosevelt, juste un peu remise au goût du jour par Kennedy — que les moyens concrets de diriger une machine devenue aveugle. C'est précisément là qu'il a terriblement besoin des technocrates. Eux possèdent ces moyens, leurs projets sont déjà tout prêts. Et Johnson, envoûté, ne tarit pas d'éloges à leur égard.

Une telle alliance de la rationalité technocratique et du pragmatisme politicien pourrait apparaître, à première vue, comme la meilleure des choses. Mais elle représente au contraire un terrible danger, car elle encourage une des pires faiblesses que l'on puisse dire inhérentes à la nature même de tout comportement humain : la fuite devant les responsabilités. Ainsi le technocrate glissera-t-il subrepticement dans ses discours ses propres jugements de valeurs, qu'il pourra présenter comme des choix techniques pour éviter de les assumer. Et l'homme politique, de son côté, feindra de simplement arbitrer entre des options rationnelles, en tenant compte de la politique parlementaire. Nulle découverte, donc, d'une satisfaisante troisième voie, mais un pur et simple abandon à la confusion et à l'irresponsabilité. C'est qu'il n'existe jamais de rationalité en soi, transcendant les systèmes à l'intérieur desquels un calcul est possible. La voie d'une véritable responsabilité, ce serait la réflexion sur les systèmes concrets dans lesquels on travaille, la discrimination entre les contraintes qu'on acceptera et celles qu'on refusera, le choix d'investissements propres à faire sauter les blocages dont on souffre, l'évaluation des conséquences possibles de l'action sur l'ensemble de la société, la volonté de ne prendre des risques qu'en connaissance de cause.

Sans doute serait-il peu réaliste de prétendre que telle était l'attitude affective de Kennedy. Il n'en reste pas moins que sa confiance en la rationalité triomphante s'accompagnait de craintes et d'anxiétés suffisantes pour inciter à une réflexion approfondie sur les limites de cette même rationalité. D'une certaine manière, l'hostilité du Congrès, ou à tout le moins sa réticence, était une bonne chose. Johnson, sans doute, fera sauter certains blocages, avec plus d'efficacité ; mais aussi nombre de barrières et de garde-fous, de sorte qu'une durable confusion s'installera bientôt dans ce monde politique incapable de retrouver aucun principe de réalité. La victoire des « hommes du président » se traduira, à terme, par un grave affaiblissement de la présidence, et l'avènement de la nouvelle rationalité par un dérèglement complet du système de décision.

Le malentendu maximum possible

Cette confusion envahissante n'épargna nullement la politique intérieure. Johnson fut en réalité l'homme de deux guerres : celle qu'il ne voulait pas — le Vietnam —, et celle qu'il croyait vouloir, qui dans son esprit devait rester son vrai titre de gloire — la « guerre contre la pauvreté ». S'il s'obstinait au Vietnam, c'était pour une large part afin de protéger son œuvre, d'empêcher les conservateurs de se débarrasser de lui et de son projet de « Grande Société ». Il est un peu rapide, après coup, d'imputer aux contraintes de budget, de temps et d'énergie humaine le double échec qu'il essuya finalement. Celui-ci s'explique plutôt par la liaison profonde entre deux entreprises qui témoignaient l'une et l'autre d'une même mégalomanie de l'abondance, et souffraient d'une même incapacité à accepter les limites de tout effort humain et la nécessité de choisir.

Le vote de la loi sur les droits civiques (Civil Rights Bill), le 2 juillet 1964, fut un chef-d'œuvre de stratégie parlementaire. Le texte élaboré par John F. Kennedy et ses conseillers passa sans modification aucune, ce que ses auteurs n'avaient jamais osé espérer. Et, dans la foulée, fut adopté, le 20 août, l'Economic Opportunity Act qui mettait en route toute une série de programmes, préparés par les nouveaux technocrates, pour lutter contre les cercles vicieux de la misère, des carences dans le système d'éducation et de la dégradation générale : de là allait naître le grand slogan de la guerre contre la pauvreté. Si la loi sur les droits civiques obtint des résultats très largement satisfaisants, en revanche l'EOA et les mesures qui vinrent ensuite le compléter furent constamment, et dès le début, en état de crise. A la grande surprise de Johnson, ni les gigantesques dépenses engagées ni les immenses efforts de l'administration fédérale spécialement créée pour mettre en œuvre ces programmes (et dirigée par le beau-frère des Kennedy, Sargent Shriver) ne semblèrent jamais produire autre chose que de nouveaux problèmes et de nouveaux motifs de récrimination dans les groupes sociaux concernés. Les réactions du président à cet insuccès sont caractéristiques d'une incompréhension profonde, qu'il partageait avec bien d'autres : comment ces gens, pour lesquels on travaillait avec tant d'ardeur et avec lesquels on se montrait si généreux, pouvaient-ils se montrer aussi ingrats ? comment de telles largesses pouvaient-elles aboutir à de nouvelles manifestations de révolte ? Or, s'il est vrai que le relâchement d'une oppression ancienne peut donner lieu à des phénomènes d'explosion, un examen tant soit peu attentif révèle aussi que tous ces programmes, qui se voulaient éminemment rationnels et se recommandaient souvent de travaux scientifiques de qualité, étaient entachés d'extraordinaires illusions.

Dans un texte provocateur intitulé *Recette pour la violence* Aaron Wildasky, un libéral instruit par l'expérience et devenu de plus en plus critique à l'égard de la nouvelle rationalité, montre bien les paradoxes sur lesquels débouchait la guerre contre la pauvreté : « Promettez beaucoup, et faites-en peu. Persuadez bien la population que tout va bientôt aller mieux, et faites en sorte d'éviter toute amélioration perceptible. Organisez le recrutement, par des bureaucrates fédéraux issus des classes moyennes, d'étudiants extrémistes des classes supérieures qui s'appuieront sur les Noirs des classes inférieures pour briser les appareils politiques locaux. Lamentez-vous ensuite que ces gens-là mettent la pagaïe partout, sans oublier de condamner en même temps les politiciens locaux pour leur refus de coopérer avec ceux qui cherchent à les éliminer. Proclamez vos sentiments de culpabilité vis-à-vis de la situation des Noirs. Déclarez-vous surpris qu'ils ne se soient pas encore révoltés davantage. Quand ils auront appliqué ces conseils, montrez-vous choqué et même profondément ulcéré. Essayez alors la force : juste assez pour les exaspérer, sans aller toutefois jusqu'à les arrêter. Dites à nouveau votre culpabilité, montrez-vous à nouveau surpris que le pire ne se soit pas produit. Continuez à alterner ces deux attitudes. Mélangez bien, frottez une allumette et prenez la fuite aussi vite que vous pourrez. »

Dans un livre de réaction passionnée écrit pendant l'été 1968, Daniel Moynihan [1], proche des Kennedy et qui fut mêlé de près à tous les aspects de la guerre contre la pauvreté, s'en prend tout particulièrement au paragraphe de la loi spécifiant que la lutte devait être menée avec « le maximum de participation possible des pauvres eux-mêmes ». Le sens

---

1. *The Maximum Feasible Misunderstanding*, New York Free Press, 1970.

de ce paragraphe avait échappé aux membres du Congrès, qui n'y avaient vu qu'un vœu pieux parmi tant d'autres — ce qu'il était effectivement aux yeux de la plupart des technocrates responsables de la rédaction du texte. Mais tout autre était la perspective de certains bureaucrates de bonne bourgeoisie, qui entendaient modeler la lutte contre la pauvreté urbaine sur le combat syndical des années trente. Cette analogie était certes séduisante, car elle permettait de renouer avec la rhétorique des premiers « organiseurs ». Mais le contexte était tout différent : une ville n'est pas une entreprise ; les maires détiennent une légitimité démocratique ; les pauvres et les Noirs des ghettos n'avaient ni les moyens ni l'envie de s'organiser en syndicats ; enfin, il n'existait pas de potentiel militant capable de se consacrer uniquement à cette cause. Aussi ces bureaucrates ne réussirent-ils jamais à trouver qu'une clientèle hétéroclite de militants politiques extrémistes et d'activistes plus ou moins profiteurs, d'où des réactions violentes dans les appareils municipaux et les pires surenchères et manipulations parmi ces militants, tandis que le pourcentage des pauvres qui voulaient bien se déranger pour élire leurs représentants, dans le cadre d'organes communautaires de gestion des programmes, restait partout inférieur à un malheureux 5 %.

Si on examine les raisons de ces échecs répétés et les leçons qu'on en tirait, on s'aperçoit que les raisonnements tenus à l'époque sur les causes de la misère et les insuffisances de l'éducation relevaient d'un modèle abstrait, général, universel, qui ne tenait pas compte du contexte spécifique des États-Unis. Or celui-ci présentait deux phénomènes sociaux tout à fait originaux : l'ampleur des mesures d'assistance — les États-Unis ne comptent pas moins de 6 % d'assistés, contre 1 % en France —, et la situation du sous-prolétariat noir parqué dans ses ghettos. Daniel Moynihan avait attiré l'attention, en 1965, sur le problème créé dans les familles

noires pauvres par l'assistance : celle-ci contribue à la
dégradation du système familial, puisque les pères ont intérêt
à déserter le foyer ou à prétendre l'avoir déserté, afin que les
mères puissent bénéficier de l'assistance. Ses remarques
provoquèrent un moment d'hésitation mais, dans l'atmosphère de surenchère qui s'était installée, les leaders noirs
finirent par déclarer que c'était là une insulte à la famille
noire. Peut-être le rapport de Moynihan était-il contestable ;
du moins tendait-il à soumettre à la discussion les problèmes
de fond. Mais on ne parvenait pas, dans ces années-là, à sortir
de ce modèle de raisonnement abstrait, dont on croyait les
conséquences efficaces et généreuses du seul fait qu'elles se
traduisaient en programmes de millions de dollars.

La première défaite

Le 31 mars 1968, au cours d'une émission télévisée
spectaculaire et véritablement émouvante, Lyndon Johnson
surprit toute l'Amérique en annonçant qu'il ne solliciterait
pas le renouvellement de son mandat présidentiel. Cet aveu
de défaite de « l'homme le plus puissant du monde » était
aussi une première défaite pour l'Amérique, qui allait —
ironique illustration de la théorie des dominos — entraîner
toutes les autres.

Les événements s'étaient précipités. L'offensive du Têt, au
mois de février, força le barrage de l'information et eut un
retentissement énorme. Les Américains ne perdirent pas la
guerre dans une bataille rangée, comme les Français à Diên
Biên Phu, mais par la brutale révélation de la vérité sur cette
guerre effroyable. Dès ce moment, tous les contacts de
Johnson dans l'establishment financier lui firent savoir que
les milieux d'affaires et Wall Street exigeaient la fin de la
guerre. Et bientôt, à l'occasion des premières élections

primaires démocrates (celles du New Hampshire), surgit ce
phénomène extraordinaire : la levée en masse des étudiants
des universités du Nord-Est, qui allèrent sonner à toutes les
portes pour prêcher l'opposition à Johnson et l'arrêt de la
guerre. A la surprise générale, cette « croisade des enfants »
fut victorieuse : les électeurs démocrates du très conservateur
New-Hampshire donnèrent la majorité à Eugen McCarthy.
Les sondages, toujours excellents pour Johnson jusque-là, se
dégradèrent à grande vitesse ; ses amis le désertèrent ; et la
candidature de Robert Kennedy, annoncée au milieu de
mars, avait un terrible poids symbolique. La forêt de
Dunsinan était en marche, la fin de Macbeth avait sonné.

Les derniers mois furent pour Johnson un long cauchemar,
au propre comme au figuré. L'homme qu'on avait connu si
vif, toujours au fait de tout et contrôlant tout, est maintenant miné par l'angoisse et arrive à peine à écouter les autres.
Il est en proie à des rêves qui lui reviennent de son enfance :
seul, il voit fondre sur lui la folle charge des bisons, qui
broient tout sur leur passage, comme l'avalanche, comme le
raz de marée. Dans d'autres cauchemars, il se réveille en
sursaut, persuadé qu'il est Woodrow Wilson et, comme lui,
va mourir paralysé dans son fauteuil. Alors il se lève et
déambule dans les couloirs de la Maison-Blanche, jusqu'à
retrouver le portrait de son lointain prédécesseur, qu'il doit
toucher pour se rassurer. La « petite tache de sang » de la
tragédie ne s'effacera jamais. En renonçant à briguer un
nouveau mandat, il espérait entrer dans l'histoire comme
l'homme de la réconciliation et de la paix, après les neuf bons
mois qu'il devait encore accomplir à la Maison-Blanche. Mais
le destin en disposa autrement : la Convention du parti
démocrate fut un désastre, et la paix ne revint pas de sitôt au
Vietnam, ni la concorde dans le pays divisé.

Son unique recours était d'en appeler à la postérité, qui
prit en l'occurrence les traits de Doris Kearns. Cette jeune

femme, professeur de sciences politiques à Harvard, avait rencontré Johnson au cours d'un bal organisé à la Maison-Blanche pour les étudiants qui, chaque été, y font un stage de quelques semaines. Seule de tous ceux-ci, elle osa dire, à la face du monstre, ce que les jeunes pensaient de la guerre. Bien loin de se courroucer, le tyran entreprit de se justifier. Jamais il ne parviendra à la convaincre mais, obstiné, il la prendra pour confidente et, après avoir décidé de quitter Washington, la suppliera de venir chez lui l'aider à rédiger ses mémoires. Doris Kearns finira par accepter une collaboration à temps partiel, moyennant l'autorisation d'écrire une biographie de lui, pour laquelle il se laissera interviewer des jours et des semaines durant. De là naîtra un livre extraordinaire [1], tout imprégné de cette étrange fascination qu'exercèrent l'un sur l'autre le roi déchu et la jeune représentante de la « croisade des enfants ». Johnson y cherche, tout au long, à la convaincre qu'il n'a agi que pour la cause du bien, et sans ménager ses efforts. Et Doris Kearns, si elle ne tente nullement de dissimuler la duplicité et la mégalomanie du « cow-boy », n'en laisse pas moins transparaître, dans tout son récit, un très grand respect pour cet homme et jusqu'à une sorte de tendresse.

---

1. *Lyndon Johnson and the American Dream*, Harper and Row, 1976.

CHAPITRE V

LE BRUIT ET LA FUREUR

Le temps du désordre

L'idée de révolution nous a obscurci l'esprit. Obnubilés par le critère, prétendument central, de la conservation ou de la contestation de l'ordre établi, nous sommes devenus incapables de comprendre les activités collectives réelles, les processus sociaux effectifs. Or les sociétés connaissent bien souvent des crises profondes qui n'entraînent aucune transformation politique notable, et qui n'en sont pas moins significatives. On ne peut les penser dans les mêmes termes que les révolutions, comme des enchaînements de causes et de conséquences. Dans le cadre du raisonnement simpliste auquel nous sommes habitués et qui reconstruit après coup l'histoire en une série d'étapes logiques, une telle crise apparaît comme contingente et irrationnelle. En fait, cette absence apparente de cause est bien plutôt le signe d'une multiplicité des causes, liées entre elles ou au contraire indépendantes, voire même antagonistes, dont la rencontre généralement imprévisible crée un effet de résonance : de même qu'un pont mal conçu peut s'écrouler sous le seul effet d'une escouade marchant à une cadence bien précise, de même le blocage de quelques systèmes de régulation peut plonger une société dans la crise.

La guerre du Vietnam a sans nul doute joué un rôle décisif dans la crise américaine des années soixante, crise dont les suites à moyen terme se révèlent aujourd'hui si néfastes ; mais il faut considérer cette guerre comme un révélateur, bien plus que comme une cause. C'est en effet à la même époque que la lutte des Noirs pour les droits civiques touchait au but et, par son succès même, faisait apparaître que même une totale égalité juridique ne pourrait contrebalancer l'inégalité profonde des conditions. C'est pendant les mêmes années qu'une révolution technique, à savoir la fabrication de la pilule, bouleversait les rapports entre les sexes. Et que la progression massive de la population universitaire transformait qualitativement la situation des étudiants et le fonctionnement de tout le système éducatif et culturel. La société américaine ne pouvait faire face simultanément à tous ces problèmes. La première réponse proposée, conforme à la logique du consensus, fut la réponse mégalomane de Johnson, qui tendait à précipiter la crise bien plus qu'à la différer : en effet, les États-Unis avaient atteint les limites de leur capacité « consensuelle », aussi bien sur le plan matériel que moral.

Si l'on se laissait influencer par la perspective marxiste du primat du politique [1], on serait porté à juger beaucoup plus grave en Europe de l'Ouest — et tout particulièrement en France — qu'aux États-Unis la grande crise morale qu'a connue l'Occident entre 1965 et 1975, de chaque côté de l'Atlantique. C'est ainsi que je voyais moi-même les choses en 1975 encore, quand j'opposais la vulnérabilité de l'Europe occidentale et l'énorme capacité américaine de résistance aux chocs, d'adaptation et d'innovation. Au niveau strictement politique, je n'avais pas tort ; mais la crise n'était que très partiellement politique. Avec cinq années de recul supplé-

---

1. Je fais bien sûr allusion à la vulgate marxiste, non à Marx lui-même.

mentaires, il m'apparaît aujourd'hui évident que les États-Unis ont été bien plus profondément et durablement touchés : l'Europe, elle, a déjà presque oublié cet ébranlement qui semblait sur le moment une rupture radicale avec le passé. La société américaine, bien sûr, ne s'est pas écroulée. Aucune société ne s'écroule jamais vraiment, ce n'est là qu'une manière de parler. Mais, pendant presque toute une décennie, le pays du consensus est devenu celui du désordre et du tumulte. La crise a d'abord été vécue comme une conjonction de révoltes sectorielles : les Noirs, les étudiants, les femmes, les minorités de toutes sortes. Mais bien vite il est apparu que ces révoltes, au lieu de développer des exigences déterminées et d'entrer dans le jeu normal de la négociation sociale, cristallisaient pour constituer un mouvement proprement religieux, où les luttes particulières relevaient d'une unique cause sacrée. Le « changer la vie » français, en comparaison, semble malgré toute sa charge émotionnelle beaucoup moins absolu.

La crise morale américaine prend en effet immédiatement une dimension métaphysique qui fait perdre de vue la réalité, d'où une situation d'impasse et des réactions de désespoir. La condition des Noirs, ou la guerre du Vietnam, ne sont plus des problèmes effectifs qu'il faudrait travailler à résoudre, mais le Mal Absolu, incarné dans la vie de tous les jours et par là bien différent des mythes européens tels que le capitalisme monopoleur ou la culture bourgeoise. Dans ce vécu ainsi réfléchi de manière religieuse, se produisent toutes sortes de résonances ; chaque problème renvoie à tous les autres, c'est l'ordre social tout entier qui est ressenti comme menacé jusqu'à par des atteintes bien délimitées au mode de vie accoutumé : l'alcoolisme était normal, la drogue symbolise la fin d'un monde.

A un autre niveau, la crise porte avec elle une interrogation de plus en plus angoissée sur le mode de gouvernement. Non seulement le gouvernement fédéral, mais toutes les autorités, publiques et privées, s'avèrent incapables de répondre à des demandes à la fois démesurées et contradictoires, de ramener l'apaisement dans les rapports humains. La crise fait éclater la logique du consensus, dont on sait combien elle était traditionnellement valorisée aux États-Unis. Dans la logique du consensus, plus les gens se rencontrent et mieux ils s'arrangent entre eux, font des compromis, apprennent à se comprendre, règlent leurs conflits. Dans la logique du désordre, plus ils se rencontrent et plus ils se détestent, exigent, protestent, agressent ; les conflits se nourrissent d'eux-mêmes, c'est partout la surenchère, la provocation, l'escalade. La théorie politique de l'Occident est fondée sur le premier modèle, mais sa pratique relève toujours pour une bonne part du second. Cela est surtout vrai, bien sûr, de nos vieux pays d'Europe, qui de ce fait ne se trouvèrent pas totalement désemparés face à la tourmente. Dans le pays de la confiance et du consensus, il faut bien aussi en revenir parfois au vieil adage : « Poignez vilain, il vous oindra, oignez vilain, il vous poindra », mais c'est là une pensée anathème, vite refoulée. La crise, en faisant sauter les digues du consensus, crée un vide effrayant et pose dans toute son acuité la question de l'indispensable autorité.

Toute crise, cependant, est aussi une occasion. L'Amérique a-t-elle su s'en emparer ? Et pourra-t-elle être encore une fois le laboratoire de l'avenir ? Curieusement, cette question semblait simple au moment même de la crise, quand Revel, après Morin, célébrait la nouvelle aurore américaine ; et elle apparaît maintenant beaucoup plus difficile. Il est certain que des progrès considérables ont été accomplis par la société américaine, essentiellement dans le domaine juridique, au niveau de l'égalité que la loi garantit aux citoyens. Mais les progrès de cette sorte ont leurs limites propres, et celles-ci ont vite fait de devenir un motif de découragement plutôt qu'une incitation à de nouveaux progrès. Par ailleurs, les garanties formelles obtenues ne multiplient nullement la capacité d'innovation. La contre-culture, liée à l'effervescence sociale, semble bel et bien morte. Les étudiants sont redevenus timides et dociles, la mode est rétro. La crise comportait à l'évidence, comme il est normal, un aspect important de conflit de générations. Or la jeune génération, celle qui portait les valeurs nouvelles, a vieilli prématurément. Certains de ses représentants se sont rangés sous la bannière qui de Jésus, qui du parti démocrate. L'un des plus célèbres vient d'entrer dans une grande firme de Wall Street [1]. C'est que leurs valeurs, en définitive, n'étaient pas si différentes de celles de leurs parents qu'on avait pu le croire. C'étaient encore des valeurs consensuelles, qui redonnaient fraîcheur et virulence à la composante utopique consubstantielle à la culture américaine, celle qu'incarnaient naguère les puritains ou les « Saints du dernier jour ».

La sainte et juste cause

Que de chemin parcouru depuis l'été 1964 ! On avait vu alors la première vague d'activistes envahir le vieux Sud, non plus comme leurs aînés syndicalistes pour organiser les ouvriers du textile, mais pour faire appliquer la loi sur les droits civiques, récemment votée. C'était de tout jeunes gens, étudiants, enfants de bourgeois du Nord, le plus souvent juifs. Venus en missionnaires, ils furent accueillis comme une armée d'occupation. Trois d'entre eux disparurent, dont on retrouva les corps, quelques jours plus tard, dans un étang. L'affaire fit la manchette des journaux, mais pas bien longtemps.

1. Jerry Rubin, héros du fameux « procès des 7 de Chicago », auteur en 1968 du célèbre livre *Do it*.

Douze ou quinze ans après, les Noirs forment la majorité dans les équipes municipales des grandes villes, New York et Chicago exceptées. Tout comme les Irlandais, les Italiens et autres minorités ethniques, ils sont aujourd'hui capables de mettre à profit leur cohésion électorale pour obtenir des résultats bien meilleurs que leur nombre de voix ne le laisserait attendre. Et, si le pouvoir municipal n'est plus aussi déterminant que lorsque le grand-père de John F. Kennedy en disposait à Boston, il n'en procure pas moins une vaste influence tant économique que politique. Cette classe politique noire, naturellement modérée, constitue maintenant le meilleur soutien d'un président sudiste appartenant à une Église qui, il n'y a pas si longtemps, était farouchement hostile à l'intégration... Qui aurait cru qu'on arriverait, et si vite, à un pareil résultat ?

La bourgeoisie noire, ou plus exactement la classe moyenne noire, est désormais tout à fait intégrée. Les étudiants noirs de valeur n'ont aucune peine à entrer dans les meilleures universités, ils en ont même moins, à résultats scolaires identiques, que les étudiants blancs. De même, ils trouvent plus facilement un emploi que les Blancs ayant les mêmes diplômes : on manque en effet encore de Noirs pour les emplois dits de *window-dressing,* de vitrine. Aussi les Noirs commencent-ils à tirer parti de leurs atouts. Ils jouent déjà un rôle particulièrement important dans la bureaucratie fédérale et dans le corps diplomatique où, comme en général les minoritaires, ils se montrent le plus souvent consciencieux, appliqués, plus américains qu'aucun Américain.

Qui plus est, dans le Sud où le problème paraissait jadis à peu près insoluble, en définitive l'intégration s'est réalisée plus facilement et plus profondément que dans le Nord. Les anciens coloniaux y trouvent un argument inattendu pour réhabiliter un peu le paternalisme : on se haïssait bien davantage dans le Sud, mais on se connaissait mieux — la haine est aussi une forme de relation. De fait, dans le Sud, la violence, les fantasmes et les mythes n'avaient pas empêché une lente acculturation mutuelle de deux peuples arrivés là presque simultanément. Même si les uns étaient les esclaves des autres, ils n'avaient d'autre choix que de se rencontrer. Rien de tel dans le Nord où les Noirs, nouveaux venus, ne purent jamais vraiment s'enraciner. Il ne s'agit pas tant de haine que d'indifférence : les Noirs des ghettos ne jouent aucun rôle dans la vie économique, ils sont tout bonnement en trop. Cette immigration, commencée lors de la Première Guerre mondiale, ne prit vraiment son essor que pendant la Seconde, quand les besoins de l'effort de guerre créèrent des emplois alléchants vers lesquels tous les déshérités du Sud, Noirs et petit Blancs, se précipitèrent également. Ce phénomène est comparable à l'invasion de l'Italie du Nord par les Siciliens, et il posa les mêmes problèmes matériels et culturels. Mais, tandis que les Blancs pouvaient s'intégrer assez rapidement, les Noirs étaient doublement pénalisés, comme nouveaux arrivants et comme non-Blancs. Cette dramatique marginalisation donna naissance à une culture du rejet, de la défiance, de l'inutilité.

On a pu espérer un moment que la lutte pour les droits civiques permettrait l'émergence d'une nouvelle culture noire et que les Noirs du Nord parviendraient à sortir de leur situation marginale. Malheureusement, ils n'en avaient pas encore la force, et la société s'acharnait contre eux. Les autorités, en particulier le F.B.I., ont tout fait pour briser ce qui leur apparaissait comme une tentative séparatiste. C'est Malcom X, authentique leader de foules en même temps qu'organisateur et homme politique, qui a le mieux incarné cet espoir. Traditionnellement, la vie collective des Noirs a pour cadre leurs Églises, qui sont des sortes de sectes dirigées par des personnages charismatiques ayant aussi un rôle

politique. Certains de ces personnages sont tout à fait
extraordinaires, un peu fous, un peu escrocs, un peu
aventuriers ; ainsi Father Divine, Dieu enrichi des années 30,
Adam Clayton Powell, député de Harlem condamné pour
corruption, ou James Jones, le fou meurtrier de Guyana.
Mais la plupart sont des leaders prudents et respectés, comme
Martin Luther King junior, pasteur, fils de pasteur, chef
spirituel d'une des communautés les plus prestigieuses
d'Atlanta. Malcom X avait été formé dans l'Église musulmane noire, très particulière puisqu'elle se rattache à l'Islam.
Il s'en sépara pour créer non pas une autre église, mais un
parti laïque. L'Église musulmane était déjà très stricte du
point de vue moral ; Malcom X renforce encore cette rigueur,
afin de pouvoir être efficace dans un milieu noir particulièrement laxiste. Dans son parti, on ne boit ni ne fume ; tout est
sacrifié à l'organisation et à la discipline. Les adeptes de
Malcom X défilent dans les rues en uniforme, avec des
bérets. Beaucoup de libéraux s'effrayent, on commence à
parler de fascisme. Le mouvement s'affirme néanmoins, mais
ne survivra pas à l'assassinat de Malcom X, perpétré par ses
rivaux de l'Église musulmane avec la complicité du F.B.I.

   La place est alors libre pour les démagogues et les
illuminés. De petites bandes de jeunes radicaux, parfois
brillants mais toujours plus ou moins déséquilibrés, se
saisissent de toutes les occasions qu'offre une société désem-
parée pour lancer des défis tonitruants. Ils vivent de dons et
de revenus douteux, sont toujours un peu compromis dans
d'invraisemblables histoires. Avec eux, l'émeute urbaine
devient une sorte d'institution, qui alimente les gros titres de
journaux. Mais cette escalade entraîne aussi le désarroi parmi
la majorité silencieuse noire. Le petit chauffeur de taxi noir,
celui-là même qui vingt ans auparavant aurait pleuré d'extase
en apprenant la victoire de Truman, répète au premier client
venu, à l'étranger de passage : « Quand est-ce que ça finira,

Monsieur ? Le monde est fou, n'est-ce pas ? » Si les jeunes
gardent souvent leurs distances, murés dans leur réprobation
du Blanc, la plupart des pères de famille cherchent désespérément le contact. Je me souviens de l'un d'entre eux, à
Washington, qui finit par me montrer les photos de famille
qu'il gardait toujours dans son portefeuille : « Ça, Monsieur,
c'est ma fille, elle a un très bon job, elle est institutrice pas
loin de chez nous ; lui, c'est mon second fils, il vient d'entrer
dans la police... Celui-ci, c'est le dernier, il est au *highschool*,
il est gentil, mais il nous fait beaucoup de problèmes. Ah,
Monsieur, ce n'est pas facile. Nous, on s'en est bien sortis
jusqu'à présent. On a une maison sympathique, dans un petit
coin de banlieue où on est tranquille. Mais c'est tout de
même bien difficile. Est-ce que vous avez aussi la drogue chez
vous, et la violence dans les écoles ?... » Pendant des mois,
sinon des années, les sondages ont montré que les réactions
des Noirs étaient tout à fait semblables à celles des Blancs, en
matière de sécurité, d'ordre public et de violence. Mais
personne n'osait protester, pas même les leaders noirs
modérés, enfermés dans une logique de surenchère qu'ils
désapprouvaient.

Et puis soudain, sans que l'on sache bien comment, les
choses se sont détendues. On est sorti du mauvais rêve. Les
classes moyennes noires ont enfin pu jouir des avantages
économiques qu'elles avaient durement conquis. Les leaders
de l'agitation ont disparu. On les retrouve parfois aujourd'hui
prêchant pour Jésus ou pour l'Islam, mais le plus souvent
bureaucrates ou hommes d'affaires. Les plaies ouvertes alors
ont cependant du mal à se refermer : nouvelles oppositions
entre catégories ethniques, ressentiment des Noirs contre les
Juifs qui les ont aidés mais sans aller jusqu'au bout, rancœur
des diverses ethnies — y compris justement les Juifs — dont
le mode de vie et les débouchés traditionnels ont été
perturbés par l'arrivée des Noirs, réaction des Noirs devant

l'irruption massive des ethnies latines. Dans la vieille
tradition américaine du *melting pot*, le creuset n'a jamais
travaillé tout seul ni sans mal. Reste aussi, beaucoup plus
grave, la question des ghettos noirs des grandes villes, plus
marginaux et abandonnés que jamais. Le vrai scandale n'est
plus celui de l'oppression, mais de l'inutilité : de nombreux
jeunes, qui sont littéralement en trop, continuent à tourner
en dérision le rêve américain.

La plus belle victoire est toujours sans commune mesure
avec la violence de l'espoir. Et ici la victoire est ambiguë, à de
nombreux égards décevante : était-ce pour en arriver là qu'on
s'était engagé si loin, si profond dans cette croisade ? Il
faudrait aller plus loin. Mais personne ne le désire plus
vraiment. Les obstacles sont nombreux, comme le montre le
problème le plus douloureux, celui de l'éducation.

Le ramassage scolaire en folie

Rien ne touche davantage au cœur même de la vie sociale
et des rapports humains que la socialisation des enfants.
L'organisation scolaire est une question centrale dans les
sociétés modernes, en particulier aux États-Unis où l'idée du
consensus repose pour une large part sur les vertus illimitées
que l'on prête à l'éducation. Les parents français se plaignent,
à juste titre, des problèmes que connaissent leurs écoles ; mais
comment auraient-ils réagi s'ils avaient été soumis aux
mêmes épreuves que les parents américains, qui plus est par
décision des autorités ? Que dirait par exemple un citoyen de
Neuilly si la justice avait décidé, dans sa grande sagesse, que
pour assurer l'égalité des chances son petit chéri devrait se
présenter tous les matins à 7 heures pour prendre un bus
scolaire qui l'emmènerait dans une école de Nanterre où il
pourrait se battre joyeusement avec les petits Arabes du

bidonville voisin ? En fait, le citoyen de Neuilly met en général ses rejetons dans des écoles privées et une telle décision ne le concerne pas. Mais l'habitant de Ménilmontant ou de Picpus qui peine pour rembourser ses emprunts, celui-là ne pourrait que s'interroger sur les vertus de l'intégration raciale. Et, apprenant que les enfants de quelque leader libéral, connu pour sa lutte en faveur des minorités, étudient bien tranquillement dans une bonne et chère école privée, il ne manquerait pas de réagir violemment.

Certes, il y avait d'excellentes raisons de pousser la déségrégation au-delà de la liberté totale d'admission des Noirs et de l'intégration des écoles desservant le même quartier. Les écoles noires constituaient un grave handicap pour les enfants noirs, au niveau des équipes enseignantes comme aussi du milieu humain constitué par les enfants eux-mêmes. Toutes les enquêtes semblaient montrer que seul le contact avec d'autres élèves, plus cultivés au départ et plus désireux d'apprendre, permettrait de rattraper rapidement le retard des Noirs et d'aboutir à une véritable égalisation des chances. D'où les injonctions impératives de la justice pour que soient dressées des cartes scolaires assurant un brassage suffisant dans de très larges districts, et le recours souvent abusif au ramassage scolaire. En théorie, l'entreprise est admirable. Mais la pratique ne pouvait suivre. Là encore, l'idéologie du bien avait entraîné les Américains au-delà de ce qu'un ensemble humain peut supporter. Si bornés et retardataires que fussent certains parents, leurs sentiments étaient respectables. De plus, au niveau des élèves eux-mêmes, on ne pouvait faire qu'une nouvelle génération de jeunes Américains remplace ainsi la lecture en classe de *la Case de l'Oncle Tom* par celle de *Soul on Ice* d'Eldridge Cleaver, sans en subir un traumatisme profond. La tâche était vouée à l'échec, indépendamment même du ressentiment et de la violence.

Les femmes s'en mêlent

Le problème des rapports entre les sexes est à la fois fondamental et insoluble. L'idéal d'une totale égalité est irréalisable de manière durable. Pour prendre une comparaison, les hommes gagneraient sûrement, si l'on prend les choses abstraitement, à savoir se servir également des deux mains. Mais les spécialistes nous apprennent que l'ambidextrie est dangereuse et entraîne presque toujours des troubles psychiques profonds. Aussi nous faut-il prendre un parti : droite ou gauche. Et, puisque les droitiers sont la très grande majorité, le plus simple a longtemps semblé être d'organiser la vie autour d'eux et de marginaliser les gauchers. Il a fallu un grand progrès dans la tolérance pour que les problèmes des gauchers soient entendus et leur droit à l'existence reconnu. De la même façon, on a fini par reconnaître les capacités de leadership des femmes dans de nombreux domaines qui leur étaient jusqu'alors fermés. Mais nous sommes encore très loin d'une égalité parfaite, qui apparaît d'ailleurs de plus en plus difficile à définir à mesure qu'on s'en rapproche. Il reste bien des problèmes de fait qui paraissent techniquement insolubles, en particulier celui du soin des enfants en bas âge : le « maternage » semble bien être absolument irremplaçable. Même si les hommes peuvent en prendre leur part, il sera particulièrement difficile d'établir l'égalité en ce domaine.

Un problème essentiel a en revanche disparu, permettant l'essor du nouveau féminisme des années soixante : la pilule, en apportant enfin une protection sûre contre les naissances non désirées, a donné à la femme le contrôle de sa vie sexuelle. Quand elle n'a plus à se préoccuper de faire ou non

confiance à son partenaire, un nouvel équilibre est possible.
C'est précisément au moment où le retour du tragique agite
l'Amérique heureuse que cette découverte, et la révolution
culturelle qu'elle entraîne, bouleversent les rapports entre les
sexes dans la jeunesse américaine. Pour comprendre l'ampleur
de cette transformation, il faut évoquer un passé qui, même
pour les gens de plus de quarante ans, est devenu difficile à
imaginer. Dans les années cinquante, les femmes américaines
étaient réputées agressives et dominatrices. L'image du mâle
se tuant au travail pour une femelle insatiable était reçue
comme une figure centrale de la civilisation du *brave new
world*. Ce mythe ne venait pas d'Europe, même s'il y prenait
une force qu'il n'avait pas aux États-Unis : c'était un mythe
américain, comme je le découvris avec surprise en 1948. Les
jeunes Américains rêvaient alors des femmes européennes, et
plus encore des femmes japonaises ; douces et compréhensi-
ves, elles savaient donner, pensaient-ils, un autre sens à
l'amour. Les lecteurs de Betty Friedan diront qu'un tel mythe
est bien utile pour conforter l'idéologie masculine. Ce n'est
pas faux, mais un mythe aussi puissant ne saurait avoir pour
origine une conspiration de Wall Street et des milieux
publicitaires : il se nourrit nécessairement d'un malaise réel.
Et celui-ci existait bel et bien. L'égalité juridique, poussée
plus loin que dans les autres pays, n'avait apporté aucun
véritable bénéfice aux Américaines des classes moyennes qui,
à l'aube des années soixante, s'ennuyaient ferme dans leurs
belles maisons de banlieue où elles n'avaient pas grand-chose
à faire et personne à qui parler.

Aujourd'hui, tout a changé. Les filles de ces femmes-là ne
sont plus enfermées en banlieue dans des cages dorées. Elles
travaillent, elles mènent une vie plus libre et plus riche, plus
difficile aussi. L'ampleur de cette transformation se reflète
dans les statistiques générales. De 1960 à 1979, la main-
d'œuvre féminine a presque doublé aux États-Unis (de 23,2 à

42,9 millions) alors qu'elle n'a augmenté que d'un quart en France (de 6,5 à 8,5 millions). Cette augmentation est naturellement bien plus forte dans les classes d'âge les plus jeunes, parmi lesquelles la grande majorité des femmes travaille. Sont-elles plus heureuses ? demanderont les sceptiques. La question n'est pas là : ni l'homme, ni la femme ne poursuivent principalement le bonheur, n'en déplaise aux rédacteurs de la Déclaration américaine des droits. Sinon, ils se contenteraient de cultiver leur jardin tranquillement, en s'accommodant de ce que leur offre le sort. Mais à la frustration et à l'ennui ont succédé l'instabilité et l'angoisse ; un nouvel équilibre semble commencer à s'installer, mais le prix à payer aura été lourd, pour les individus et pour la société. Car les femmes ont joué un rôle essentiel dans ces années de désordre, par leurs actions et leurs revendications mais aussi, plus profondément, par une influence indirecte. L'évolution du monde étudiant, en particulier, ne peut se comprendre indépendamment de ce problème. Les parents, effrayés par cette liberté nouvelle, vaguement jaloux devant les perspectives qu'elle ouvrait et qui leur avaient été refusées, se montrèrent totalement incapables de comprendre l'énorme angoisse que cette liberté faisait tout d'un coup peser sur une génération qui n'y était en aucune façon préparée. Les filles, plus particulièrement, se sentirent désemparées. Qu'est-ce qui était mal, qu'est-ce qui était bien ? Faire l'amour, c'était assumer pleinement la liberté romantique qu'on avait toujours revendiquée. Mais coucher, tomber dans le laxisme, c'était se manquer de respect à soi-même. Pour les garçons aussi, qui subissaient le choc en retour, l'idéal restait en fait celui de la rencontre, de l'amour romantique, du moment parfait. L'idéal de virilité auquel s'étaient raccrochés leurs pères leur était refusé, et leurs compagnes les entraînaient dans les méandres de leurs états d'âme.

La guerre arriva bien mal à propros et renforça les doutes des jeunes Américains sur leur propre virilité. Certes, c'étaient eux et non les filles qui refusaient la guerre. Mais quand les femmes dénient la virilité des hommes, il n'est plus si facile d'être un guerrier. De plus, il y avait, comme toujours, la réalité et les apparences. Même dans les universités, des jeunes gens partaient et des jeunes filles les attendaient ; bien plus nombreux, ceux qui avaient honte de ne pas être des hommes dignes de leurs pères n'en participèrent que davantage au vacarme. La fuite en avant est souvent la seule façon d'échapper à de tels dilemmes. Plus on est submergé par la liberté qui vous échoit, plus on en demande. Les filles de 1965, timidement émancipées, deviennent les féministes déchaînées de 1968, et les jeunes libéraux bien-pensants du début des années soixante des paranoaïques de l'antiaméricanisme.

Pendant le même temps, toute la culture de masse bascule. On passe presque sans transition du Gregory Peck de *Red Bagde of Courage* au Dustin Hoffmann de *The Graduate,* en attendant le Peter Fonda de *Easy Rider*. Dans un passage assez extraordinaire de sa biographie de Johnson, Doris Kearns rapporte les réactions très vives de l'ex-président après ce film, qu'ils regardèrent ensemble dans son ranch : « Comment un tel imbécile peut-il être pour vous une sorte de héros ? (...) Après avoir regardé dix minutes ce type en train de flotter comme une masse amorphe dans cette piscine et de se remuer comme un éléphant dans le lit de cette bonne femme (...), je savais que je n'aurais pu lui faire confiance sur rien (...) Si c'est là un exemple de ce que votre génération appelle l'amour, on est parti pour la catastrophe (...) Qu'est-ce qu'ils trouvent à faire, chaque fois qu'ils se rencontrent ? S'engueuler, crier comme des ânes, jusque devant l'autel. Et quand tout est arrangé, s'asseoir sur un autocar sans plus avoir

rien à se dire [1]. » Il est significatif que Johnson n'attaque pas
sur l'essentiel. Si *The Graduate* a touché si fort, s'il a été le
grand film de la rupture, ce n'est pas tant parce qu'il prend
comme héros un jeune homme ahuri et dépourvu de virilité,
que parce qu'il oppose le rêve des enfants, qui est au fond le
vrai rêve américain, à la caricature qu'en présentent les
parents : un père alcoolique et une mère frustrée qui, après
avoir fait un gosse sur un siège de voiture, ont accepté le
mariage par souci de respectabilité et sont restés ensemble par
manque d'imagination. L'adultère de la mère et du Roméo de
sa fille est une parodie de l'image hollywoodienne de l'amour,
la fuite des deux jeunes gens la seule solution conforme à
l'idéal de toujours.

Le mouvement des femmes, qui a survécu au Vietnam et
au mouvement étudiant, est devenu un mouvement de
minorité comme celui des Noirs. Présent partout, il constitue
une force politique incertaine mais non négligeable, qui dans
la confusion a réussi à faire passer dans la loi sur l'*affirmative
action,* en faveur des Noirs, un paragraphe protégeant les
femmes [2]. Désormais, toute organisation publique ou privée
peut être condamnée si elle n'a pas fait un effort suffisant
pour recruter et promouvoir des femmes, et c'est à elle que
revient la charge de la preuve. Cette loi a déjà entraîné
des complications sans nombre et d'innombrables procès.
Peu à peu des quotas s'imposent, et un peu partout l'on
recrute, en même temps que des Noirs, des femmes « pour la
vitrine ». Depuis 1972 s'est ouvert un nouveau combat,
celui de l'Equal Rights Amendment qui, en inscrivant
l'égalité sexuelle dans la Constitution, donnerait tout pou-

---

1. Je traduis très librement, pour rendre le ton assez particulier de cette
explosion

2. On raconte que c'est un sénateur sudiste qui est responsable de cette
disposition. Il avait fait ajouter cet amendement pour ridiculiser la proposition de
loi, mais celle-ci passa et le cas des femmes y resta inclus...

voir aux juges pour imposer l'égalité totale entre les sexes.

Tout cela existe bien sûr un peu en Europe, mais de façon moins aiguë, moins violente. L'homme ne se sent pas autant menacé dans sa virilité, la femme peut mieux exercer sa féminité sans se sentir infériorisée. Il me semble que ce processus beaucoup plus lent est moins dangereux, et peut-être plus profond. Il reste à démontrer qu'on peut avancer sans détruire les valeurs qui longtemps furent incarnées par les femmes et qui restent essentielles. Il serait catastrophique que les femmes ne réussissent à jouer un rôle dans les domaines restés jusque-là purement masculins qu'au prix d'un effondrement des valeurs dites féminines.

La croisade des enfants

Des étudiants, par centaines, par milliers, dans tous les campus, d'abord les plus prestigieux puis tous les autres sans exception, dans toutes les villes et tous les États de l'immense pays, même les plus arriérés, même le Mississipi, se rassemblent, manifestent, pétitionnent pour la liberté, pour les droits civiques, contre la guerre du Vietnam — pour le bien, pour l'amour. Tous communient dans la rencontre de tous, dans un extraordinaire bonheur : le vrai consensus, bien différent de la parodie qu'en donnent les adultes dans leur vie de lâcheté et d'indifférence, de petites combines et de petits profits. Ce fut comme un feu de prairie, qui couve, qui se déclare quelque part, puis plus loin, qui couve encore, qui se déclare à nouveau, sans qu'on sache bien pourquoi, ni comment. Un immense réseau, informel, inorganisé mais d'autant plus efficace. On se comprenait sans calcul, sans stratégie, presque sans paroles. J'ai vu un jour une foule de deux mille étudiants se rassembler en une demi-heure, sans mot d'ordre, pour rien, pour le bonheur. C'était un mouve-

ment illimité, sans frontière, sans exclusive, où se retrou-
vaient les Noirs, les militants des droits civiques, les
opposants à la guerre du Vietnam, les non-violents, les
écologistes, les militants politiques, les homosexuels, tous
ceux qui avaient quelque motif d'être opposés au système.

La croisade des enfants est absolument incompréhensible si
l'on ne tient pas compte de son extraordinaire et contagieuse
naïveté, qui fut à la fois sa force et sa faiblesse. Tout ce qui
était fait pour le bien devait réussir, et tout le monde avait
confiance en tout le monde. Ces enfants semblaient croire
encore au Père Noël : ils avaient beau maudire le système, en
exagérer la puissance et la férocité, ils ne croyaient pourtant
pas pouvoir manquer de réussir, puisqu'ils étaient le bien.
Quand un obstacle les arrêtait, ils étaient pris de rage et
explosaient en tous sens. Puis, quand l'obstacle s'avérait
insurmontable et qu'ils étaient obligés de le reconnaître, le
découragement les prenait. C'est alors que la majorité se
débandait et que les groupuscules extrémistes radicaux
s'emparaient de la situation. Nous avons connu cela, bien
sûr, en France et dans toute l'Europe, mais sans doute pas
avec la même ampleur, ni avec cet aspect profondément
religieux : tout un peuple qui se lève et se met en marche à
l'appel du bien. Il faut noter aussi que le mouvement était
extraordinairement ordonné, au moins au début, par rapport
aux pagaïes européennes. Il respectait toutes les règles
formelles de la démocratie, on sentait que les *Robert's Rules of
Order* avaient fait leur œuvre de civilisation[1]. On ne
« prenait » pas la parole comme les Français qui reprennent
toujours la Bastille ; chacun disait ce qu'il avait à dire, parlait
à son tour, faisait au moins semblant d'écouter l'autre. A
Harvard, en 1969, après l'occupation des bâtiments de

---

1. Il paraît qu'aujourd'hui les *Robert's Rules of Order*, qui étaient enseignées
dans les *high schools*, disparaissent de plus en plus des programmes.

l'administration, une assemblée générale fut convoquée. Plus
de dix mille étudiants se rassemblèrent en bon ordre pour
décider de la suite de la grève ; motions et amendements
furent déposés selon les règles ; sur chaque point les orateurs
se succédaient, un pour, un autre contre ; on vota à main
levée, des questeurs circulèrent dans les travées pour compter
les oui, les non, les abstentions. Les résultats, qui étaient en
faveur de la poursuite de la grève, furent relativement serrés
mais personne ne les contesta. Le mouvement disposait aussi
d'une capacité d'auto-organisation inimaginable pour un
Français. Dans la mobilisation des étudiants contre Johnson,
en février 1968, on vit des centaines, des milliers de
volontaires affluer en quelques jours et s'organiser spontanément. En quelques heures, des responsables opérationnels
s'étaient dégagés, et les fonctions techniques étaient assurées.
Des équipes se relayaient au téléphone, le pays était quadrillé
par des groupes mobiles, toutes les maisons recevaient une
visite. Tout cela sans querelle, sans plaintes, sans accroc, dans
une sorte d'état de grâce.

Pourquoi une telle force potentielle, une telle foi, de telles
capacités ont-elles finalement donné si peu de résultats ? La
question mérite une longue réflexion, mais la réponse est à
mon avis essentiellement à chercher dans le caractère extrêmement incertain de ce bien universel, général et abstrait sur
lequel le mouvement se fondait : qui bâtit sur le bien, bâtit
sur le sable. L'histoire des enfants-fleurs de Haight Ashbury
peut être rappelée comme une parabole résumant tout le
mouvement. Les hippies californiens de la première époque
avaient pris l'habitude de se retrouver dans un quartier de San
Francisco, un quartier sympathique, relativement modeste,
fait de collines regardant vers la mer. C'était le temps de
l'amour, tout le monde aimait tout le monde. Cela devint un
paradis où chacun poursuivait son rêve avec le soutien de
tous. Mais un tel paradis attire bien des gens : les jeunes

affluaient mais aussi les trafiquants qui leur fournissaient des drogues, et avec eux des gangsters qui trouvaient là des proies faciles. Le paradis ne dura que quelques mois. On avait trop cru au bien, le mal se vengeait. Le mal existait aussi sur les campus : les politiques, les violents, les casseurs, tous les groupuscules et autres bandes qui pouvaient si facilement agiter, provoquer, menacer. Et l'on passait très vite, sans même s'en rendre compte, de la logique du consensus à celle de l'escalade.

La fusillade de Kent, en mai 1970, ne marqua pas la fin du mouvement, mais certainement un premier retournement de conjoncture. Contrairement à ce qu'on craignait, cette douche froide ne provoqua pas une levée en masse autour des martyrs, mais une sorte d'immense lassitude. Vinrent alors, certes, les plus graves violences, et jusqu'aux bombes : les universités qui furent touchées les dernières, comme Stanford, furent aussi les plus gravement atteintes. Mais la masse des étudiants ne suivait plus.

Le marasme du marché du travail, dans les deux années qui suivirent, accéléra le retour à la normale. Là encore, les difficultés auxquelles durent faire face tout d'un coup des étudiants jusque-là choyés par la vie, au lieu de provoquer leur fureur et leur révolte, tendirent à les apaiser. Le milieu interlope qui s'était constitué autour des grandes universités et vivait sur les marges du système, recueillant ses miettes culturelles et matérielles, se dispersa. Dès 1972, on recommença à entendre les cloches pastorales tinter sur les collines de Berkeley. La marijuana cessa d'être à la mode, remplacée par la bière.

L'Amérique a-t-elle « reverdi » ?

Que reste-t-il de cette décennie de violence et de vacarme, mais aussi d'espoirs et d'illusions ? Tant de passions, tant d'efforts et de sacrifices n'ont-ils laissé place à rien d'autre qu'aux plates homélies politiques des campagnes présidentielles de 1976 et de 1980 ? Le temps n'a pas encore fait son œuvre, mais il est impossible de ne pas se poser cette question, qui est au cœur de toute interrogation sur la société américaine et sur les sociétés occidentales en général. Politiquement et socialement, on peut mesurer les changements et, si l'on accepte de risquer des jugements de valeur, comptabiliser les acquis et les dégâts. L'Amérique a enfin réussi à faire face au problème de la minorité noire, qui empoisonnait sa conscience. Des progrès qui auraient paru totalement inconcevables il y a seulement trente ans, sont désormais passés dans les mœurs. Que la fille d'un secrétaire d'État, sudiste de surcroît, épouse un Noir, cela peut paraître anecdotique à un Européen ; mais c'est pour l'Amérique le signe d'un changement profond. Les Noirs commencent à être réellement acceptés dans le système, malgré la dramatique persistance des ghettos urbains. Les acquis du mouvement des femmes, ainsi que des minorités idéologiques ou sexuelles, sont d'une autre nature et, quels que soient les progrès accomplis, beaucoup moins clairs. Ils concernent en effet l'équilibre culturel de la société et sont, parlà-même, moins faciles à définir. Quant aux étudiants, ils n'ont rien obtenu : le système universitaire n'a pas changé, il s'est seulement affaibli, et corrélativement le poids des intellectuels dans la vie politique et sociale a diminué.

Du côté des dégâts, on s'aperçoit d'abord que la capacité des Américains à se gouverner, ainsi que la force du consensus, ont été profondément atteints. Peut-être la solution, même partielle, apportée à la question raciale va-t-elle à terme donner à la société américaine une solidité beaucoup plus grande, mais on en est encore loin. Les institutions américaines ont mal supporté les tensions aux-

quelles elles ont été soumises. Le général De Gaulle disait que
dans notre vieux pays il fallait une révolution pour effectuer
la moindre réforme ; de la même façon, les Américains ont dû
recourir à des moyens révolutionnaires pour accomplir les
réformes les plus urgentes, et ce faisant ils ont durablement
affaibli l'État.

Mais la question essentielle n'était ni politique ni sociale :
c'est la vie qu'on voulait changer, c'est la culture qui était en
question, et c'est cela qu'il faut avant tout examiner. Des
centaines d'articles, des dizaines de livres ont célébré pendant
quelques années l'aurore des temps nouveaux. Les jeunes
portaient l'espoir, une fois de plus ils allaient être le
printemps du monde. L'Amérique reverdissait, selon le titre
du best-seller de Charles Reich, jeune et brillant professeur
de droit à la prestigieuse Yale Law School. Mais *The Greening
of America* est à peu près illisible aujourd'hui, on ne supporte
plus ce bric-à-brac d'analyses sociologiques inspirées d'un
marxisme abâtardi, de dénonciations sauvages de la société de
consommation, de rêveries futuristes à la Mac Luhan, de
professions de foi naïves. En France, nous eûmes le *Journal de
Californie* d'Edgar Morin et le *Ni Marx ni Jésus* de Jean-
François Revel : que le renouveau vienne de l'Ouest, de cette
Amérique libre et violente, capable de prendre des risques et
d'expérimenter, cela permettait de régler quelques comptes
avec les révolutionnaires traditionnels de nos vieux pays
décadents. Pourtant, il était trop facile de projeter, là-bas
comme sur le paradis yougoslave ou cubain, les utopies que
nous nous sentions incapables de prêcher chez nous. Le recul
ne permet plus de tenir de tels discours. Les innovations sont
rares et celles qui émergent ne suscitent plus l'enthousiasme.
Les communes, qui représentaient l'espoir concret d'une vie
nouvelle ici et maintenant, se sont pour la plupart dissoutes.
Celles qui survivent ne font que vivoter. Pas plus qu'aucune
autre entreprise humaine, elles n'ont été capables de régler

définitivement les problèmes élémentaires de la vie relation-
nelle — l'exclusion, la jalousie, l'égalité. Le pouvoir de
l'homme sur l'homme, refusé comme le mal par excellence,
se glissait dans tous les interstices d'une utopie qu'on
n'arrivait jamais à rendre étanche. Pis encore, à Haight
Ashbury comme ailleurs les communes se sont révélées
vulnérables à la folie et au crime ; le Temple de Dieu du
sanguinaire James Jones n'était-il pas aussi, à sa manière, une
sorte de commune ? Des écologistes, il reste, comme en
Europe, une mode, et des centaines de magasins de produits
naturels qui font de bonnes affaires. La drogue a finalement,
de guerre lasse, été moins pourchassée. Mais sa valeur
culturelle n'apparaît pas spécialement décisive. La société est
devenue plus tolérante, voilà tout. Les relations entre les
sexes, enfin, ne se sont pas encore vraiment détendues. La
tolérance est immense et toutes les possibilités sont acceptées,
au moins en apparence. Mais la tendresse manque, et
beaucoup en souffrent.

Les seules conquêtes vraiment nettes concernent l'individu. Les Américains des années cinquante étaient, selon le
vieux stéréotype, des gens à la fois agités et grégaires. On les
sentait tendus vers le succès, sourcilleux sur les règles et les
apparences, acharnés à avoir leur part d'amusement ici et
maintenant. Dès le début des années soixante, l'avant-garde
des jeunes dans le vent décida qu'il fallait au contraire être
cool, garder assez de distance. Cela impliquait une certaine
discipline, un respect de soi tout à fait opposé au laisser-aller
qui caractérisera les hippies. Mais cette veine-là a finalement
subsisté à travers tous les avatars du bruit et de la fureur. La
drogue, d'une certaine façon, fut un moyen d'être cool, tout
comme la retraite dans les communes, le vagabondage, ou le
choix d'un métier manuel pour un fils de bourgeois.
L'Amérique d'aujourd'hui a gardé un peu de cette peur
panique de se mêler des affaires d'autrui, caractéristique du

style cool. Si le libertarianisme fleurit, si la droite peut en profiter, c'est qu'elle sait jouer cet air-là de façon assez convaincante, face à l'agitation et à la mégalomanie du parti démocrate. Mais cela révèle aussi une conquête d'autonomie et d'équilibre personnel. C'est en cela, me semble-t-il, que l'Amérique a vraiment changé, et on s'en aperçoit à la qualité des sourires. On en rencontrait beaucoup, de ces visages nouveaux, détendus, heureux, ouverts à autrui, aux beaux temps des enfants-fleurs. Drogue ou pas, ils semblaient illuminés de l'intérieur, comme les anges de Reims, et l'on ne pouvait manquer d'en être touché. De tels visages sont encore suffisamment fréquents pour qu'on puisse garder l'espoir.

New York, New York

Il y a trois pays aux États-Unis : l'Amérique proprement dite, cette terre immense, et deux petites nations d'avant-garde au caractère profondément affirmé, contradictoire et violent : la ville de New York et l'État de Californie [1]. Quand la révolution était en marche, le laboratoire de l'avenir semblait naturellement être la Californie, pays des enfants-fleurs et des rallyes monstres, de la musique, de la drogue et de la contre-culture, des communes et de Berkeley. Quinze ans après, la Californie reste plus prospère économiquement que le reste de la nation, mais elle a perdu son rôle d'avant-garde. La contre-culture s'est réduite à la méditation thibétaine et à la parapsychologie, la politique a été abandonnée aux écologistes et aux réactionnaires.

New York, au contraire, continue à vivre intensément. Malgré la banqueroute de la municipalité et la fin des grands

1. L'establishment universitaire et scientifique autour de Boston, ainsi que l'establishment politico-administratif washingtonien, comptent beaucoup aussi. Mais ce sont là des castes, tout au plus des milieux, et non des pays.

rêves, elle reste la ville la plus tolérante du monde. Si un laboratoire de l'avenir existe encore aux États-Unis, c'est à New York qu'il faut le chercher. D'ailleurs, toute cette aventure de bruit et de fureur s'est déroulée à New York de façon plus violente, plus dure, peut-être aussi plus constructive qu'ailleurs.

New York est immense, c'est un ensemble à la fois contradictoire et unifié par des liens mystérieux. Bien que la politique ne compte pas beaucoup à New York, c'est à travers elle que l'histoire est la plus simple à raconter. Ainsi je partirai de l'histoire de John Vliet Lindsey, républicain libéral, congressman de l'Upper East Side, cet ensemble de quartiers qu'on appelait familièrement le « district des bas de soie » à cause de sa richesse et de son snobisme. C'était, au milieu des années soixante, une sorte de John F. Kennedy comme il en surgit quelques-uns des deux côtés de l'Atlantique. Sa naïveté discrète et sa bonne conscience faisaient plaisir à voir. C'était tout à fait le type de personnage qu'on aurait pu mettre dans un *cartoon* avec à la bouche une jolie bulle : « Qu'y a-t-il de mal à être jeune, beau, riche, intelligent, et de plus à croire au bien ? » Lindsey fut élu maire de New York en 1966 ; sous l'étiquette républicaine, ce qui est rare, mais l'élection était triangulaire [1]. Il avait dirigé toute sa campagne contre Tammany Hall, siège du parti démocrate, symbole traditionnel de la politique des comités, des motions nègre-blanc et de la corruption. Lindsey proposait, dans la lancée de la Grande Société, la déségrégation, la fin de la pauvreté, la culture, le bon gouvernement.

1. La politique de la ville de New York est d'une complication extrême. Les maires y sont généralement démocrates. Mais à New York le parti démocrate a mauvaise réputation et les mouvements de réforme peuvent aussi passer par le choix d'un républicain réformateur. Le plus connu des maires de New York, Fiorello La Guardia, était un républicain réformateur de cette espèce, ce qui ne l'empêchait pas d'être le fidèle soutien du démocrate Roosevelt.

Il trouva contre lui non seulement Tammany Hall, qui ne
pesait pas très lourd, mais l'énorme bureaucratie new-
yorkaise, avec plus de 100 000 fonctionnaires répartis en
93 agences autonomes, pourvues de statuts, de modes de
fonctionnement et de réglementations spécifiques : un
ensemble aussi coriace que l'administration française, et sur
lequel il avait moins de prise encore qu'un gouvernement
français.

Le féodal le plus puissant et le plus célèbre était alors
Robert L. Moses, haut commissaire des autorités portuaires
de New York, dont relèvent tous les ports, aéroports et ponts
de l'immense agglomération. Il était en même temps
commissaire aux Parcs, fonction considérable qui dans
l'administration de la ville a joué un rôle clef dès la fin des
années trente. Il avait également la haute main sur la voirie
urbaine. Moses, qui était sur le déclin après un très long
règne, allait cependant tenir plus longtemps que Lindsey.
Son pouvoir datait des années vingt, de l'époque d'Al Smith,
le populaire gouverneur de l'État de New York, mentor de
Roosevelt, que sa confession catholique empêcha d'accéder à
la présidence. Moses devait sa carrière administrative et
politique à une idée géniale : chargé d'organiser et de
présider l'instance qui devait construire le Triborough
Bridge, le plus grand pont de l'agglomération, il s'arrangea
pour que figure dans la charte de constitution de cette
instance publique un alinéa anodin, assurant à celle-ci le
maintien du revenu des péages après amortissement, et pour
que la charte autorise d'autre part cette instance nouvelle-
ment créée à s'engager dans d'autres entreprises d'intérêt
public. Autrement dit, les bénéfices de l'entreprise Triborough pouvaient être utilisés par Moses à peu près comme il
l'entendait. A la surprise générale, le pont fut un succès
financier retentissant, de sorte que Moses disposa bientôt
d'un trésor de guerre considérable qui fit de lui le seul

administrateur solvable de la ville. Il s'en servit admirablement pour contrôler tout ce qui touchait à la voirie et,
finalement, à l'organisation de la ville et de l'État. Son règne
dura près de cinquante ans ; maires, gouverneurs et présidents
passèrent, Moses demeurait. Beaucoup de gens découvrirent
un peu tard qu'il était devenu un des hommes les plus
puissants des États-Unis, sinon le plus puissant. C'est lui qui
construisit les premières autoroutes, appelées *parkways :* les
routes menant aux parcs que lui, Moses, ouvrait dans Long
Island aux dépens des riches qu'il réussissait à exproprier.
C'est lui qui imposa ensuite les *express ways* qui remodelèrent
la ville, détruisant, disent ses détracteurs, l'équilibre humain
des vieux quartiers ethniques. C'est lui qui imposa à
Eisenhower et à l'administration fédérale le grand programme d'autoroutes qui a marqué l'Amérique moderne.

Contre ce pouvoir-là, même vieillissant, le jeune Lindsey
ne pouvait pas grand-chose. Et les autres féodalités, si elles
n'avaient pas à leur tête des tsars aussi puissants, n'en étaient
pas moins inaccessibles. Il était impossible de renvoyer un
fonctionnaire. Les règles et coutumes syndicales avaient force
de loi et la seule façon d'innover était d'ajouter encore à
l'extrême complication déjà existante. Lindsey disposait au
départ d'une équipe de jeunes gens frais émoulus des écoles,
imbus de la nouvelle rationalité, et de réformateurs plus ou
moins radicaux. L'arme des premiers était le PPBS [1], qui
devait servir à rendre possibles les réformes généreuses que
l'on voulait lancer ; mais ils furent immédiatement paralysés
par les bureaucraties. Quant aux réformateurs, ils représentaient exactement le « malentendu maximum possible » de
Moynihan : une effrayante confusion. Le combat le plus dur
fut livré autour des écoles. Le responsable de la réforme
n'était pas Lindsey mais McGeorge Bundy, devenu président

---

1. *Planning Programming Budgeting System.* Cf. ch. III.

de la fondation Ford après le départ de Johnson. L'idée était
simple et généreuse : Bundy voulait consacrer des ressources
de la fondation Ford à des expériences de rénovation des
ghettos, en donnant aux habitants eux-mêmes le pouvoir et
les moyens de prendre leurs propres décisions. L'expérience
s'engagea à Bedford-Stuyvesant, l'un des quartiers les plus
déshérités. Elle buta tout de suite sur un problème : la
question du choix des directeurs d'école et plus généralement
des enseignants. Les enseignants de New York sont groupés
dans un syndicat extrêmement puissant, un peu semblable à
notre S.N.I., qui gère en fait tout le système scolaire de la
ville. Depuis des années, son dirigeant publie chaque semaine
dans le *Sunday Times* un éditorial qui représente la ligne
syndicale et auquel personne ne répond. Le syndicat présente
une coloration ethnique car il est entièrement contrôlé par les
Juifs. Aussi la volonté des Noirs de choisir leurs directeurs
d'école se heurta-t-elle immédiatement à une mobilisation
syndicale, et ce fut la guerre : d'un côté la fondation Ford, la
mairie, les grandes institutions humanitaires, les libéraux, les
Wasps, tous alliés des Noirs qui étaient alors dans leur phase
la plus radicale et irresponsable, de l'autre côté les Juifs, les
diverses ethnies, les classes populaires et petites-bourgeoises,
les syndicats et la bureaucratie. Finalement le terrain resta
aux professionnels, c'est-à-dire au syndicat.

Une autre guerre, moins violente et moins claire, fut
perdue, elle, par les Juifs : celle de la transformation du
vieux City College de New York en université ouverte,
n'imposant plus de test d'admission. Le City College, très
remarquable institution de New York, sorte d'université
municipale très bon marché, avait été une pépinière de
talents extraordinaires. Dominé par les Juifs, qui constituaient à l'époque un bon quart de la population, il fut leur
principal tremplin vers les succès universitaires qui les
menèrent aux premières places, dans toutes les institutions

universitaires, administratives, judiciaires et culturelles du pays. La transformation du City College en une sorte d'université à la française entraîna un déclin très rapide, très dommageable pour la population juive petite-bourgeoise, encore si nombreuse à New York, qui se trouva privée du moyen de réussite qui était jusqu'alors le sien. On trouve dans ces affaires un résumé à la fois des problèmes new-yorkais et de tous les problèmes de la révolution américaine. La coalition du bien est généreuse, mais paralysée par le caractère contradictoire des groupes qu'elle rassemble. Elle ne peut vivre qu'avec une forte dose d'hypocrisie, qui seule rend possible l'alliance ; chaque partenaire a des idées derrière la tête, et personne ne met en pratique ce qu'il préconise. Les leaders enfin manquent de sens des réalités ; leurs program-mes, leurs stratégies, leurs prévisions budgétaires s'avèrent régulièrement inapplicables.

A New York, tout va beaucoup plus vite et tout est beaucoup plus clair, car les limites sont plus étroites qu'à Washington : il n'y a pas d'argent, la ville est en déficit chronique et dépend du bon vouloir des banquiers ou des subventions de Washington et d'Albany[1]. L'étonnant, au fond, est plutôt que la coalition ait duré si longtemps. Lindsey résista mal à une réélection très contestée, après un combat, heureusement pour lui, à nouveau triangulaire. Son deuxième mandat vit les problèmes s'aggraver encore. Rien ne paraissait pouvoir les résoudre, la rhétorique du maire étant de plus en plus étrangère aux réalités. Mais, tel un combattant surexcité qui ne peut s'arracher à un combat perdu, New York s'acharnait à le garder : peut-être Lindsey offrait-il une image d'allégresse et de vertu à laquelle la ville ne voulait pas renoncer. Mais l'insécurité était vécue dramati-quement par toute la population. Chacun se barricadait.

---

1. Respectivement capitale fédérale et capitale de l'Etat de New York.

Dans beaucoup de quartiers, après une certaine heure, on ne rentrait chez soi qu'en taxi ; et quand on arrivait à destination, le chauffeur ne prenait pas le temps de rendre la monnaie, pendant qu'on courait vers sa porte en tremblant. Il était de règle de toujours porter sur soi un billet de vingt dollars, tarif minimum d'une agression sans blessure. En fait, le nombre des crimes n'était guère plus élevé à New York que dans d'autres grandes villes, mais une véritable psychose de peur s'était installée. La dégradation des services était impressionnante : un métro brinqueballant, sale et dangereux, les ordures accumulées, pas une cabine publique de téléphone en état de marche, un vandalisme généralisé, des grèves de services publics à tout bout de champ. Les dépenses d'assistance continuaient à croître et l'argent à manquer. La banqueroute menaçait. L'impossibilité de prendre la moindre décision semblait chose naturelle. Quoi que l'on voulût accomplir, il y avait toujours une coalition pour s'y opposer.

Puis, un jour, on ne sait comment, sans que Lindsey ni aucun autre politicien n'y soit pour rien, les New-yorkais se sont adaptés et, alors que rien dans les faits n'a changé, que l'insécurité et la pagaïe continuent, semblent avoir trouvé le moyen de s'en arranger. Le scepticisme et la souplesse qui font de New York une ville si extraordinaire datent de là. C'est au regard des gens dans le métro que j'ai toujours, intuitivement, jugé le climat régnant dans la ville. Les Américains, en général, ont peur du regard d'autrui. Il n'est pas poli de regarder quelqu'un, surtout dans une rame de métro. Quand j'arrivai pour la première fois, fin 1947, j'eus du mal à m'habituer à ne pas regarder de tous mes yeux ce spectacle fascinant. Heureusement, il y avait les Noirs, qui étaient heureux qu'on les regarde : cela signifiait qu'on les considérait comme des êtres humains à part entière. Un sourire immédiatement y répondait, quelque chose passait qui pouvait mener à un bout de conversation. Au milieu des années cinquante, cette possibilité de contact avait déjà disparu. Les Noirs ne rendaient plus le regard, et les Blancs se calfeutraient de plus en plus derrière leur journal : c'étaient alors les grands moments de l'Amérique heureuse, mais chacun semblait voyager isolé comme dans sa propre fusée spatiale. Puis vint le temps de l'hostilité, où l'étranger qui regardait était un voyeur, qu'on punissait par le mépris. Puis, un jour, en 1972, je sentis tout d'un coup que les gens se cachaient moins. Je les regardais et ils ne se détournaient plus. Mon regard rencontra celui d'une jeune femme noire, élégante ; elle me sourit ; elle était avec un type, un jeune dur, habillé de façon plutôt agressive, qui, ayant vu l'échange de sourires, se mit à rire et me fit un grand signe. Je regardai d'autres personnes, la gêne semblait avoir disparu. Les Noirs étaient heureux, à l'aise. L'échange de regards avec eux était redevenu un signe de connivence.

Je déclarai à tous mes amis américains que la guerre était finie et que New York était en train de revivre. On ne voulut pas me croire. Mais je suis certain, quant à moi, de ce test du métro. Derrière toutes les difficultés, il y a un problème de relations humaines : quand les gens ont peur de s'affronter, il n'est pas possible d'avancer et on reste dans la mauvaise spirale. Quand ils n'ont plus cette peur, et même si le nombre des crimes reste identique, il devient possible d'entrer dans un nouveau cycle de développement. Et c'est bien ce qui s'est produit. Les maires sont redevenus des personnages indistincts — irlandais, italiens ou juifs. Les New-yorkais ont oublié leur enthousiasme pour l'idéal du bien mais ils recommencent à aimer leur ville, la plus tolérante du monde, celle où tout, absolument tout est possible. Le prix à payer est élevé, sans doute, mais nulle part ailleurs on ne trouve l'équivalent.

CHAPITRE VI

SHAKESPEARE ENCORE
Le roi Richard et son destin

L'avènement du roi sombre

La lutte contre la guerre, les émeutes raciales, l'agitation générale avaient épuisé l'Amérique. La mégalomanie johnsonienne n'était plus supportable : dans l'espoir ou la résignation, tous attendaient la paix, voulaient vivre enfin tranquilles. Cela semblait maintenant possible : Wall Street avait dit non à Johnson, un banquier sérieux était à la tête de la Défense, la désescalade avait réellement progressé. Le pays devait donc revenir à son état normal : un gouvernement centriste, prudent, ayant pour premier rôle d'apaiser les conflits.

Mais on était encore dans le bruit et la fureur. Il aurait fallu toute la compréhension et la délicatesse d'un grand homme d'État pour imposer à ce pays traumatisé l'apaisement qu'il demandait et refusait à la fois. Au lieu d'un tel homme, le destin désigna un autre roi shakespearien, celui-ci torturé et excessif : le grand roi sombre, Richard le traître, Richard le tricheur. La tragédie refusait d'abandonner le pays du bonheur. Pas plus que Johnson, Richard Nixon n'aurait normalement dû devenir président. Tout le système politique tendait à écarter les Sudistes et les républicains réactionnai-

res : la majorité du pays vote démocrate. Encore faut-il
cependant que les démocrates aient un candidat présentable,
c'est-à-dire, jusqu'en 1960, ni noir, ni juif, ni catholique, ni
sudiste. Un républicain peut aussi passer lorsque les démocrates sont restés trop longtemps au pouvoir ou que leur
gouvernement a été trop désastreux, mais il doit être
respectable et libéral. Un réactionnaire, de surcroît réputé
comme tricheur, n'avait en principe aucune chance. Pourtant
ce fut bien Richard Nixon, ancien compagnon du premier
McCarthy, convaincu de multiples falsifications, candidat de
la droite réactionnaire, membre d'un parti largement minoritaire, qui gagna les élections. C'est que les traités de science
politique, qui chantent les louanges de ce système toujours
ramené au centre dès qu'il s'en écarte, n'ont pas conscience de
son extrême plasticité, du rôle que peuvent y jouer les
événements et même les personnalités.

Nixon gagna par sa persévérance et son habileté, et grâce
au hasard. D'abord politicien médiocre, devenu député de
Californie du Sud par une campagne d'un anticommunisme
primaire et parfaitement démagogique, Nixon remporta sa
première grande victoire lors des élections sénatoriales de
1948. Pour battre son adversaire Helen Gahagan Douglas,
une actrice libérale remarquable par sa chaleur humaine et sa
discrétion, il forgea de faux documents donnant à croire
qu'elle avait été communiste. La preuve de la falsification
arriva trop tard : Richard Nixon était sénateur des États-
Unis. Bête noire des libéraux, qui s'acharnèrent imprudem-
ment contre lui, il réussit à se servir de leurs attaques pour
apparaître comme une victime et, coup de génie, parvint à
séduire Eisenhower dont il devint le vice-président en 1956.
Impliqué dans un nouveau scandale pendant sa vice-présidence, il s'en tira magnifiquement grâce à une émission
télévisée qu'il fit avec son chien et où l'amour de celui-ci pour
son maître lui regagna toutes les sympathies. Bien placé pour

obtenir l'investiture républicaine en 1960, il faillit néanmoins la manquer face à Nelson Rockefeller. Ce dernier était de toute évidence le meilleur candidat pour le parti, le seul capable de l'emporter contre les démocrates. Centriste et libéral, homme de belles manières et sympathique, il était gouverneur de l'État de New York, poste qui traditionnellement constituait le meilleur tremplin pour arracher l'investiture. En outre, il représentait les grands intérêts capitalistes de l'Est, qui jusque-là dictaient toujours leurs conditions aux politiciens républicains. Malgré l'habileté de Nixon et le soutien discret que lui donnait Eisenhower, les vieux routiers pariaient sur Rockefeller. Mais le parti républicain était en plein changement : les grands intérêts de l'Est perdaient de leur influence, les activistes prenaient le contrôle du parti, et Nixon s'était constitué un puissant appareil militant. Surtout, la chance le favorisa une fois de plus. En plein milieu de la campagne pour les « primaires », un incendie éclata dans le palais du gouverneur Rockefeller, qui fut surpris par les photographes en pyjama avec sa maîtresse, en train de s'échapper par le balcon d'une chambre en feu. Au lieu d'étouffer l'affaire, le gouverneur, en vrai gentleman, fit courageusement front à la meute des journalistes. Il revendiqua sa liberté, entama une procédure de divorce et épousa la femme qu'il aimait. Tous ses conseillers politiques l'avaient prévenu qu'il sacrifiait ainsi sa carrière politique à sa vie personnelle. Mais noblesse oblige.

Nixon manqua la présidence de 100 000 voix, mais il avait pris en main le parti républicain et il était désormais impossible de ramener le grand vieux parti à une position modérée. Nixon subit à ce moment-là une pénible éclipse : durement battu en Californie aux élections pour le poste de gouverneur, il devint la cible favorite de la presse et parut un moment écarté de la vie politique. Il n'en garda pas moins le contrôle d'un parti républicain de plus en plus minoritaire,

où dominait le ressentiment. Son image de victime écrasée
par une conspiration des libéraux, des communistes et des
média convenait parfaitement dans un tel contexte. En 1968,
la revanche devint possible. Le parti démocrate était en plein
désarroi. La retraite de Johnson, puis la mort de Robert
Kennedy l'avaient privé de tout leadership. La Convention
démocrate d'août 1968, qui se déroula à Chicago, fut un
véritable désastre. La ville de Chicago était alors dirigée par le
démocrate Richard Daley, très populaire parmi les ouvriers et
les petits-bourgeois de sa ville, mais le symbole même des
bosses conservateurs des grandes villes du Nord. Cet homme
de la machine, qui faisait marcher la deuxième ville du pays
beaucoup mieux que New York, parce qu'il avait la poigne
nécessaire et que la bureaucratie était à ses ordres, disposait
d'un grand pouvoir dans la Convention ; c'était un faiseur de
rois. Or il voulait faire investir Humphrey ; comme c'était sa
ville, il fit bien les choses et, lorsque des jeunes gens, des
gauchistes, voulurent troubler la procédure et empêcher la
victoire de Humphrey, il fit donner sa police, efficace mais
pas particulièrement douce. Malheureusement, la télévision
s'en empara et l'Amérique tout entière assista, scandalisée, à
des scènes de tabassage pénibles, parfois même révoltantes.
On sentit revenir le temps de l'escalade. Nixon, face à cela,
apparaissait comme le candidat de la fatigue, de la tranquil-
lité, de l'ordre : après le scandale de Chicago, d'assez
nombreux démocrates voteront pour lui et non pour Humphrey. Le score de ce dernier remonta au cours de la
campagne, et l'écart final n'était guère plus grand que celui
qui avait donné la victoire à Kennedy. Mais le sort avait
tranché, l'Amérique avait choisi le roi sombre. Le drame
pouvait continuer.

La triche comme phénomène de société

« Vous refuseriez de lui acheter une voiture d'occasion », disait de Nixon la propagande démocrate pendant la campagne de l'automne 1968. De fait, quelque chose dans le visage de Richard Nixon éveillait le soupçon. Tricky Dicky, Richard le roublard, ce surnom lui collait à la peau. Dans les premières années de son mandat, le passé fut plus ou moins oublié. Des bruits couraient, comme toujours, sur son entourage. La presse ne l'aimait pas et lui détestait la presse, mais il en était ainsi depuis des années et on avait l'habitude. C'était encore le Vietnam qui alimentait la querelle. Quand Ellsberg fit parvenir au *New York Times* les dossiers secrets du Pentagone, cela fut perçu par l'establishment comme une trahison délibérée de l'intérêt national. Mais le cambriolage du psychanalyste d'Ellsberg par le F.B.I. apparut comme une intrusion scandaleuse dans la vie privée d'un citoyen. Nixon avait, il est vrai, choisi quelques conseillers sinon libéraux, du moins dotés de toute la respectabilité nécessaire face à l'establishment libéral. Kissinger en tirait parti merveilleusement, car il excellait à manipuler la presse libérale. Mais celle-ci se vengeait sur les autres conseillers du président, surnommés sa « garde prussienne », et tout particulièrement sur le vice-président Spiro Agnew que ses diatribes souvent inconsidérées contre les journaux rendaient particulièrement haïssable ; et elle se montrait systématiquement défavorable au président, qu'elle attaquait constamment à mots couverts.

Cette querelle avec la presse ne semblait pourtant pas tirer à conséquence. Nixon pouvait s'estimer inébranlable : la guerre du Vietnam finirait par se terminer, et il serait réélu. Plus prudent ou du moins plus cauteleux que Johnson, il voulait lui aussi, à tout prix, imprimer sa marque sur l'Histoire, et pour cela il était prêt à tenter le destin. Cela ne

se manifestait encore alors que par toutes sortes de plans
compliqués, un bizarre rêve de présidence impériale, et la
constitution d'une garde spéciale de la Maison-Blanche, pour
laquelle on avait dessiné un uniforme d'opérette. Mais
Watergate était tout proche, qui fit de Nixon ce que le destin
attendait de lui, ce que lui-même avait sans doute toujours
obscurément rêvé d'être. Ce fut d'abord une vague rumeur
d'été, parmi les remous toujours compliqués d'une campagne
électorale ; puis une histoire de reporters, toujours plus pleine
de suspense à mesure qu'avançait l'investigation journalistique ; enfin, peu à peu, une affaire de justice impliquant l'un
après l'autre tous les échelons de la présidence, jusqu'au
président lui-même : tragédie politique inouïe, sans précédent dans l'histoire américaine. Les Européens, et plus
particulièrement les Français, ne peuvent comprendre qu'une
affaire aussi dérisoire ait pu faire tomber un président, au
risque de paralyser le pays dans un moment historique plein
de difficultés. Car, au fond, Watergate n'est jamais qu'une
histoire d'écoutes clandestines assez dérisoire. De faux
plombiers avaient installé des micros dans les locaux loués par
le parti démocrate, pour la campagne électorale, dans un
nouvel et luxueux immeuble de Washington, le « Watergate ». Ainsi, l'état-major républicain pouvait connaître à
l'avance les manœuvres prévues par les démocrates et les
déjouer, jetant quelque trouble chez l'adversaire. Mais
personne n'a jamais prétendu que ces écoutes aient eu des
effets bien importants, ni que l'élection de Nixon en ait
dépendu. Quelle disproportion entre cette minable affaire,
révélatrice certes de mœurs scandaleuses mais sans véritable
importance, et par ailleurs l'intérêt supérieur de l'État, voire
la paix du monde ! Quand les Américains y voient l'affaire
Dreyfus de l'Amérique, les Européens s'indignent : la vie
même de Dreyfus était en jeu, l'antisémitisme était un grave
problème de fond, et Clemenceau lui-même a bien montré

que l'intérêt de la patrie, autant que son honneur, était en jeu. Certains qui seraient des libéraux en Amérique iraient, par bravade, jusqu'à soutenir Nixon contre ses compatriotes.

Ce que nous ne comprenons pas, en France, c'est que la triche est pour les Américains un vrai problème, qui touche aux fondements mêmes de leur société. Le comportement de Nixon était une incroyable provocation, inacceptable de la part d'un président. Ce n'étaient pas les faits qui importaient, mais le comportement qu'ils révélaient. En effet, le problème de la triche est l'inévitable contrepartie du système de confiance sur lequel reposent là-bas les institutions et l'ensemble des rapports humains. Le postulat de la confiance rend toutes choses infiniment plus faciles. Tout est simple dans une démocratie vertueuse. Seulement, on est aussi d'autant plus vulnérable face au mal que l'on refuse d'admettre son existence. Et le mal ressurgit toujours, en empruntant d'abord la forme de la triche, qui menace de rompre le pacte de confiance et de mettre la communauté en péril. Ce qui peut bloquer le système et paralyser les institutions, ce ne sont pas les mauvaises intentions ni la puissance des intérêts, car les intentions restent une affaire privée, et tous les intérêts sont équilibrés par d'autres intérêts ; non, c'est la triche. Je ne sais pas si les Américains trichent plus que les autres ; mais une société de confiance crée naturellement de nombreuses occasions de tricher, et rend cet acte aussi facile que lucratif. C'est pourquoi Nixon joua un rôle de bouc émissaire ; en le punissant honteusement pour un crime somme toute bénin, l'Amérique inquiète cherchait à exorciser le démon de chacun de ses citoyens.

Le roi sombre incarnait donc l'envers de la conscience américaine, peuplé de soupçons, de mensonges et de chantages, tel qu'on peut le percevoir dans une vaste littérature policière, aux analyses souvent excellentes, quoique un peu trop belles pour être vraies. On trouve dans ces romans des

juges corrompus et des policiers véreux, manipulés par des
gangsters, un pouvoir politique qui sait étouffer les choses
quand il convient, et face à tout cela un idéal de vérité
incarné le plus souvent par un journaliste ou un détective
privé, parfois par un petit juge. Woodward et Bernstein, les
deux journalistes de Watergate, s'inscrivent admirablement
dans cette tradition et rappellent les meilleurs succès de
Humphrey Bogart. Le plus grand scandale de l'Amérique de
l'après-guerre, avant Watergate, était assez dérisoire lui
aussi. Il concernait les jeux télévisés, ces quizz que nous
n'avions pas encore importés en France et qui aux États-Unis
étaient en plein essor : toute l'Amérique était suspendue à la
question à 64 000 dollars à laquelle saurait ou non répondre le
héros du moment. Le héros de ce moment-là s'appelait Van
Doren. C'était un homme jeune, de bonne famille, fils d'un
célèbre professeur de littérature. Distingué, très simple de
manières, il avait une grande présence à l'écran et savait
merveilleusement prolonger le suspense, tenir en haleine les
millions de téléspectateurs qui attendaient sa réponse. Hélas,
on découvrit un jour que Van Doren trichait, qu'il y avait un
arrangement entre le producteur et lui pour présenter le
meilleur show possible. Des millions d'Américains avaient
été trompés de sang-froid : le scandale fut épouvantable et
secoua l'Amérique heureuse jusque dans ses tréfonds. Pendant des semaines et des mois, on chercha et trouva d'autres
arrangements semblables dans les émissions télévisées, et le
pays ne parla pas d'autre chose. Là aussi, la réaction peut
sembler disproportionnée si l'on ne comprend pas la signification de telles pratiques dans le contexte américain.

La triche est un problème particulièrement délicat pour un
homme politique, qui vit entièrement dans un monde
d'apparences. L'image qu'il se forge comporte toujours une
part de truquage : jusqu'où a-t-il alors le droit d'aller ? John
F. Kennedy, pratiquement séparé de sa femme, lui fait un

enfant pour pouvoir se présenter à la télévision comme le chef d'une famille heureuse, lors de sa campagne présidentielle : si cette hypothèse est exacte, est-ce là de la triche ? et a-t-on le droit de chercher à savoir ? Entre la protection de la vie privée et l'interdiction de tricher, comment tranche-t-on dans le cas d'un homme public ? Ted Kennedy, lui aussi, est un tricheur, bien qu'heureusement pour lui il n'en ait pas la tête : il a triché à ses examens à Harvard, et on l'a accusé de plusieurs autres petits méfaits. L'affaire de Chappaquiddik n'est pas arrivée brutalement dans une vie sans tache, et elle pèsera toujours sur sa carrière. Car il est clair que Ted Kennedy a menti : nul ne croit, bien sûr, qu'il a cherché à se débarrasser de sa secrétaire ; mais qu'a-t-il fait, après s'être sorti de la voiture sans avoir pu la sauver ? Sa version des faits ne résiste pas à l'examen : il semble à peu près clair qu'il a passé la moitié de cette nuit mémorable à téléphoner à ses avocats, pour déterminer le meilleur parti à prendre dans cette extrémité.

Nixon sera surtout condamné comme parjure, pour avoir menti au Congrès et au peuple américain. Personne ne discutera de ses mobiles ni des conséquences de ses actes. On ne lui reconnaîtra pas de circonstances atténuantes ; et le pardon qui lui fut généreusement accordé par son successeur Gerald Ford, celui-ci semble l'avoir payé assez cher par la suite. Plus qu'un drame psychologique, il faut voir Watergate comme une grande scène de *commedia dell'arte,* avec un acteur dont tout le monde savait dès le début qu'il avait exactement la tête de l'emploi : le tricheur « le plus puissant du monde ». Ce fut une opération cathartique qui secoua toute l'Amérique, et n'a peut-être pas encore produit tous ses effets.

L'escalade de la vertu

On pourrait en définitive résumer l'affaire de Watergate sous la forme d'un conte moral. Il était une fois un peuple qui croyait au bien, et qui par malchance se donna un roi qui faisait le mal. Quand le peuple s'en aperçut, il mit en marche la machine de la vertu. La machine de la vertu était très lente, très compliquée, passablement rouillée, et le roi ne s'inquiéta pas trop. Mais comme il était soupçonneux, il envoya tout de même quelques hommes de main la bloquer tout à fait. Ce fut sa perte : la machine de la vertu n'était efficace que sur un point, elle réagissait violemment à toute tentative d'obstruction. Le roi ne fut pas condamné pour ses méfaits mais pour avoir voulu arrêter la machine.

L'Amérique tout entière baigna pendant des mois dans cette affaire. Journaux, radios, chaînes de télévision lui consacraient toute leur énergie, les conversations ne portaient que sur elle. Chaque jour on attendait les dernières péripéties, les échappatoires qu'allait encore trouver le traître, pris cette fois la main dans le sac. La marche de la justice, lente et embrouillée, tenait en haleine toute la nation, comme un gigantesque jeu policier. Les aficionados étaient capables de discuter pendant des heures les arguments juridiques les plus ténus. Jamais cours de formation juridique ne furent aussi fébrilement suivis, jamais rapports d'experts ne furent lus, relus et soupesés avec tant de respect. Ces réactions passionnées du public constituent un aspect essentiel de l'affaire. Jamais la presse n'aurait été si loin, jamais la justice n'aurait fait preuve de tant d'audace, jamais le Congrès ne serait passé à l'action s'il n'y avait eu cette fièvre du public. Un tel acharnement semblait incompréhensible à un étranger. En France, même les gens de gauche trouvaient les Américains des acteurs bien médiocres dans cette reprise d'un grand classique : pour abattre un roi, il eût fallu un Danton ; un procureur Jaworski, un président Rodino ne faisaient pas le poids.

Mais ce n'était pas la mort du Roi, c'était du Shakespeare, farce et drame mêlés, Macbeth et Falstaff — Richard III. Mon royaume pour un magnétophone ! La foule ne grondait pas, on n'entendait ni les rumeurs populaires, ni les roulements de tambours. Le héros n'était pas le peuple mais le roi lui-même. Il fallait pouvoir s'identifier à Richard Nixon, avec son obstination, sa perversité, sa folie, faute de quoi la pièce n'avait pas de sens. L'Amérique ne tuait pas Nixon, il se tuait lui-même. C'est lui qui provoquait le Destin. Ses tricheries n'avaient aucune nécessité, à peine quelque utilité. L'enregistrement qu'il fit de ses conversations relevait de la pathologie pure et simple. Mais sa grandeur était qu'à cette volonté de mort s'associait une volonté de vie plus puissante encore. Jamais acteur n'aura mimé une agonie avec pareille intensité ; c'est par là que son personnage de traître fascina, envoûta tout un peuple. Et par un autre aspect, plus profond peut-être : Nixon exprimait toute la part d'ombre de son histoire, il incarnait la tentation : je ne fais rien d'autre que ce que vous faites vous-mêmes, qui me jettera la première pierre ?

Le duel de Nixon avec le peuple américain était comme un double combat avec l'ange. D'un côté, le roi provoquait le peuple et la justice, allant toujours plus loin, voulant savoir jusqu'où il pouvait aller, incapable de s'arrêter. Tel le joueur qui ne peut s'empêcher de prendre des risques toujours plus grands et qui semble accumuler les maladresses volontairement, pour dépasser encore ses limites. Et, en face de lui, le peuple lui aussi entrait dans le jeu, relevait le défi, jouait avec l'idée d'aller jusqu'au bout. Sans vouloir y aller, mais sans pouvoir ne pas y aller. Les modérés disaient : bien sûr, il est coupable, mais on ne va tout de même pas tout casser ! Les autres ne disaient rien, mais ils avançaient encore — eux aussi pour dépasser leurs limites.

Peut-être y avait-il encore une autre dimension. Nixon était aussi, comme Johnson, l'homme le plus puissant du monde. Son drame était celui du pouvoir suprême, avec son effrayante intensité, son impuissance et sa fragilité. En attaquant Nixon, les Américains crachaient à la figure de leur roi, traînaient leur roi dans la boue. Donc bafouaient leur propre puissance, s'humiliaient eux-mêmes. Si ton bras te scandalise, disait le Dieu des puritains, coupe ton bras. Mais, en 1974, on ne retrouve plus la bonne conscience en se mutilant. Le règne de la vertu n'est plus possible.

La présidence impériale

On peut dresser un parallèle étroit, quoique assez para-doxal, entre Nixon et Johnson. Si dissemblables qu'ils fussent sur bien des points, seuls ces deux présidents se proclamèrent « l'homme le plus puissant du monde », et seuls ces deux présidents furent forcés de se retirer sous la pression de l'opinion publique. Tous deux consacrèrent une bonne partie de leur temps de présidence à un problème qu'ils jugeaient secondaire. Tous deux furent finalement broyés par une machine qui les dépassait et qu'ils avaient provoquée sans croire que le danger fût réel. Là s'arrête le parallèle : si l'un et l'autre avaient une conception élevée de l'homme d'État, c'était de façon totalement dissemblable. Johnson voulait une présidence sociale souple, à la Roosevelt, et une Grande Société qui connaîtrait l'abondance générale. Nixon, lui, rêvait de laisser sa marque dans l'histoire par une présidence impériale, à la romaine, une présidence de paix armée derrière le *limes*. Leurs échecs sont des échecs symétriques, qui ne tiennent pas tant à l'idée de départ qu'au caractère

chimérique de leurs entreprises, ni l'un ni l'autre n'ayant su
évaluer l'ampleur des efforts nécessaires ni réunir les moyens
indispensables.

Pour forger une présidence impériale, il eût d'abord fallu
restaurer l'État. Richard Nixon admirait beaucoup les qualités du général de Gaulle : sa fermeté, sa ruse, sa perspicacité
à long terme, sa force tranquille de joueur solitaire. Mais il
n'avait guère médité, malheureusement pour lui, sur l'œuvre
de restauration de l'État menée par le Général, sans laquelle
sa politique étrangère n'eût pas été possible. Le Général
sentait où était le pouvoir. En vrai réaliste, il savait le
respecter et tâchait seulement de l'utiliser. Ainsi, en France,
le pouvoir est dans les grands corps de l'État. La représentation parlementaire doit être respectée, les partis et les
syndicats ménagés ; mais les hommes comptent davantage
que les partis et les formes davantage que les règles. Le
Général mettait à contribution les membres des grands corps
et respectait toujours les formes. Quand il violait les règles, il
y mettait beaucoup de courtoisie. Il sentait qu'aux yeux des
Français la ruse et même le mensonge sont acceptables, à
condition que ce soit pour la bonne cause et dans les formes.
Nixon, au contraire, ne sut jamais voir le pouvoir là où il
était. A la différence de Johnson, il ne comprenait pas
l'importance des parlementaires et ne savait pas négocier avec
eux. Et il s'enferra immédiatement dans une sorte de guerre
froide contre le pouvoir le plus difficile à amadouer et le plus
destructeur à la longue : celui de la presse.

Deux de ses entreprises valent la peine d'être examinées de
plus près. La première est celle qui fut proposée et menée par
Moynihan, ce démocrate libéral proche des Kennedy dont j'ai
mentionné les critiques vis-à-vis de la lutte contre la
pauvreté. Il avait attiré l'attention de Nixon, qui le nomma
conseiller à la présidence, chargé des affaires urbaines.
Moynihan prêchait la détente en matière raciale, avec une

formule très simple et qui fit quelque scandale : « *Benign
neglect* », c'est-à-dire à peu près : « Laissez-les tranquilles, ils
sont capables de se débrouiller tout seuls. » A la surprise
générale, notamment celle des libéraux, cette politique
arrivait au bon moment et réussit fort bien. Son seul tort,
grave du point de vue politique, était qu'elle impliquait de
renoncer au soutien de la communauté noire.

Aussi une seconde entreprise offrait-elle une contrepartie
positive de la première : la tentative d'introduire un impôt
négatif sur le revenu. L'idée était simple : puisque le Welfare s'avérait produire une pagaïe coûteuse et dont les effets
pervers ne faisaient que s'accroître, pourquoi ne pas remplacer l'ensemble des programmes d'assistance par la simple
garantie d'un revenu minimum ? En effet, le problème à
résoudre était au fond toujours le même problème : trouver
de l'argent chez les contribuables, en fonction de leurs
revenus, et le reverser aux plus pauvres pour leur assurer le
minimum de ressources nécessaire à la survie. Cette machine
de répartition était dirigée jusque-là par une bureaucratie
immense et hétéroclite qui s'occupait de tout, régentait les
pauvres, les surveillait, les empêchait de vivre à leur gré et, à
force de les contrôler, étouffait en eux toute capacité
d'initiative indépendante. Pourquoi ne pas tout faire passer
par une bureaucratie simple et transparente telle que la
bureaucratie fiscale, qui respecte la liberté des citoyens et,
quoi qu'on en dise, est unanimement appréciée ? Au lieu
d'avoir un impôt d'un côté et des prestations d'assistance de
l'autre, on aurait alors un seul impôt qui, lorsque le revenu
descendrait au-dessous d'un certain seuil, deviendrait négatif. A ceux qui craignaient que les gens ainsi protégés ne
travaillent plus, on répondait qu'un système dégressif
augmenterait au contraire sensiblement l'intérêt que les
pauvres auraient à travailler. Ils n'auraient plus besoin de se
cacher : pour un revenu minimum de 3 000 dollars par an,

par exemple, et un gain supplémentaire de 1 000 dollars, ils en conserveraient 800 ; ils auraient donc immédiatement intérêt à prendre un travail à mi-temps, ou temporaire, qui ne risquerait pas de leur faire perdre leurs allocations. Ce serait la fin des combines et des arrangements.

Le principe était séduisant. On alla jusqu'à mettre en route une expérience portant sur plusieurs centaines de familles, pour démontrer la viabilité du système et son effet positif pour la « réhabilitation » des assistés. Mais le résultat, plutôt concluant, de l'expérience ne suffit pas à permettre au projet de passer au Congrès. Un vote aboutit à un accord de principe, mais qui ne fut suivi d'aucune application. Cette proposition fédérale était trop peu favorable aux assistés selon la gauche, trop révolutionnaire aux yeux des modérés. Tout l'énorme appareil de l'assistance y était évidemment opposé, et cette bureaucratie était capable, en mobilisant ses clients, de faire pression sur un Congrès qui, peu motivé, suivit naturellement son électorat. L'exécutif, quant à lui, n'avait ni la force, ni l'habileté, ni la passion qui lui auraient permis de faire aboutir son seul grand dessein de politique intérieure.

La réorganisation interne du gouvernement, la fin du P.P.B.S. remplacé par des évaluations de programme, la transformation du bureau du Budget en bureau du Budget et du Management public, témoignent certes d'une activité importante. On y trouvait souvent d'excellentes idées, mais qui toutes se heurtaient au problème de l'exécution. Nixon était un homme isolé, secret, et ses réformes tendaient à l'isoler davantage encore. Son état-major, nombreux et trop bien rationalisé, fut très vite appelé par tout le monde sa « garde prussienne ». Tandis que le général de Gaulle se protégeait en agissant peu et en s'informant beaucoup, Nixon se protégeait en se coupant du monde et en s'enfermant dans ses rêves. Autour de lui flottaient toujours des ondes d'hostilité, disproportionnées à la portée réelle des mesures

qu'il prenait. Au bout du compte, ce ne fut pas un État
fédéral restauré que rencontra Watergate, mais un État
bureaucratisé et sans ressort à qui le scandale ne pouvait
guère, bien entendu, redonner vigueur.

La présidence impériale

Le grand dessein de la présidence impériale dont rêvait
Nixon n'était pas la restauration de l'État à l'intérieur des
frontières, mais une nouvelle politique étrangère. Le seul
bilan positif, face au Watergate, sera donc celui des réussites
en ce domaine, et c'est là le dilemme auquel cette présidence
aura confronté le système américain : scandale intérieur et
politique étrangère honorable, ou abandon des positions
américaines dans le monde et parfaite pureté dans le
gouvernement intérieur ? Or la politique étrangère apparaissait de plus en plus comme celle d'un personnage différent de
Nixon : Kissinger. D'où l'opposition du bon docteur Kissinger, incomparable magicien de la diplomatie, et du dangereux Nixon, conspirant dans l'ombre contre la démocratie.
Dr Jekyll et Mr Hyde.

C'est une extraordinaire rencontre que celle de ces deux
hommes, à première vue si peu faits pour s'entendre. Le
président, secret, maladroit, machiavélique, et le secrétaire
d'État, épanoui, capable de séduire ses ennemis chéris les
journalistes ; le politicien californien, spécialiste des campagnes de calomnies, et l'intellectuel d'origine européenne,
consacré par Harvard, brillant convive chez tous les grands de
ce monde, spécialiste des bons mots cruels. Qui est Kissinger
quand Nixon le convoque, quelques jours après son élection ?
Personne. Le conseiller favori d'un candidat battu aux
primaires — Nelson Rockefeller —, un intellectuel qui
paraît inquiétant aux membres d'un parti trop longtemps

écarté du pouvoir, et où l'on ne supporte plus que les idées simples. En quelques mois, pourtant, il va devenir l'homme fort du cabinet, et il sera le seul à pouvoir survivre à Watergate. Son seul secret : le sens du pouvoir. Le docteur Kissinger a beau être un intellectuel, il ne s'écoute pas parler mais sait observer, écouter, attendre. Ce n'est pas un de ces théoriciens qui veulent plier la réalité à leurs concepts, ni un politicien embourbé dans les marchandages. Il a une patience d'éléphant et un remarquable sens de l'humour. C'est par ce rapport au pouvoir qu'il se rapproche de Nixon : tous deux sont fondamentalement des hommes de la *Realpolitik*. Mais Nixon l'Américain ne peut goûter le fruit défendu que dans l'ombre, tandis qu'à Kissinger l'Européen il suffit de l'humour pour se protéger.

Le bon docteur est tout de même aussi un professeur, c'est-à-dire qu'il a une théorie, ou plutôt des théories. S'il séduit le président, c'est en bonne partie parce qu'il apporte une armature intellectuelle grâce à laquelle l'histoire qu'ils vont bâtir trouvera un sens. Mais pour bien comprendre ce qu'il apporte, il faut partir de sa pratique. Kissinger est avant tout un négociateur. Mais non pas à la façon de Johnson, qui se sert du consensus et traite essentiellement avec des amis : Kissinger est capable de négocier avec de vrais ennemis. Il a le génie de découvrir le rameau d'olivier dans les buissons d'épines qu'on lui oppose. La *Realpolitik* qu'on lui a tant reprochée n'est pas brutale, mais nuancée, subtile, au fond plutôt optimiste. Si elle blesse la tradition américaine, c'est qu'elle est avant tout positive, réaliste, et ne s'embarrasse guère du droit ni des apparences. Cette pratique, souvent géniale, suppose deux grands principes, un peu contradictoires, qui la justifient et la rendent possible : le premier est un principe de construction, c'est le principe des *linkages,* des liens ; les second est un principe de conservation, c'est le principe de l'ordre du système, dans la tradition de Metternich.

Les *linkages* sont la préoccupation essentielle de Kissinger. Dans le monde d'interdépendance qui est le nôtre, les puissances les plus opposées entretiennent entre elles des relations. Si l'on sait utiliser celles-ci, on peut graduellement les orienter et même les diriger. Un pays aussi puissant que les États-Unis n'a donc pas à craindre les relations, il a intérêt à s'ouvrir, car avec un peu d'habileté c'est en sa faveur que les *linkages* s'établiront. Son objectif doit être de créer le plus possible de tels *linkages,* qui sont indispensables pour maintenir la paix et assurer que cette paix ne soit pas défavorable aux intérêts des États-Unis et du monde libre. Kissinger sera donc l'homme qui inlassablement tisse la toile reliant toutes les parties, les partenaires comme les adversaires : le principe des *linkages* est un principe universel. Mais son défaut est d'être trop universel, de ne pas permettre de hiérarchiser les efforts. C'est par des relations bilatérales que Kissinger tisse la toile, tout au plus sera-t-il parfois conseiller et entremetteur entre deux ennemis qu'il faut absolument rapprocher. En revanche, il refuse absolument d'admettre qu'un tiers puisse brouiller son jeu bilatéral et l'empêcher de tisser sa toile. Aussi, dans l'immense système, va-t-il choisir une série de relations plus prometteuses ou plus déterminantes, dans lesquelles il lui paraît nécessaire et possible d'avancer, et auxquelles il va appliquer sa patience et son imagination. On le verra alors parcourir le monde, jouant une partie avec l'Union soviétique, puis une autre avec la Chine, puis avec Israël, puis avec l'Égypte. Il est comme un grand maître d'échecs qui, jouant des simultanées, passe rapidement d'un échiquier à l'autre pour jouer sur chacun un coup, pendant que tous ses adversaires réfléchissent. Parfaitement correct avec chaque interlocuteur, il exige que le jeu soit isolé et se montre facilement brutal avec les gêneurs. D'où un paradoxe, souvent souligné, qui fait qu'il s'entend mieux avec ses ennemis qu'avec ses alliés. Mais comment dans ce contexte traiter les complications, choisir les points privilégiés, faire face aux situations triangulaires ? Il faut pour cela disposer d'un principe d'ordre, beaucoup plus difficile à dégager et à utiliser. Ce principe sera nécessairement conservateur : l'ordre qu'on reconnaît est l'ordre empirique du système tel qu'il est. Il faut bien partir de quelque chose et, si Kissinger ne se réclame pas de Metternich et de Bismarck, de la tradition de l'équilibre des puissances, il y est cependant forcément ramené. Autant d'ailleurs il se montre optimiste en matière de *linkages*, autant il reste en revanche prudent et même pessimiste pour ce qui est de l'ordre. Celui-ci est toujours en train de se décomposer, il faut toujours s'attendre au pire.

La manière de Kissinger est bien souvent proprement éblouissante. C'est l'opération de Chine, menée avec un tact et une subtilité qu'appréciera à sa juste valeur l'extraordinaire diplomate qu'était Zhu-En-Lai, avec lequel Kissinger entretiendra des liens de respect et d'admirations mutuels. C'est le maintien, au même moment, des *linkages* établis avec l'Union soviétique, principal adversaire de la Chine. C'est la spectaculaire et interminable navette entre l'Égypte et Israël, menée avec un sang-froid imperturbable et un communicatif enthousiasme par l'infatigable conseiller. Grâce à lui, l'Amérique, le monde occidental, le monde tout entier se sentent gouvernés. Quand il devient secrétaire d'État, c'est un déferlement d'éloges. Toutefois, le prix à payer pour cette stratégie tous azimuts est lourd. Les erreurs, inévitables, n'apparaissent pas tout de suite. A chaque nouveau voyage, le magicien fait sortir une nouvelle colombe de son chapeau. Mais les problèmes s'accumulent pour l'avenir. Il y a d'abord le dépit et la mauvaise humeur des alliés, toujours tenus à l'écart des parties importantes. Leurs intérêts ne sont pas forcément sacrifiés, mais l'absence de toute discussion les irrite et ne pourra durer longtemps. Après les prouesses du bon docteur, ses successeurs n'en auront que plus de difficultés.

Rétrospectivement, le traité avec l'Iran étonne. L'alliance avec le Shah ne peut se comprendre comme un *linkage* parmi d'autres, patient et solide, mais comme le fruit d'une logique de guerre froide qui frise l'aveuglement. Certes, il est facile de juger après coup. Mais, dès 1972, on pouvait voir qu'il était trop risqué de tout miser sur un seul homme, qui plus est sur un souverain déjà mégalomane et dont le pays, affligé d'une corruption notoire et d'une pagaïe plus grande encore, ne pouvait absorber les centaines de millions de dollars qu'on lui offrait. Comment, enfin, Kissinger put-il accepter de se laisser enfermer dans les folles illusions de la S.A.V.A.K., la police secrète du régime, à qui il abandonna l'exclusivité des informations sur l'Iran [1] ?

L'affaire du Cambodge, quant à elle, constitue le plus terrible des échecs de Kissinger. Le garant de la paix ici se mua en fauteur de guerre. Pour forcer Hanoï à négocier plus avant, il entreprit la destruction des « sanctuaires » cambodgiens ; mais, dans ce petit pays jusqu'alors épargné par la guerre, ce furent six millions de personnes passées par profits et pertes, pour obtenir une paix honorable qui en quelques mois se révélera n'être qu'une débâcle déshonorante.

De quelque façon que s'en justifie Kissinger, l'échec de ce pari, parfaitement prévisible, démontre les limites de son action. Le général de Gaulle, admiré de Nixon, avait réussi à terminer la guerre d'Algérie sans trop de dégâts moraux dans la société française. Nixon et Kissinger, eux, n'ont rien sauvé, notamment pas l'honneur, et le Cambodge restera sur leurs mémoires une tache de sang que l'histoire ne pourra jamais laver.

---

1. Par le traité d'alliance, Nixon et Kissinger renonçaient à toute utilisation de la CIA en Iran.

Le Dr Jekyll sans Mr Hide

Quel rapport entre la personnalité du roi Richard et sa politique étrangère, entre le Watergate et Henry Kissinger ? Les Mémoires des deux hommes [1] permettent de suivre jusque dans le détail les relations complexes qui furent les leurs, et la part qu'ils eurent l'un et de l'autre dans les succès comme dans les erreurs. Je ne voudrais pas m'aventurer à dresser une analyse psychologique de ce couple étonnant. Ce qui m'intéresse, pour comprendre le drame de l'Amérique actuelle, c'est l'image que s'en est faite le peuple américain et qui, toujours active souterrainement, pèse encore sur la politique qui est menée aujourd'hui. L'ambivalence profonde des Américains face au pouvoir est magnifiquement symbolisée par ce couple terrible, le Dr Jekyll qui soigne la misère du monde pendant le jour, cependant que Mr Hyde accomplit ses forfaits la nuit venue. Le roi maudit avait un bon Premier ministre, donc il participait aussi du bien, et le Premier ministre en revanche participait du mal.

A ses débuts, l'association fut parfaitement efficace et profita aux deux partenaires. Tous les trucs et les secrets du roi se justifiaient par les promesses d'une politique étrangère nouvelle. Et le brillant conseiller pouvait dissimuler sa propre duplicité derrière les complexités de l'administration et de l'action présidentielle. Son comportement exemplaire à l'égard de Nixon améliorait l'image de l'un et de l'autre. Avec le Watergate, un profond écart se creuse. Le docteur est devenu un ministre tout-puissant, il est d'autant plus le représentant du bien que le roi est le symbole du mal. Leur alliance contre-nature tourne à l'exercice de haute voltige.

---

1. Publiés en France respectivement chez Albin Michel et Fayard.

Dans les toutes dernières semaines, le docteur est à son tour
attaqué. Loin de se sacrifier en aucune manière pour le roi
accablé, il se défend avec habileté, mais maintient toujours
un lien symbolique d'hommage. Les deux années de la présidence Ford verront le Dr Jekyll poursuivre sans Mr Hyde
la tâche épuisante de soigner le monde. Mais ce seront pour
lui des années grises. La guerre de Kippour a modifié
l'équilibre mondial. Les Russes profitent de la faiblesse
américaine. L'Angola, l'Éthiopie tombent dans la sphère
d'influence soviétique. Cette fois, le docteur baisse les bras :
le *linkage* demeure, mais n'empêche pas les Russes d'avancer
leurs pions. On commence à murmurer que les liens établis
sont autant à leur avantage qu'à celui des Occidentaux.

C'est un moment de répit, pourtant, pour le peuple
américain. La célèbre roseraie de la Maison-Blanche a enfin
trouvé des occupants convenables : un couple sans préten-
tion, mais d'une discrète distinction provinciale. Monsieur et
Madame Gerald Ford, une bonne famille bourgeoise conservatrice mais pas bigote, ouverte sur le monde, ayant comme
tout le monde des problèmes qu'elle ne cache ni étale. Des
gens bien, qui n'utilisent pas la roseraie pour fomenter des
complots machiavéliques ou pour fuir les difficultés d'une
campagne électorale. Un président vraiment modeste, brave
homme qui admire son ministre [1] et qui est capable de se
sacrifier pour tout le monde. Mais, curieusement, les
Américains ne l'aiment pas trop. Ils lui reprochent sa
clémence vis-à-vis de Nixon, qui est pourtant un signe de
courage et d'humanité. Les photographes le trouvent gauche
et maladroit, les journalistes tout simplement bête. On

---

1. Il le prouvera par l'invraisemblable arrangement qu'il essaiera de négocier
avec Ronald Reagan : il acceptait d'être son vice-président, à condition que
Kissinger revienne lui aussi au pouvoir.

colporte sur lui les pires méchancetés, par exemple qu'il est le seul homme incapable de faire deux choses à la fois, comme de mâcher son chewing-gum et de marcher en même temps.

Le docteur, lui aussi, fut atteint par la grisaille de ces années-là. La présidence Ford semblait la meilleure solution pour une Amérique épuisée, qui avait besoin de pardonner et de se pardonner. Mais c'était trop tôt encore, un nouvel accès de la folie du bien allait éclater.

CHAPITRE VII

LE TEMPS
DES DÉSILLUSIONS

A nouveau un président improbable

Depuis Kennedy, tous les présidents des États-Unis sont des présidents improbables, qui selon les règles implicites du système politique ne devraient pas accéder au pouvoir : le premier catholique, puis le premier Sudiste, puis un républicain extrêmement réactionnaire et au passé douteux. Il restait à essayer le parfait inconnu, celui qu'on ne pouvait attendre puisqu'on ne le connaissait absolument pas : Jimmy Who ? demandait-on au début de sa campagne. « Bonjour — disait en substance, à la télévision, un homme au ton suave et au sourire éclatant de vedette publicitaire — je m'appelle Jimmy Carter, je suis candidat à la présidence. Permettez-moi, je vous prie, de vous expliquer pourquoi je suis candidat... » On a dit que Jimmy Carter avait été fabriqué par la publicité et les médias. Ce n'est pas exact : il les a conquis de haute lutte. Jimmy Carter, c'est un peu Monsieur Toutlemonde à l'assaut de la présidence, on retrousse ses manches et on y va. Impossible n'est pas américain.

En fait, ce n'est tout de même pas exactement Monsieur Toutlemonde : Jimmy Carter est gouverneur de la Géorgie. C'est quelqu'un d'important à Atlanta, qui est une vraie

capitale régionale, et il dispose de quelques millions de
dollars. Il n'est donc ni pauvre ni illettré, mais son originę est
obscure, il est le fils de petits notables d'un coin perdu de
province. Ses millions et sa charge de gouverneur, il les a
acquis tout seul, par son travail et son acharnement. Il n'est
l'homme d'aucun groupe d'intérêts, il ne représente personne. S'il est au parti démocrate, c'est parce qu'en Géorgie
on ne peut faire carrière que là. Il n'a d'autre expérience
politique que quatre années à la tête de son État. Et c'est un
homme seul, hormis la poignée de petits jeunes gens
géorgiens qui l'ont assisté pendant sa campagne de futur
gouverneur. Comment alors a-t-il pu réussir ? Les circonstances étaient favorables. Dans le parti démocrate exsangue, les
leaders naturels ont été éliminés ou sont partis écœurés. Il ne
reste guère que Teddy Kennedy, mis hors combat pour
l'affaire de Chappaquidick, et Hubert Humphrey, usé par les
années et les défaites. Le nombre de « primaires » a
augmenté, les règles du jeu ont changé. Ni les caciques du
parti, ni les intérêts organisés tels que les syndicats ne
contrôlent plus grand-chose. La compétition est absolument
libre — une foire d'empoigne, disent les gens sérieux. On est
revenu aux beaux jours de la frontière et de la distribution des
terres : au coup de pistolet, les attelages démarraient, le
premier arrivé s'installait et devenait propriétaire. Jimmy
Carter a le coup d'œil ; lui et son petit gang ont compris,
d'instinct, cette politique nouvelle : ils foncent, et ils
gagneront parce qu'ils seront les premiers.

Les primaires de 1976 seront, plus encore que d'habitude,
une course épuisante, absurde, folle. Elles durent près de six
mois, à travers trente États : chaque fois un terrain différent,
avec des sensibilités, des groupes de pression et des problèmes
locaux particuliers. Et, partout, les réactions de la presse et
surtout de la télévision fédérale, qui amplifient la moindre
déclaration. Pour plaire à chaque public successif sans pour

autant affaiblir sa position au niveau national, le candidat n'a d'autre recours que la démagogie. A cela s'ajoutent toutes les complications d'une campagne extraordinairement complexe, que les réformes successives ont rendue encore plus difficile. Il faut récolter de l'argent en forte quantité, mobiliser des volontaires en grand nombre, se montrer capable de toucher les médias, diriger d'une main solide l'état-major de grosses têtes qui rédigent toutes les fiches et tous les discours, et par-dessus le marché trouver le moyen de toucher l'électeur moyen, aussi bien que les innombrables électeurs particuliers. Les efforts de séduction nécessaires pour obtenir des contributions financières tendent à déplaire aux volontaires, sans lesquels le travail de porte-à-porte est impossible, et inversement. Les choses étaient bien plus faciles autrefois, quand les syndicats fournissaient des volontaires et que les grosses contributions n'étaient pas interdites par la loi.

La caravane des primaires, comme celle d'un grand cirque, se déplace d'État en État, suivie d'une armée de conseillers, de publicitaires, de sondeurs d'opinion, de journalistes. Jimmy Carter et son gang sont des hommes nouveaux dans le monde du cirque, mais ils ont du talent, en même temps que toute la fraîcheur et l'enthousiasme des débutants et qu'une résistance physique invraisemblable. Ensuite, c'est la Convention du parti, avec ses *bosses* municipaux, ses leaders syndicalistes, ses caciques divers. Mais ceux-ci ne sont plus ce qu'ils étaient : dans un système aussi ouvert, ils n'ont plus la même influence. En outre, un des groupes de pression les plus importants, celui des Noirs, est partiellement au moins acquis à Carter. Le gouverneur de Géorgie a en effet su se concilier, en tant que gouverneur, les leaders noirs d'Atlanta, ville de Martin Luther King et capitale morale du Sud.

On a beaucoup dit que Carter était le protégé, voire le produit d'une institution mystérieuse : la Commission trila-térale, qui serait, au dire des partis communistes européens, une vaste conspiration des trusts internationaux contre les masses laborieuses et le tiers monde. Ce mythe a essentiellement pour origine la rencontre de trois personnes : David Rockefeller, président de la Chase Manhattan Bank et fondateur de la Trilatérale, Zbygnew Brzezinski, professeur de sciences politiques à l'université de Columbia et futur conseiller spécial du président, Jimmy Carter, alors gouverneur de Géorgie. Cette rencontre est certes importante, et il n'est pas indifférent qu'elle ait eu lieu dans le cadre de la Trilatérale. Mais Jimmy Carter n'est pas plus le produit de cette rencontre que de la publicité : elle est l'effet de son succès et non sa cause. Qu'est-ce en réalité que la Trilatérale ? Un forum international de très haut niveau, réunissant *intuitu personae* des responsables politiques, économiques et sociaux des trois grandes zones riches du monde : l'Europe, le Japon, l'Amérique du Nord. C'est aussi l'affaire personnelle de David Rockefeller, frère cadet du Nelson Rockefeller qui dut laisser la place à Nixon lors de la désignation du candidat républicain à la présidence en 1969. Banquier de son état, David n'est pas un personnage public comme son frère. Mais c'est comme lui un homme de conscience, qui par sens civique estime que son devoir, avec la fortune et les privilèges qui sont les siens, est de contribuer au progrès de l'humanité. Or il sent bien, à son niveau de banquier d'affaires, que le monde est de moins en moins gouvernable. Chacun tire à hue et à dia, et quantité d'actions qui paraissent rationnelles dans un cadre national ou sectoriel étroit deviennent absurdes dès que l'on considère leurs répercussions mondiales. L'incompréhension entre Japonais, Américains et Européens devient de plus en plus alarmante à mesure que Japonais et Européens se renforcent et que le leadership américain décline. Les liens bilatéraux à la façon de Kissinger ne peuvent répondre à ce problème, ils sont trop étroitement politiques et ne tiennent pas compte des effets de système, déterminants à un niveau plus profond.

Nelson Rockefeller avait mis sur pied, pour étudier les problèmes mondiaux au temps de son plus grand rayonnement, quantité de *task-forces,* qui contribuaient à lancer des idées nouvelles dont les politiques par la suite se saisissaient. David reprend le flambeau en créant quelque chose de tout à fait différent : un forum où des représentants importants des trois grandes zones pourraient se rencontrer dans les meilleures conditions pour échanger leurs points de vue. Sans aucune clandestinité, mais sans publicité non plus et en dehors de tout mandat. Pour comprendre le sens de la Trilatérale, il faut s'imaginer les mobiles d'un membre européen comme par exemple Paul Delouvrier, alors président d'E.D.F. Qu'est-ce qui intéressait Paul Delouvrier, participant assidu à ces rencontres ? Certes pas de fomenter une conspiration des puissants, ni même de constituer une ligue des riches. Mais il va pouvoir utiliser le Forum pour dire ce qu'il a sur le cœur en matière de politique énergétique, pour essayer d'influencer ses collègues producteurs ainsi que les décideurs publics. Ainsi pourra-t-il un jour, applaudi par les Allemands et les Japonais, mettre les Américains en accusation. Au-delà de toute satisfaction d'amour-propre, c'est là un moyen de changer les règles du jeu et de peser sur l'avenir. Rien ne fut changé ce jour-là, aucune décision ne fut prise, mais les Américains avaient dû encaisser le coup et ils s'en souviendront. Pour animer la Trilatérale, David Rockefeller avait fait appel à « Zbyg » Brzezinski, qui avait été à Harvard le condisciple de Kissinger, au temps où ils préparaient tous deux leur doctorat de sciences politiques.

La Trilatérale n'est pas engagée politiquement. Elle se fait un devoir d'inviter des gens ayant le plus possible de points de vue différents. Les sociaux-démocrates européens et les syndicalistes non communistes, par exemple, y viennent et y rencontrent des sénateurs et gouverneurs américains, tant démocrates que républicains. C'est là que Jimmy Carter fera ses premières armes dans l'arène internationale. Il n'y attira pas du tout l'attention. Mais, quand il s'attaque à la présidence, le très ambitieux Brzezinski voit l'occasion et la saisit. Leur alliance sera volontiers consacrée par David Rockefeller, qui n'a rien à y perdre. Jimmy Carter a besoin d'une doctrine de politique étrangère différente de celles des républicains, Brzezinski peut la lui fournir. Il a besoin de contacts et de respectabilité, David Rockefeller les lui apporte. Cela ne va pas très loin, mais l'establishment n'y sera pas hostile. Quant à Brzezinski, il voit le pouvoir à portée de sa main.

L'irrésistible tentation du bien

Jimmy Carter a tout de même une identité, ce n'est pas seulement « Jimmy Who ». Il a toujours été le meilleur partout. Il maîtrise la technique la plus difficile de toutes : le nucléaire. Il sait commander, ayant été officier de marine. C'est un homme proche des réalités, qui a su faire fortune grâce à l'affaire de cacahuètes familiale. Enfin il ignore la compromission, c'est un pur, aux standards impeccables, qui n'admet ni la médiocrité, ni le manque de rigueur. Sa profession de foi, il l'a exprimée dans un livre qui s'appelle tout simplement : *Why not the Best ?* Pourquoi pas le meilleur ? L'Amérique y a droit : le plus grand pays du monde ne peut pas, ne doit pas se contenter de n'importe quoi. Monsieur Toutlemonde a personnellement prouvé qu'à condition de faire les efforts nécessaires, on pouvait obtenir le meilleur. Pourquoi l'Amérique n'en ferait-elle pas autant ?

Trois caractéristiques sont frappantes dans sa campagne

électorale, tout comme dans son livre. Tout d'abord la
naïveté démagogique. Jimmy Carter promet tout à tout le
monde, avec une bonne conscience stupéfiante. Les dépenses
sociales, les dépenses militaires, la prospérité pour le business, le plein emploi, il est pour tout cela, comme un pasteur
est pour la vertu et contre le vice. De même, moins d'impôts,
plus de dépenses et une meilleure balance des paiements...
Ni inflation ni récession, bien sûr ; un bon mélange de
relance et d'austérité fera l'affaire. Le verdict du technocrate
tombe : il existe une voie, certes étroite, entre les deux, *the
best* [1]. Telle est la naïveté technocratique : pour Jimmy Carter
l'ingénieur, du moment que sur le papier l'équation marche,
il suffit d'avoir assez d'énergie et tout ira bien. Ce sont ces
illusions-là qui expliquent sa démagogie, que ce soit au
niveau des dépenses militaires (une meilleure défense pour
moins cher), des dépenses sociales (moins de bureaucratie, et
voilà tout) ou de la lourdeur de l'administration fédérale :
Monsieur Toutlemonde explique comment il a nettoyé la
bureaucratie de l'État de Géorgie simplement en utilisant les
principes du petit entrepreneur qui veut comprimer ses frais
généraux. La tornade blanche est prête, Monsieur Toutlemonde nettoiera aussi Washington. Semblable naïveté
morale : Jimmy Carter, naturellement, est pour le bien. Le
principe du meilleur s'applique à la moralité comme à la
compétence, les États-Unis ont droit au meilleur en tous
domaines.

Cette puissante naïveté, curieusement, ne le désavantage
nullement dans sa campagne, car elle lui permet de renouveler la vieille rhétorique, à laquelle personne ne croit plus, sans
devoir proposer de nouvelles solutions. Comme il est

---

1. Ce n'est ni absurde ni même faux ; mais le monde entier est à la recherche de
cette voix médiane idéale, difficile à ajuster dans le temps.

vraiment tout neuf, tout innocent, il n'a pas besoin d'utiliser le double langage : il croit lui-même à ses belles promesses. Qu'il y ait un problème de leadership derrière tous les problèmes qu'il règle aussi allègrement, il ne semble pas en avoir la moindre conscience. Il lui faudra d'ailleurs plusieurs années de présidence pour s'en rendre compte. Jimmy Carter sera lui aussi, à sa manière, l'homme du consensus et l'homme du bien. Le pouvoir, il le veut, certes, mais il n'en reconnaît ni la complexité ni le danger. Tout peut et tout doit être dit à tout le monde, car un homme de Bien n'a rien à cacher. D'ailleurs, son programme comporte la suppression de toute diplomatie secrète. Ainsi, Carter va tout naturellement représenter, pour le peuple américain, cette irrésistible tentation du Bien à laquelle il ne peut jamais s'empêcher de succomber. Si les intellectuels avaient été profondément désenchantés par leur rôle dans l'épopée des années soixante, il n'en allait pas de même de l'Amérique moyenne. Monsieur Toutlemonde visait plus bas, et cela pouvait marcher.

D'autant qu'avec son extraordinaire sens des relations publiques, Jimmy Carter dissimule bien cet orgueil un peu choquant, qui consiste à se déclarer le meilleur, derrière une modestie désarmante. Il est l'*underdog* parfait, l'homme seul et faible qui ne surmonte les obstacles qu'à force de volonté et d'énergie, de diligence et de courage. Et le soutien du peuple va toujours à l'*underdog*. Quand il sera président, il aura à nouveau recours à cette modestie devant chaque obstacle, prenant toujours la voix plaintive de l'homme de bien qui se sacrifie — ce qui poussera un jour un commentateur [1] à le comparer au maréchal Pétain, qui déclarait sacrifier sa vie à la France.

---

1. James Fallow (son ancien *speech writer*).

A la recherche d'un leadership

Il ne faut pas juger Jimmy Carter trop sommairement. Néanmoins le personnage correspond bien à l'époque, il a toute l'ambivalence et l'indécision d'un pays désorienté. Quand il propose naïvement de faire table rase et de revenir aux sources, il rejoint ce que souhaitent ses compatriotes, qui devraient pourtant savoir maintenant que ce n'est pas possible. Avec le désarmant sourire de l'innocence, il cherche, il reprend tout à zéro comme si rien auparavant n'avait jamais été tenté. Il échoue, bien sûr, mais au moins avec le mérite d'avoir cherché. Sa présidence sera celle des désillusions, mais jamais ou presque il ne se découragera. A chaque échec il trouvera une parade et, si un bref moment il défaille, sa femme Rosalyn lui donnera la main et lui soufflera une suggestion. Le manque total de cohérence entre ses paroles et ses solutions, comme entre ses solutions successives, n'importe guère : Monsieur Toutlemonde est un empiriste. Est-il capable d'apprendre, de tirer parti de ses échecs pour finalement trouver une ligne, bâtir une politique ? C'est plus que douteux. Il est certain que dans son acharnement à vouloir le pouvoir, on sent une forte ambition personnelle ; ainsi, dans le ton de beaucoup de ses discours s'étale, sous des dehors modestes et même parfois pleurnichards, une immense complaisance à son propre égard. Mais sa persévérance émeut aussi et, au détour d'un acte courageux, d'une phrase plus originale, on peut se reprendre à espérer.

Jimmy Carter sera donc le président de l'hésitation et de l'incertitude. En politique étrangère, pourtant, il avait choisi un conseiller que tout le monde jugeait plutôt trop décidé et trop énergique. Mais « Zbyg » n'a ni la force de conviction, ni l'ascendant naturel, ni surtout la persévérance de son rival Kissinger. Concepteur très brillant en même temps qu'opérateur vif et d'une efficacité redoutable, ces deux facettes de sa

personnalité ne sont pas bien reliées entre elles. Ses concepts
sont trop abstrais pour sa pratique et celle-ci trop rapide pour
nourrir ses concepts. Il est gêné aussi par l'ombre immense
de Kissinger. Il veut trop paraître original, dans un domaine
qui ne supporte l'innovation qu'avec beaucoup de lenteur.

La politique des Droits de l'homme sera la première
nouveauté de l'équipe Carter-Brzezinski. Les dissidents de
l'Est ont définitivement passé la rampe, ils jouent un rôle sur
la scène mondiale. Kissinger les a traités avec circonspection
et même un peu de froideur, car ils dérangent sa politique de
linkages; s'il les considère comme utilisables, c'est moyennant
d'infinies précautions. Brzezinski estime que les Droits de
l'homme constituent le meilleur terrain possible pour prendre
l'initiative face aux Soviétiques : la détente ne doit pas être à
sens unique. Cette politique convient parfaitement à Carter,
dont elle renforce l'image vertueuse et libérale. Elle peut en
outre entraîner l'adhésion tant des réactionnaires que des
libéraux, des Juifs que des Noirs : personne ne peut y être
hostile, si ce n'est les experts et les bureaucrates. Mais les
Soviétiques réagissent beaucoup plus violemment que prévu,
et il faut alors choisir entre la préservation de la détente et les
beaux gestes spectaculaires. Carter se voit donc contraint de
battre en retraite, et Kissinger a beau jeu de s'indigner qu'on
a défait toute une partie de la toile tissée si patiemment, pour
se retrouver confronté aux mêmes problèmes qu'auparavant,
dans une situation aggravée.

D'autres erreurs, beaucoup moins voyantes mais tout à fait
analogues, seront commises dans les rapports avec Taïwan et
la Chine populaire. Sur le papier, « Zbyg » n'a pas grand mal
à critiquer la politique tortueuse et secrète des *linkages* : il est
exact que le système mondial ne se réduit pas à un ensemble
de relations bilatérales et que la conception trilatérale répond
mieux à l'évolution des choses. Tous les milieux dirigeants
commencent d'ailleurs à s'y ranger. Mais la supériorité de

Kissinger se situait bien moins au niveau descriptif qu'opératoire. Le *linkage* était un concept pratique d'une extraordinaire utilité pour une diplomatie active et prudente, parfaitement adapté à une grande puissance disposant d'un leadership suffisant et cherchant à restreindre le champ des contacts pour pouvoir les contrôler. Poursuivre deux *linkages* de cette sorte avec l'Union soviétique d'une part, la Chine d'autre part, cela peut paraître malsain, immoral, voire dangereux, mais cela peut marcher si l'on sait les maintenir rigoureusement séparés et les entourer d'une subtile pénombre. Carter et Brzezinski entrent là comme des éléphants dans un magasin de porcelaine.

La présidence Carter se caractérise, dans le domaine diplomatique, par la poursuite simultanée d'au moins trois politiques différentes, d'où une succession de contradictions, d'erreurs et de faux pas qui finiront par déconsidérer une administration si incohérente. En effet, tandis que Brzezinski prend de retentissantes initiatives, dans une perspective libérale, très antisoviétique, Andrew Young — le leader noir d'Atlanta, délégué aux Nations-Unis — pratique une politique hardie d'ouverture au tiers monde, et le secrétaire d'État Cyrus Vance s'oppose aux deux premiers par sa fidélité aux formules éprouvées et sa modération d'homme d'appareil. Pourtant, cette juxtaposition n'est nullement due à l'irréflexion, mais un choix délibéré qui dès le début a considéré une telle multiplicité comme une brillante et féconde innovation. Bien avant d'arriver au pouvoir, Brzezinski avait publié un alerte ouvrage de prospective, *l'Ère technétronique,* dans lequel il jonglait abondamment avec les notions de la théorie des systèmes. Parmi les rares conclusions sur lesquelles débouche cette théorie, figure en effet l'idée que pour diriger un système complexe, il convient de disposer d'un système de gouvernail dont la complexité corresponde à celle

du système dirigé [1]. L'appareil polycéphale de la politique
étrangère de Carter était donc conçu pour répondre à cette
exigence. Mais celle-ci n'a de sens, et la théorie des systèmes a
trop tendance à l'oublier, que si le système de direction
considéré est capable de se gouverner lui-même, c'est-à-dire
comporte un suffisant leadership. Faute de quoi, il ne pourra
pas prendre de décisions et ne fera que reproduire les
contradictions du système général, et sera asservi à celui-ci au
lieu de lui commander. La Diète polonaise, par exemple,
était un système de direction très riche mais dont l'irrésolu-
tion devait fatalement conduire au désastre. Le système
américain, s'il n'en est heureusement pas là, se voit cependant
investi toujours plus gravement par les pressions extérieures,
qui entrent en résonance avec les difficultés de politique
intérieure. D'où toutes ces hésitations et incertitudes, qu'on
trouve aussi dans le domaine de la politique économique et
qui, produites par une carence de leadership, rendent
inversement de plus en plus difficile, le temps aidant, de
réinstaurer un leadership.

En matière économique, c'est naturellement entre l'inflation et la récession que l'on hésite. Après les belles promesses
de la campagne électorale, auprès desquelles la quadrature du
cercle est un jeu d'enfant, on s'engage d'abord résolument
dans la politique la plus facile, celle de l'inflation, compro-
mettant ainsi les résultats chèrement payés de la politique
menée sous Gerald Ford. On se laisse ensuite ballotter, au gré
des événements, entre le laxisme et les restrictions. Puis,
comme l'inflation se déchaîne au-delà de tout contrôle
possible, on fait machine arrière en recherchant délibérément
la récession, qui intervient de façon si brutale que le crédit du
président en est sérieusement atteint. En fait, le fond du

1. Plus précisément, si le système se caractérise par un degré de complexité n,
celui du système de direction devra être n − 1.

problème est que la situation n'a plus rien à voir avec celle que connaissait l'Amérique depuis l'après-guerre. Le *fine tuning* de l'économie, tout comme l'abondance, n'est qu'un souvenir. Il faut trouver la force de caractère nécessaire pour admettre qu'on a désormais affaire à une réalité économique totalement différente, du type européen. Il est devenu impossible de faire à la fois chaque chose et son contraire, et si l'on se laisse enfermer dans les ajustements à court terme entre tous les intérêts contradictoires, on finira par aboutir à la pire des réponses que cette situation ait produite en Europe : la pente anglaise.

La révélation du déclin

S'il est difficile aux Américains de trouver un vrai leader et de lui permettre de s'affirmer, cela ne tient pas seulement à l'épuisement moral et même matériel qu'ont entraîné ces douze années de présidences tragiques. C'est aussi parce qu'ils sont tout à fait incapables de comprendre ce qui leur arrive : que leur pays, depuis si longtemps le plus puissant du monde, en constante expansion depuis le XVIIe siècle, soit tout d'un coup aux prises avec un pareil phénomène de déclin, voilà qui est pour eux rigoureusement impensable. Tout le monde se rend bien compte obscurément que les États-Unis de 1980 ne sont plus ce qu'ils étaient, mais personne n'est encore en mesure de l'accepter. C'est précisément du fait des maladresses et des erreurs de l'administration Carter que le voile commence à se déchirer. Le président, à vrai dire, n'est aucunement responsable que l'état de choses soit ce qu'il est. Sa seule faute est son incapacité à comprendre ce qui se passe, et par conséquent à y faire face. La manière qu'il a de patauger dans les difficultés pour leur trouver une solution, une tactique bien connue et admirée

sous le nom de *muddling through*, pouvait être efficace tant
que l'Amérique ne se heurtait pas à des limites absolues,
indépassables ; elle tourne maintenant au bégaiement d'un
éternel débutant. Il ne suffit plus, dorénavant, de trouver
une solution après l'autre, de boucher un trou pour en ouvrir
un autre : il s'agit de fixer une stratégie à plus long terme et,
pour élaborer celle-ci, de mettre au point des méthodes
nouvelles, adaptées à un système économique et social
radicalement différent.

C'est autour des paradoxes du Welfare que le débat s'était
cristallisé, et se poursuit aujourd'hui. C'est en un sens
regrettable, car ce n'est pas en résolvant, si même la ·chose
était possible, l'équation qui fournirait le maximum d'égalité
compatible avec un minimum d'inconvénients pour chaque
individu et chaque groupe [1], que l'on parviendra à faire face
aux problèmes de la société moderne, confrontée aux limites
absolues du monde tout entier. La vraie question, au moins
pour un temps, n'est plus celle de l'égalité mais celle de
l'emploi, elle-même subordonnée au problème du développement : voilà ce qui ressort des désastreuses conséquences
auxquelles mène l'incapacité de sortir du cycle infernal
inflation-récession, cycle bien connu des Européens et impossible à briser pour la raison très simple que l'Amérique est
entrée depuis dix ans, d'ailleurs presque sans s'en apercevoir,
dans une période de stagnation économique. Comment
demander encore des sacrifices au pays, alors que pour de
nombreuses catégories socio-professionnelles le niveau de vie
a déjà substantiellement baissé ? Aussi faut-il, sans bien
entendu pour autant revenir en arrière par rapport aux
progrès en matière d'égalité apportés par la période de la

---

1. Voir les savantes réflexions de Rawls et les très pertinentes critiques de
Raymond Boudon contre des raisonnements qui sont parfaitement irréalistes,
parce qu'ils ne tiennent pas compte des effets secondaires ni du rôle que joue le
temps.

Grande Société, s'attaquer maintenant en priorité à d'autres problèmes. Dans un pays comme les États-Unis, le fait que plus de douze millions d'habitants soient inscrits au Welfare et qu'une population probablement aussi nombreuse vive de façon totalement illégale, en travaillant au noir, est désormais plus scandaleux que les discriminations entre Blancs et Noirs, entre hommes et femmes, que l'on rencontre encore dans le jeu des promotions au sein des grandes corporations.

Ce n'est pas sans une certaine coquetterie que les Américains reconnaissent complaisamment que rien ne marche, que tous les efforts de l'administration passent à côté du but visé et que ce pays n'a jamais pu apprendre à se gouverner : tout en l'admettant, ils pensent au fond d'eux-mêmes que cela n'a finalement pas tant d'importance car l'Amérique, grâce à ses ressources inépuisables et à son extraordinaire ressort, finira par franchir tous les obstacles. Or cette façon de voir, qui allait de soi jusqu'ici, n'est plus de mise. L'Amérique ne traversera plus les crises simplement en laissant faire les événements. La situation est plus grave, de ce point de vue, qu'au moment de la Grande Dépression, parce que le pays a cessé d'être le plus riche, le plus puissant et le plus dynamique du monde. Sur trente ans, ses performances économiques sont bien inférieures à celles du Japon et même de l'Europe des Six. Dans les dix dernières années, l'écart s'est même considérablement creusé. On peut désormais considérer que les trois zones riches de la planète sont à peu près à égalité quant au niveau de vie, que l'Europe et les États-Unis ont une position comparable quant à la puissance économique, et que le Japon l'emporte de loin quant au dynamisme. Les ressources américaines non seulement ne sont pas inépuisables mais, par suite d'une gestion bien peu raisonnable et de gaspillages difficilement contrôlables, le pays est paradoxalement à la merci d'à-coups beaucoup plus brutaux que l'Europe ou le Japon, pourtant incomparablement moins bien pourvus. Les États-Unis ne peuvent plus exercer sur ce point le moindre leadership sur leurs alliés, en raison de l'incapacité où ils sont de contrôler eux-mêmes leur propre consommation, et ils suscitent en outre chez eux une irritation qui tourne parfois à la fronde ouverte. Le leader est devenu « l'homme malade », et ses cousins commencent à se concerter entre eux pour faire tout de même marcher la maison.

L'énergie est bien évidemment ici le problème central. Là se trouve le talon d'Achille d'une économie dont pourtant jusque-là la prédominance en ce domaine semblait inébranlable. La facilité est une terrible drogue, par exemple celle que procurent les marchés protégés et les monopoles. Le peuple américain se révolte maintenant avec violence contre les mêmes grandes compagnies pétrolières qui lui assuraient jusque-là la plus confortable des rentes : l'énergie à bon marché. Les gouvernants emboîtent le pas, sans grande conviction certes, mais sans non plus oser dire la vérité aux Américains : que tant qu'ils ne se résoudront pas à payer pour l'énergie un prix conforme aux cours mondiaux, l'ensemble de leur économie s'en ressentira.

Un autre phénomène, proprement incroyable, qui sera apparu pendant la présidence Carter, c'est le délabrement d'une industrie qui semblait devoir toujours rester la première du monde. La faillite de Chrysler, qui a dû être renfloué par l'État fédéral, a fait l'effet d'une bombe : l'Amérique, réduite à recourir à ces procédés malsains, contraires à la rationalité économique ! à ces subventions, directes et indirectes, qu'elle avait si souvent reprochées à ses alliés européens rongés par les démons du dirigisme, proche parent du socialisme ! Et il y a pire encore : on découvre que, depuis quinze ans, l'accroissement de productivité a diminué régulièrement, jusqu'à prendre une valeur négative depuis deux ans ; que l'investissement et la recherche ont pris du retard ; qu'il y a de moins en moins de vraies innovations et que des pans entiers de grands secteurs industriels sont équipés de façon archaïque. Quand on essaie de poser les problèmes sans se contenter de réponses parcellaires, on s'aperçoit que le mode américain de gestion collective est complètement inadapté aux problèmes nouveaux. L'industrie croule sous le poids de régulations absurdes et contradictoires. L'administration fédérale et le business n'arrivent pas à se comprendre, à voir plus loin que leurs intérêts immédiats et leurs habitudes : l'État réglemente et contrôle dans l'absolu, imbu de sa souveraineté ; le business poursuit avidement les avantages à court terme, sans se soucier aucunement de la santé de l'économie. Même à la Harvard Business School, ce temple, on en vient à craindre d'avoir trop privilégié la clarté des résultats financiers, moyen d'ajustement immédiat, aux dépens de la longue patience indispensable à l'innovation. Cette conception statique du business donne aux financiers et aux hommes de loi la haute main sur l'industrie, déclarent au *New York Times* deux professeurs de la H.B.S. [1], il est temps d'écouter la leçon des concurrents. Et de citer un compatissant docteur japonais, Ryohei Susuki : « Au lieu de répondre au défi d'un monde changeant, le business américain d'aujourd'hui se livre à des adaptations mineures à court terme, diminuant ses coûts et se tournant vers le gouvernement pour obtenir un soutien temporaire au niveau commercial. Le succès ne vient jamais de cette façon. Il est le fruit d'une préparation patiente et méticuleuse, d'une longue étude du marché, à défaut desquelles aucun résultat ne pourra être obtenu [2]. » Il n'est pas jusqu'à l'armée qui ne commence à inquiéter. Les jeunes refusent désormais catégoriquement la

1. *New York Times*, 20 août 1980 : Robert Hayes et William J. Abernathy, « *Economic Scene Management minus Invention* » ; et 22 août : « *Results now pay later* ».
2. C'est là-dessus que portait le seul passage de son discours à la Convention démocrate qui fut accueilli par des sifflets.

conscription, et le président n'ose braver ce sentiment. Mais l'armée de métier marche très mal, le niveau des recrues est extrêmement bas, plus de la moitié d'entre eux, ce qui est excessif, vient des minorités. Jamais on n'a été aussi loin d'une armée démocratique, jamais il n'y a eu une si grande distance entre la puissance technologique et l'engagement des citoyens.

Pas plus là qu'ailleurs, il n'y a de secret : la seule chance est celle de la persévérance et d'un vrai leadership, soit très exactement ce que les institutions sont hors d'état de faire apparaître.

L'Amérique en quête d'un nouveau style

Les campagnes électorales sont l'occasion pour les démocraties de procéder à un grand examen de conscience. Mais cette occasion n'est pas forcément saisie et, même quand elle l'est, le débat tourne souvent mal. Ainsi la campagne de 1980 aura été celle du découragement, et même de l'accablement. Après tant d'épreuves, parmi tant de menaces, les candidats ne font appel qu'aux passions les plus élémentaires et les citoyens, qui ne toléreraient probablement pas un langage plus dur, n'en sont pas moins profondément déçus. On élève quelques jalons pour un avenir lointain ; mais, pour l'immédiat, rien de plus qu'une craintive et morose rhétorique. Les primaires semblent bien avoir perdu leur justification classique : l'idée qu'en forçant les candidats à rencontrer l'électeur sur son terrain, dans son État, dans sa ville, on instituait une véritable rencontre démocratique, permettant la constitution graduelle d'un consensus profond. Chaque candidat devait en effet négocier un à un tous les compromis indispensables au bon fonctionnement des institutions. Que ce long parcours fût éprouvant, tant au point de vue physique que moral, cela apparaissait comme relevant d'une austérité de bon aloi, et flattait en outre l'égalitarisme : le président, qui a dû passer par là, a appris à connaître l'électeur et à le respecter. La réalité est désormais bien loin de cette fiction. Les Américains ont de plus en plus l'impression que ce rituel éreintant élimine les meilleurs, les plus intransigeants, contraint les autres à une uniforme médiocrité, et surtout privilégie deux mécanismes détestables : l'ajustement à court terme entre les intérêts, c'est-à-dire la démagogie ; et la prédominance des relations publiques, la réalité étant sacrifiée à l'image et les vrais problèmes escamotés.

Une logique nouvelle, mieux adaptée aux bouleversements actuels, ne peut émerger à travers cette chape étouffante de faux-semblants et de petits intérêts. Comment, dans de telles conditions, proposer une pensée à plus long terme, comment faire participer le citoyen à un effort durable ? Celui-ci d'ailleurs se dérobe d'autant plus qu'on le choie. Il ne se reconnaît pas dans ce miroir qui ne reflète que ses préjugés. L'accroissement du taux d'abstentions est un phénomène significatif : quand il approche de 50 %, on peut dire à coup sûr que la démocratie est en péril. Certes, tout au long des primaires, un certain type de consensus se dégage. Mais ce consensus est-il autre chose qu'une lassitude partagée ? Et ne doit-on pas souhaiter un peu de discorde, plutôt que cette résignation morose ? Selon les sondages, les Américains accordent désormais moins de confiance à leurs institutions que les Européens des années cinquante, que leurs pères admonestaient pour leur incivisme.

Au fond d'eux-mêmes, les Américains se cherchent. Ils sont en quête d'un style nouveau, en quête d'enthousiasme et peut-être de passion. Mais rien de ce qu'on leur offre ne répond à leur attente. Reagan propose une solution simple, la voie réactionnaire, que ses partisans appellent le retour aux sources. Il était une fois une Amérique tranquille, aux vertus

éprouvées... Ce n'est pas si loin que cela, alors pourquoi pas ?
C'est un brave homme, après tout, que ce cow-boy de
cinéma. Ses déclarations semblent souvent un peu péremptoi-
res, mais une lecture attentive montre qu'il reste toujours
assez vague. D'ailleurs, s'il y a le moindre problème, il battra
volontiers en retraite, en toute bonne humeur : ce n'est pas
exactement cela qu'il voulait dire. Son bon visage de
Californien dément ses propos abrupts. Aussi se répétera-t-on
un peu partout qu'il est plus ouvert qu'on ne dit et que,
comme gouverneur de Californie, il s'est en fait montré très
modéré — ce qui d'ailleurs est exact. Les libertariens qui
entourent le conseiller proposent des réformes drastiques,
pour un peu ils voudraient supprimer les écoles publiques,
mais personne n'y croit. Les néo-conservateurs, eux, semblent
plus sérieux dans leur recherche de renouvellement du
libéralisme. Mais on se demande bien pourquoi ils soutien-
nent Reagan ; c'est d'ailleurs un soutien très relatif. En
définitive, si Reagan gagne, ce sera parce qu'un très grand
nombre d'Américains auront décidé d'essayer « pour voir »,
en se disant à peu près ceci : Reagan est meilleur qu'il n'en a
l'air, et probablement moins mauvais que l'actuel président.

La petite voix de John Anderson touche une fibre bien
différente. Claire et pure, elle s'inscrit vaguement dans une
ligne néo-conservatrice, néo-libérale, qui correspond à un
centre introuvable. Cette voix a trouvé un écho tout à fait
extraordinaire parmi les nouvelles classes moyennes et chez
les étudiants, catégories qui jouent un rôle de plus en plus
décisif dans le système politique. Elle annonce peut-être le
grand changement de style que tout le monde appelle de ses
vœux ; mais elle est encore bien fluette. La seule démonstra-
tion concrète faite par Anderson concerne le prix du pétrole,
et elle est encore marquée par ce côté assez pénible de Père-la-
vérité que l'on trouvait déjà un peu chez Jimmy Carter en

1976. Encore un Monsieur Toutlemonde qui se lance à l'assaut du bien...

Finalement, la seule révélation de cette campagne sera venue de celui que l'on croyait connaître le mieux, et qui a d'ores et déjà clairement perdu la bataille : Teddy Kennedy. Au début, il a été catastrophique. Après sa première interview télévisée, le capital de confiance amassé par la famille semblait définitivement noyé dans les eaux troubles de Chappaquiddick. Puis, à mesure que les chances de succès se réduisaient, sa campagne s'est faite plus incisive, mordante, efficace. Les voix des ouvriers et des minorités revenaient massivement vers lui. Par dégoût de Carter, disaient les experts : certainement ; mais aussi parce que, si démagogiques que fussent les propositions de Robert Kennedy, elles révélaient la fermeté d'un vrai leader. Et puis, quand déjà tout était perdu, ç'a été le discours à la Convention de New York, seul et unique grand morceau d'éloquence de toute l'année politique. Avec des mots très clairs au service d'idées très simples, d'ailleurs d'une pertinence discutable — trouvées chez Roosevelt plus peut-être que chez son frère —, Teddy Kennedy a réussi à affirmer un poids d'humanité, une capacité de leadership qui, tout d'un coup, semblaient transformer la nature même du jeu politique.

Près de lui, son adversaire triomphant au sein du parti démocrate, Jimmy Carter, en cela toujours égal à lui-même, hésitait encore. Fatigant de courage et de bonne volonté, il s'accrochait, demandait qu'on lui laisse encore le bénéfice du doute. Il fera certainement mieux, si les électeurs lui accordent encore leur confiance. Il fera en tout cas mieux que Reagan. Il compte les points ; comme, certainement, ses électeurs les compteront et les recompteront longtemps.

TROISIÈME PARTIE

Le mal américain

L'Amérique heureuse, pourtant si proche encore, nous est devenue à peu près incompréhensible. Tels ces gigantesques glissements de terrain qui rompent périodiquement la continuité des époques, la guerre du Vietnam l'a renvoyée très loin dans le passé. Les photographies ne sont pas encore jaunies que déjà les bons sentiments, les visions resplendissantes, la rhétorique vertueuse et jusqu'au ton douceâtre de l'époque nous paraissent venir de quelque lointaine avant-guerre, débordante d'une incroyable naïveté.

Meurtri par les échecs et les défaites, bouleversé par l'irruption du tragique dans une quotidienneté paisible, brutalement jeté dans les tourments d'une histoire affolée, le pays cherche et se souvient. Il n'a pas encore trouvé un nouvel équilibre. Il pleure ses illusions, mais sans y renoncer. Il ressasse le passé comme pour y trouver enfin quelque raison : ayant si sincèrement voulu le bien, comment est-il possible qu'on ait attiré le mal ?

De quoi souffrait donc l'Amérique heureuse ? d'où sont nés ces erreurs répétées, ce désarroi général, cette persistante carence de leadership ? On ne refera pas l'histoire en cherchant indéfini-

ment *les responsabilités. Mais on peut tout de
même s'en inspirer, pour faire autrement. A
condition de comprendre pourquoi la société n'a
pas été capable de faire face aux problèmes, de
s'adapter, d'inventer.*

*Quel est donc ce mal américain ? Nulle
interrogation n'est plus cruciale, pour le destin des
États-Unis comme pour le nôtre.*

CHAPITRE VIII

LA PEUR DE LA DÉCISION

Le retour du tragique balaie les illusions

Une remarquable correspondance reliait l'illusion du progrès social illimité (il suffit d'assurer à chaque partie sa liberté et de s'en remettre à la négociation), l'illusion de la vérité (étant en possession de la clef de la connaissance, on va pouvoir répondre à tous les problèmes) et l'illusion de la rationalité (l'application de la science à la pratique nous a donné le modèle rationnel de l'action efficace). Ce système conceptuel optimiste, parfaitement cohérent, n'apparaissait pas moins essentiel à la marche en avant de l'humanité que les idéologies antérieures, les Lumières au XVIIIᵉ siècle, le positivisme à la fin du XIXᵉ. N'étant pas le fait d'une élite mais de toute la population, qui de façon ou d'autre adhérait aux postulats de la confiance envers les autres, de la foi dans les vertus du consensus, du respect sacré de la règle, son efficacité était immense. Aussi put-on croire résolue cette quadrature du cercle : le progrès perpétuel. C'était un peu la fin heureuse de l'histoire, dont rêvent encore les marxistes.

Mais l'histoire revient et se venge. Le retour du tragique rappela cette primordiale et infranchissable limite de l'homme : la mort, qui marque la vie du sceau du temps

irréversible. Vingt ans d'errements, qui se sont inscrits dans
l'histoire dont on avait nié le poids : on ne pourra jamais
revenir dessus, rien ni personne ne les effacera. Depuis, une
autre structure des jeux humains s'est dégagée. Certes,
l'universelle érosion l'usera à son tour. Mais la sagesse
commande de s'y adapter. Comment, cependant, y parvenir ?
L'histoire regorge de groupes, de catégories, de castes et de
nations qui, n'ayant pas trouvé le moyen de s'adapter, ont
sombré dans le déclin et dans l'oubli. Le problème est celui de
la capacité que trouve un groupe humain, une société, à se
gouverner et à vivre conformément aux conditions réelles qui
sont apparues : pour le résoudre, il faut se dégager de toute
conception causale simpliste de l'histoire. Celle-ci, loin de
servir uniquement à discerner les responsabilités ou à
déterminer les conséquences d'un événement, est aussi le
révélateur des faiblesses d'un système. Pour un modèle
d'action et les postulats sur lesquels il repose, la crise est
l'épreuve décisive. En tirer véritablement la leçon, c'est
repenser toute la pertinence du modèle en fonction des
résultats obtenus. Il ne s'agit nullement par là de refaire
l'histoire, mais de comprendre les mécanismes de répétition
des erreurs que l'on a pu observer, et les incompréhensions
qui en sont la source.

Trois grands niveaux doivent être dégagés : celui de la
décision ou, si l'on veut, de la politique au sens le plus large
(pourquoi et comment on décide, bien ou mal, dans ce qui
touche aux affaires de la nation et des diverses collectivités),
celui de l'organisation) quels rapports humains règnent dans
les institutions publiques et privées, quels mécanismes sont
mis en œuvre pour résoudre les conflits), celui enfin qu'on
pourrait dire philosophique et moral (quelle image idéale les
individus se font du bien et du mal, ainsi que de leurs
rapports avec leurs semblables). La logique voudrait que l'on
commence par le principal : l'individu, sa philosophie, sa

morale. Mais ce niveau, s'il est en effet le plus profond et commande aux deux autres, est aussi le plus obscur, le plus conjectural. On n'y peut accéder vraiment qu'à travers l'examen des systèmes de décision et d'organisation. Aussi le lecteur voudra-t-il bien me pardonner de suivre la voie du pragmatisme et non de la logique, c'est-à-dire d'aborder les problèmes les plus complexes avant de m'attaquer aux plus simples — qui sont aussi, il faut le rappeler, les plus difficiles.

L'échec du mode de gouvernement américain

Rien n'est plus sacré, pour les Américains, que leur mode de gouvernement. La Constitution [1], la séparation des pouvoirs leur sont aussi chères que leur célèbre *way of life.* Quand on pénètre à Washington, on est envahi par le sentiment du sacré, beaucoup plus que dans n'importe quelle autre capitale. Plus que les institutions elles-mêmes, ce sont les principes qui sont sacrés ; et plus que la substance de ces principes, leur existence même : le fait qu'ils soient au-delà de tout débat et de toute critique possibles. Les seuls problèmes qu'ils soulèvent sont de nature juridique et concernent seulement leur application. Ce cadre permanent qui enserre le système politique est merveilleusement rassurant. C'est l'absolue stabilité, autant dire l'éternité.

Dans ce contexte, les phénomènes de dégoût et de rejet, qui deviennent aujourd'hui presque généraux, apparaissent proprement scandaleux. Il s'agit là de bien plus que les traditionnelles récriminations des réformateurs passionnés, aux yeux desquels démocrates et républicains sont bonnet blanc et blanc bonnet : d'une fondamentale aliénation des

1. C'est son anniversaire qu'on célèbre le jour de la fête nationale.

jeunes par rapport à la vie politique, d'un profond manque de
confiance dans les institutions — que font ressortir les
sondages —, du déclin de la participation civique. Dans
beaucoup d'élections sinon la plupart, moins de la moitié des
électeurs prennent part au vote. Ceux-ci, massivement,
refusent désormais de s'inscrire comme démocrates ou républicains, selon le système traditionnel : depuis plusieurs
années, le premier parti d'Amérique est celui des indépendants, c'est-à-dire des gens qui se sont inscrits en dehors des
deux grands partis [1]. Tout le monde se plaint à la fois que les
vrais problèmes ne sont pas posés et qu'aucun leader digne de
ce nom n'émerge plus du jeu politique. Les Américains ne se
rendent pas compte que c'est leur propre comportement
politique qui étouffe le système. Les vrais problèmes disparaissent sous l'amoncellement de leurs revendications particulières, et aucun leader ne peut répondre de façon responsable
à toutes leurs pressions contradictoires. Les principes deviennent alors pure rhétorique, et le respect du droit démagogie.

Essayons ici de prendre un peu de recul : dans toutes les
sociétés modernes, les systèmes de décision sont entrés en
crise, et cela du fait même des succès obtenus par ces sociétés
et des profondes transformations qu'ils ont entraînées. Deux
tendances absolument irrésistibles sont à l'œuvre : d'une part
le constant accroissement de la complexité des rapports
humains, qui découle naturellement du progrès des techniques, du développement des échanges et des interactions, de
l'accès de plus en plus large des groupes de toute nature au
débat sur les décisions qui les concernent ; d'autre part
l'accroissement concomitant de la liberté de tous les citoyens,
comme agents économiques autant que comme acteurs
politiques et sociaux. A ce mouvement irrésistible vers la

---

1. Ce qui permet généralement de voter dans l'une ou l'autre primaire, au
choix.

complexité et la liberté, s'ajoute la révolution des communications, qui abolit la distance et le temps, rendant très difficile de maintenir le secret autour de la prise de décision. Aucun système de décision ne peut résister à de telles pressions sans se transformer profondément. Aussi faut-il trouver des modes de régulation différents, propres à diminuer cette pression.

J'ai longtemps cru que les Américains, entrés plus tôt dans cette évolution, seraient les premiers à établir des pratiques nouvelles et mieux adaptées. D'autant qu'ils disposaient de ressources plus considérables que quiconque, que leur situation géographique les rendait beaucoup moins vulnérables que les Européens, et qu'ils ont toujours fait preuve jusque-là d'une liberté d'action et d'une capacité d'innovation plus grandes que nulle part ailleurs. Mais, en réalité, cette liberté et cette capacité ne s'étaient maintenues que dans le cadre d'un système demeuré rigide. Une fois atteintes les limites inhérentes à ce système, il n'a plus su se renouveler, et il est entré en crise. Voilà, je crois, ce que nous constatons aujourd'hui. L'ancienneté du problème n'a pas permis la découverte plus rapide de solutions. Tout au contraire, elle a, par le biais du retour du tragique, engendré une spirale d'affolement et de déclin. La complication des processus de décision est devenue effroyable. Quand tous les groupes ont accès de quelque façon à toutes les décisions, il ne faut pas s'étonner d'aboutir à la confusion et à des choix erratiques. Quand tout le monde est libre d'entrer et de sortir partout sans pour autant endosser la moindre responsabilité, quand aucune barrière sociale ou culturelle ne vient régulariser les négociations, aucune politique à long terme n'est plus possible. Les grands principes du système américain étaient bien adaptés à un niveau de complexité déjà fort élevé, aussi pensait-on qu'ils s'adapteraient aisément à ces nouvelles pressions. Dans l'ordre économique, personne ne pensait que la loi du marché pourrait ne pas toujours donner le meilleur arrangement possible, moyennant le respect de la règle de procédure, le *due process*. Marché et *due process* s'appliquaient aussi, nous l'avons vu, au système de décision politique. De l'ajustement des intérêts devait naturellement résulter le bien public, de même que l'utilité maximale du fonctionnement du marché. Certes, pour les décisions publiques subsistait le problème de la rationalité. Mais on gardait une foi mystique dans la convergence, à terme, entre la rationalité du technocrate, celle du calcul, et la rationalité du politique, celle des compromis et des ajustements. Hélas, quand la conjoncture devient trop difficile, quand la complexité s'accroît démesurément, le long terme disparaît derrière l'horizon rétréci, et avec lui toute vraie possibilité de changement et de développement. On s'aperçoit aujourd'hui que si le système se maintenait à peu près, c'est qu'il était soutenu par bien autre chose que ces seuls principes.

En fait, partout des structures sociales et culturelles encore puissantes soutenaient et orientaient le jeu du marché. Un certain sens du bien public, qu'incarnaient des autorités morales et civiques, définissait les limites de ce qui était négociable entre les divers intérêts. Plus universel encore était le rapport au temps : il était possible de reculer les échéances, d'attendre les moments favorables. Quand les barrières sociales s'effondrent, ruinées par la facilité d'accès aux décisions et la liberté pour chaque partenaire de suivre sa voie jusqu'au bout, la régulation devient de plus en plus difficile. Certes, des ajustements ont toujours lieu, mais selon une spirale décroissante : le système se rétrécit de plus en plus. Le court terme absorbe progressivement le long terme. Il n'y a plus ni le temps ni la liberté nécessaires pour réfléchir et investir pour l'avenir. Et dès l'instant que la dimension du long terme n'est plus suffisamment représentée, chaque partenaire a intérêt à pousser au maximum ses exigences à court terme. Etant beaucoup plus libre qu'il n'était auparavant, il peut se permettre de se montrer intransigeant. Les ajustements deviennent donc plus difficiles, ils ne comportent plus la part de flexibilité et d'acceptation du risque qui permettait de sortir de ce que la théorie des jeux appelle « jeu à somme nulle » (où, le gain de l'un étant la perte de l'autre, personne n'a de raison de se risquer à une collaboration). La clarté accrue finit elle-même par produire des contre-effets. L'information, trop immédiate, n'apparaît plus selon une perspective, seule l'image instantanée ressort. Les intérêts sont absorbés par cette image, et le calcul à court terme, lui-même, par les mécanismes de relations publiques. Cette spirale de déclin est solidement enclenchée dès que le débat sur le long terme se voit envahi par la rhétorique du bien, et le court terme rattaché à l'image affective que chaque individu ou groupe se fait de ses intérêts matériels et moraux. L'homme politique est alors partagé entre une démagogie qui ressasse les grands principes — même le respect de la Constitution finit par devenir démagogique — et un cynisme qui manipule les intérêts et les passions.

Pour briser cette spirale, la seule façon de faire consiste à forcer toutes les parties à sortir de ces deux attitudes caricaturales et complémentaires, l'idéalisme et le cynisme. Seul un retour au réalisme le plus rude peut faire espérer un tel dépassement. Il implique un effort considérable du citoyen, qui devra faire preuve d'une plus grande tolérance au niveau des principes, de plus de scepticisme vis-à-vis de la vertu du gouvernement, de plus de persévérance quant à sa participation. Paradoxalement, le citoyen européen, y compris le citoyen français qui est tellement sceptique sur les capacités du gouvernement et la vertu des gouvernants, est mieux à même de maintenir sa participation et de conserver sa tolérance. L'Américain semblait autrefois beaucoup plus capable de générosité mais, moins bien vacciné contre les difficultés, il s'enlise d'autant plus aisément dans le cynisme ou l'aliénation qu'il se montrait naguère plus naïf.

Fondamentalement, et on peut à bon droit le déplorer, il n'est pas de démocratie et de décentralisation sans structures, ni de structures sans un minimun de tolérance envers l'inégalité et l'injustice.

Le déclin des structures traditionnelles

Les structures indispensables avaient été jusque-là assurées, dans ce pays neuf, par le respect accordé aux communautés et à leurs droits, ainsi qu'aux privilèges de l'histoire et de la culture. Les États-Unis étaient un pays composé de communautés extrêmement vigoureuses. Le sens du collectif y était inculqué dans les écoles, dès le plus jeune âge. Les associations étaient innombrables ; les enfants entraient tout naturellement chez les scouts, les femmes animaient des mouvement civiques, les hommes ne pouvaient guère faire carrière sans appartenir à des fraternités. L'imparfait est ici de rigueur car, si l'immense appareil associatif subsiste, il a perdu énormément de sa vigueur et changé de nature. Les écoles, qui elles aussi formaient des communautés vivantes où les parents étaient fortement engagés, sont bien souvent devenues avant tout des terrains d'affrontement. Les couches sociales de revenus moyens les ayant désertées, elles manquent de leadership, cependant que les écoles privées ne peuvent guère constituer des foyers de rayonnement démocratique. Le salut au drapeau, les prières patriotiques sont devenus ridicules. L'enrégimentement dans le scoutisme répugne aux jeunes générations. Les organisations de parents d'élèves, les mouvements civiques, tous les groupes qui reposaient sur le bénévolat tendent à s'étioler par suite de l'émancipation des femmes : quand elles travaillent et luttent pour leurs droits, celles-ci ont autre chose à faire que d'animer ces activités « de patronage » démodées. Ce sont les associations de défense ou d'intérêt commun qui ont pris le relais. Ce sont là, bien sûr, des activités vivantes et qui favorisent la participation, mais une participation en quelque sorte négative, de telle sorte qu'elles n'offrent plus une contribution comparable au maintien et au développement des communautés. Le ciment social qui permettait les compromis constructifs, ainsi que l'acceptation de sacrifices nécessaires pour le long terme, se défait. Parallèlement, il semble bien que se multiplient les affrontements et le recours aux procédures juridiques. L'Amérique devient une société livrée à une constante guerre intestine. Les écoles sont fréquemment l'enjeu de cette sorte de procès, mais également, et de plus en plus, toutes les entreprises communautaires, que l'on accuse volontiers de favoritisme et de discrimination.

Le délire égalitaire dont s'inquiétait déjà Tocqueville a progressivement rongé tout le tissu social, au point que la merveilleuse capacité associative, qu'il admirait tant, n'est pas loin d'avoir entièrement perdu sa force et sa vertu revitalisante. Les États-Unis d'aujourd'hui ne sont plus l'Amérique tocquevillienne. Les associations n'y sont plus le soutien d'une démocratie toujours en mouvement, mais de simples moyens de défense pour des catégories d'intérêts. Que ceux-ci soient souvent de nature morale, cela ne suffit pas à corriger leur caractère limité. C'est ce déclin des structures communautaires qui a fait de l'Amérique un pays anxieux, périodiquement en proie à des engouements réactionnaires.

Parfois ressurgissent aussi, toujours plus virulentes, des formes anciennes et violentes de pression communautaire. Les États-Unis ont toujours été aussi le pays de l'ordre moral, sous la forme notamment des ligues vertueuses. La pression

exercée par les communautés puritaines sur leurs membres
était à la limite du supportable. On comptait de nombreux
départs vers des communautés plus ouvertes et tolérantes.
Ainsi la colonisation de l'Ouest s'est-elle faite au moins en
partie grâce à l'ardeur d'individualistes et de mauvaises têtes.
Mais à peine avait-on quitté les contraintes et les traditions
du vieux pays, que le danger et la solitude amenaient à en
recréer de nouvelles, plus frustes et souvent, de ce fait,
beaucoup plus violentes. L'épopée des wagons couverts fut
aussi une épreuve de solidarité forcée et d'intolérance. Les
lynchages n'étaient pas moins courants dans l'Ouest que dans
le Sud, non pas lynchages racistes mais mises à mort de
criminels et parfois de simples déviants. Les États-Unis de la
fin des années soixante-dix, en proie à l'insécurité morale, se
mettent à recréer des associations de *vigilantes* [1] et des réseaux
de défenseurs de l'ordre bien-pensant. C'est autour des sectes
religieuses évangéliques que ce mouvement se développe,
avec une force virtuelle considérable, quoique temporaire et
purement réactionnelle. Les ajustements, dans cette démocratie trop complexe et impersonnelle pour bien fonctionner, en
sont rendus plus difficiles encore.

De l'héritage historique et culturel provenait un autre type
de structures, plus étroites mais très directement en prise sur
le système de décision. On a beaucoup critiqué la caste
Wasp [2], qui constituait l'armature sociale du pays. De fait,
dans toutes les activités économiques, sociales et culturelles
les Anglo-Saxons protestants dominaient. La nation s'était
forgée autour de leurs traditions, de leurs coutumes, de leurs

---

1. Les *vigilantes* étaient des associations de citoyens armés qui, surtout dans
l'Ouest, faisaient leur propre police et imposaient par la violence la Loi et l'Ordre
— *Law and Order*.

2. *Wasp*, qui signifie également « guêpe », est une abréviation forgée sur les
mots *White Anglo-Saxon Protestant*, pour désigner les Anglo-Saxons de race
blanche et de religion protestante.

conceptions morales. Si le creuset américain, le *melting pot*, était largement ouvert aux nouveaux venus, c'était à condition qu'ils veuillent bien accepter le modèle des Wasps et le leadership naturel de leurs élites. Ce ne sont évidemment pas tous les Blancs d'origine anglo-saxonne qui occupaient les postes de commande. Un groupe majoritaire, et peu s'en fallait, ne constitue jamais dans son entier une élite. Mais la supériorité reconnue de cette tradition, et le caractère hiérarchique de l'ordre social qui en découlait, rendaient possible et acceptable la permanence d'élites, relativement ouvertes, qui en incarnaient les valeurs. Ce leadership s'accompagnait d'un sens civique, d'un respect du devoir moral, d'un dévouement à la communauté qui se diffusaient naturellement dans l'ensemble de la société. C'était là une armature sans laquelle le système égalitaire et libéral n'aurait pu trouver son équilibre. Dans l'ordre politique tout comme dans l'ordre économique, ces élites, gardiennes des valeurs traditionnelles, veillaient. C'était à elles que revenaient presque de droit les hauts postes à Wall Street comme dans l'administration fédérale, la direction des grandes activités économiques comme des universités. Parmi les principales prérogatives des Wasps, figurait en bonne place le mécénat. En même temps qu'une façon de blanchir une fortune acquise un peu trop rapidement, c'était un sacrifice en faveur des valeurs consacrées, la marque symbolique d'un « noblesse oblige » qui imposait une discipline et des contraintes, donc des limites à la lutte pour le pouvoir et pour l'argent.

L'évolution accélérée de la société américaine a aussi entraîné la désagrégation du système Wasp et le déclin de l'influence qu'exerçaient ses valeurs sur ceux qui conduisaient la société. Celle-ci s'est délivrée, sans même s'en rendre compte, de ce carcan anachronique. Mais elle a en même temps perdu le sens du leadership et de la continuité, que la tradition permettait de maintenir. Dans les années cinquante, il sembla que les Juifs allaient apporter au système Wasp l'énergie nouvelle dont il avait besoin pour se perpétuer. Il y avait une convergence entre l'extraordinaire essor des universités, dont l'influence sur la vie publique se renforçait, et les spectaculaires succès intellectuels des jeunes générations juives. Un leadership intellectuel tendait à se substituer au traditionnel leadership moral et social. La présidence Kennedy semblait devoir permettre à cette fusion de s'accomplir. Mais le style Kennedy n'eut pas le temps de s'affirmer. Déjà, d'ailleurs, le spectacle commençait à l'emporter sur le sens de l'État, le *glamour* sur la morale. Quand, en 1960, Nelson Rockefeller décide d'épouser la femme qu'il aime, au risque de compromettre ses chances de devenir président des États-Unis, il se situe encore dans la tradition chevaleresque du devoir. Mais quand John F. Kennedy se rapproche de sa femme pour, dit-on, améliorer son image électorale, une dimension essentielle commence à disparaître de la vie publique. La fusion entre les élites juives et les Wasps eut lieu en effet, mais les valeurs qu'ils incarnaient les uns et les autres étaient déjà trop érodées pour résister au retour du tragique. Le *glamour* à la Kennedy apportait un style séduisant, mais beaucoup plus périlleux que le style Wasp traditionnel, tout de réserve et d'austérité.

La guerre du Vietnam a entraîné la faillite des deux modèles, l'ancien et le nouveau. L'armée, dépositaire des valeurs traditionnelles, celles des Wasps et plus précisément des Wasps sudistes, a perdu toute influence morale. Ce n'est plus l'armée du général Marshall et de Dwight Eisenhower [1],

---

1. Le général George Marshall a joué un rôle décisif pendant la Seconde Guerre mondiale. C'est lui qui a organisé et dirigé l'effort de guerre sous Roosevelt, qui a lancé le plan qui porte son nom et qui, de façon générale, a été responsable de la reconstruction de la politique étrangère américaine. Il était universellement admiré. Eisenhower, qui était son poulain, prolongea son style de leadership

mais une armée de bureaucrates insensibles. Les élites administratives ont perdu leur prestige et la foi en leur mission. Les vieux sénateurs sudistes, qui incarnaient au Congrès la continuité des affaires publiques, ont été balayés par la tourmente raciale. Pour ce qui est de Wall Street et du monde des affaires, leur influence s'est affaiblie, dans ce système trop complexe, trop rapide, trop confus pour être maîtrisé. Les caciques Wasps du monde des affaires traditionnel, qui sont intervenus, à la demande de Clark Clifford [1], au cours de l'hiver 1968, pour faire savoir au président Johnson que Wall Street et le business demandaient instamment l'arrêt de cette guerre absurde, s'y sont décidés trop tard et sans résultats. L'establishment Wasp était naguère parvenu à mettre un terme à la folie de la chasse aux sorcières menée par McCarthy : la guerre du Vietnam marque les limites de ce qu'il peut obtenir.

L'évolution du jeu politique, enfin, écarte progressivement ces élites du pouvoir politique, ce qui peut sembler démocratique mais devient dangereux quand disparaissent parallèlement les valeurs de continuité qu'elles incarnaient. Car aucune société ne peut se dispenser d'accorder une place déterminante à la réflexion sur le long terme. Il n'est certes pas nécessaire qu'un roi, par exemple, incarne la continuité. Mais il faut que des institutions politiques, ou à défaut des institutions sociales, jouent ce rôle. Si la société ne tolère plus d'élites et que les institutions politiques n'assurent pas la nécessaire protection de cette réflexion, de la préparation qu'elle suppose, ainsi que du risque d'entreprise, la démocratie s'étiole ; tant à la base, où l'on perd le sens de la communauté, qu'au sommet, où l'on perd celui de l'État et du bien commun. Le citoyen aura beau être flatté dans ses

---

1. Alors secrétaire à la Défense, lui-même leader particulièrement distingué de cet establishment.

passions par un système gouvernemental qui se modèle sur
celles-ci, il rejettera de plus en plus un système manquant du
leadership sans lequel une communauté n'a plus de sens.

Quand le court terme absorbe le long terme

Pour comprendre l'importance du déclin des élites au
sommet et du leadership dans les communautés à la base, il
faut bien voir que les rapports entre long terme et court
terme, politique et gestion, sont totalement différents aux
États-Unis de ce qu'ils sont en Europe. Dans les pays
européens, le long terme est de façon ou d'autre accaparé par
les organes spécialisés de l'État. Ceux-ci sont généralement
imprégnés d'une idéologie très particulière, une véritable
mystique de l'État, de l'administration ou au moins du
service public [1], idéologie dont les castes de hauts fonctionnaires durement sélectionnés sont les gardiennes. Un tel
système présente beaucoup de dangers. L'ajustement plus ou
moins spontané des intérêts peut s'y voir étouffé, au profit de
conceptions théoriques, complètement irréalistes, du long
terme. Ces castes ont aussi leurs intérêts et surtout leurs
déformations professionnelles. Étroites et jouissant d'une
situation de monopole, elles se sclérosent facilement faute de
compétition interne et externe. Aux États-Unis, les risques
sont de nature totalement différente, voire opposée. Il
n'existe pas d'institutions ou de castes spécialisées dans le
long terme : on se repose sur la croyance selon laquelle le long
terme se construit tout naturellement à partir d'un court

---

1. **Les Allemands** se sont débarrassés de la traditionnelle haute administration
prussienne mais la mystique de l'Etat n'en a pas pour autant disparu. Les Anglais
donnent la priorité au Parlement mais leurs fonctionnaires de la Treasury ne le
cèdent en rien aux membres de nos grands corps.

terme suffisamment vivant. Plus précisément, deux postulats implicites gouvernent la conduite des affaires :

1. Le marché libre des biens, des services et des emplois, mais aussi de l'information et de la culture, des idées et même des biens collectifs — c'est-à-dire des arrangements politiques —, réalise toujours le meilleur ajustement possible pour la collectivité.

2. Ce marché engendre automatiquement, par « incrémentation », les réformes nécessaires à son fonctionnement.

Le premier postulat, à en juger par l'expérience, semble opératoire. Il exige certes des tempéraments inventifs dans quantité de cas limites, particulièrement en matière de biens collectifs, mais constitue toujours un excellent point de départ. Tel n'est pas du tout le cas, malheureusement, du second postulat : l'ajustement qui s'avère le meilleur dans l'immédiat ne mène pas nécessairement à la réforme, ni même à l'innovation qui fera avancer le système. Un marché, même simplement économique, se sclérose très facilement, comme toute institution humaine.

Pour bien s'en persuader, on peut prendre l'exemple simple suivant, tiré du monde des affaires [1]. L'application de l'informatique à la gestion permet une bien meilleure transparence des résultats et, surtout, elle en accélère la transmission aux décideurs. Cette transparence améliorée devrait, croyait-on au départ, faciliter la compétition et ainsi permettre de se rapprocher encore de l'optimum. Or on constate qu'elle est bien souvent devenue un facteur de sclérose. Lorsque les résultats globaux des entreprises parviennent trimestriellement aux analystes financiers, ceux-ci sont contraints de surveiller de plus en plus étroitement leur gestion au jour le jour, sous peine de perdre leur réputation

---

1. Cet exemple m'a été fourni par un collègue de la Harvard Business School.

sur le marché financier — implacable juge de paix de la
profession. Cette crainte renforce le poids relatif de la gestion
à court terme, quantitative, par rapport à la préparation,
nécessairement qualitative, du long terme. De façon plus
générale, plus le jeu est serré entre des concurrents, et moins
ils prendront le risque d'innovations aléatoires. Personne ne
veut risquer de perdre ses chances. Beaucoup de spécialistes
du management commencent à s'émouvoir de ce phénomène
et se demandent si la rationalisation de la gestion, à laquelle
ils ont puissamment contribué, n'exerce pas en définitive un
effet d'étouffement. Quand les comptables, les économistes
et les hommes de loi [1] remplacent les techniciens et les
entrepreneurs, le système cesse d'être productif. On objectera
sans doute que la concurrence étrangère contraindra au
changement. C'est exact, mais aucun changement n'aboutira
si ne disparaissent certains aspects trop écrasants de ce marché
transparent. En outre, il reste paradoxal que cette concurrence soit exercée par les Japonais, qui ne professent pas les
mêmes postulats. Le marché libre, en fait, ne facilite
l'innovation que dans certaines limites. S'il n'est pas
constamment réorienté, il peut devenir sclérosant. On
assassine chaque jour cinq ou six Mozart, a-t-on dit pour
critiquer les barrières sociales et économiques qui s'opposent
au libre développement des talents. Mais les Mozart peuvent
également mourir dans la bousculade. Il faut, pour innover,
disposer du temps et de la liberté que seul peut assurer un
certain élitisme. L'ajustement immédiat des intérêts aboutit
dans bien des cas au succès des médiocres, qui forment une
coalition contre les meilleurs.

Naturellement tout cela est bien plus souvent vrai encore,
s'agissant de décisions publiques. Car le problème du long

---

1. Cf. R. H. Hayes et W. J. Abernathy, *New York Times*, art. cit.

terme est alors constamment présent et, si le postulat de l'incrémentalisme n'est effectivement pas suffisant, le système n'est pas viable. On rétorquera que ce postulat, tout compte fait, n'a pas si mal marché. Cela tient à plusieurs raisons : le système américain, disposant d'énormes ressources matérielles et humaines, pouvait vivre avec beaucoup plus de gaspillage que les systèmes européens ; on avait de ce fait moins besoin du gouvernement ; le jeu des intérêts étant moins serré, le leadership des groupes sociaux traditionnels et des institutions qu'ils avaient créées pouvait suffire ; l'Amérique ne souffrait pas d'un État envahissant, ses élites suffisant à pourvoir au long terme ; la très grande décentralisation, rendue possible par la vigueur des communautés, allégeait encore la tâche : les institutions culturelles, les fondations, les universités, d'ailleurs souvent dirigées par ces élites, prirent petit à petit le relais quand le développement de la vie publique s'accéléra. Mais l'après-guerre a vu cette charge s'accroître terriblement, au moment même où le déclin des élites affaiblissait de façon dramatique les capacités d'y faire face. La présidence Johnson semble avoir été le point de rupture. A partir de là, le système s'affole et se gouverne de moins en moins. Le long terme est de plus en plus absorbé par le court terme, lui-même absorbé en fait par les relations publiques. Les dérives, qui existaient déjà tendanciellement, s'accélèrent brutalement. Tout d'abord la dérive des objectifs, au niveau du législatif, du Congrès, qui a pour souci le meilleur ajustement des intérêts politiques, c'est-à-dire, finalement, électoraux. Une mesure législative sera dès lors le fruit d'un ajustement à court terme de ces intérêts, et non d'une réflexion à long terme sur les besoins du corps social et ses capacités de développement, d'apprentissage et de transformation. A cette dérive des objectifs correspond une dérive de l'application : la bureaucratie fédérale, chargée de mettre en œuvre des mesures inadéquates, va s'enfermer dans la défense de ses propres intérêts et de la doctrine par laquelle elle les justifie, et cessera d'encourager la circulation de l'information. L'écart croissant entre la théorie et la pratique provoquera l'aliénation des deux secteurs, dont la collusion, beaucoup plus forte qu'en France, les portera à s'entendre sur leurs intérêts particuliers respectifs et non sur la préparation de l'avenir. Le congressman voudra des avantages pour sa circonscription, afin de s'en prévaloir devant ses électeurs. Le bureaucrate fédéral exigera le développement ou au moins la préservation de ses programmes. L'exécutif réel, aux États-Unis, se réduit à la présidence, dont la croissance démesurée de l'appareil fédéral a fait une autre machine à arbitrage, facilement absorbée elle aussi par le court terme. On se dirige de plus en plus vers la prédominance absolue des relations publiques. La présidence pleine d'affolement et hyperactive de Carter a été, par bien des côtés, un règne d'apparences, où seule comptait l'image devant l'opinion publique.

Certes, on ne cesse, partout, de parler du long terme ; mais, au royaume des apparences, cela signifie surtout le moralisme. Chaque président, chaque homme politique tient à avoir sa conscience pour lui. Et les présidents ont le droit, à la fin de leur mandat, d'emmener avec eux leurs archives et de créer une fondation par les bons soins de laquelle sera entretenue la mémoire de leur bonne conscience...

Le problème de l'information

Le problème de l'information est devenu de plus en plus crucial dans tous les ensembles complexes. Pour le fonctionnement d'une démocratie politique, il est absolument décisif. L'accès de tous les citoyens à l'information est une condition indispensable de la démocratie moderne. Mais une condition qui pèse très lourd, car la moindre dérive de l'information tend à fausser la démocratie. Les Américains vivent, en matière d'information, sur un postulat de même nature que ceux qu'ils admettent concernant le marché et la politique. Il leur semble aller de soi que si toutes les entraves à la liberté de l'information et à la transparence de ce marché particulier étaient supprimées, on aurait la meilleure information possible. Ils se refusent à reconnaître que, bien souvent, il en va de l'information comme de la monnaie : la mauvaise chasse la bonne. Certes, la liberté est indispensable ; mais elle n'est pas suffisante. Toute relation avec le public est une relation complexe, qui ne se limite pas à l'immédiat. Des phénomènes d'apprentissage se développent, un leadership s'exerce, une responsabilité est en jeu, qui peut être lourde.

D'où vient aujourd'hui, plus précisément, le problème ? Il n'y a pas si longtemps, on n'avait conscience que d'un seul impératif : limiter le poids des intérêts financiers qui pèsent sur la presse. La presse étant une industrie qui exige comme toute autre un financement, ceux qui l'apportaient ne manquaient pas d'en tirer parti dans leurs propres intérêts. Le financement public ne constitue pas une alternative bien séduisante, vu le risque de monopolisation ou à tout le moins de politisation qui en résulte. A ce dilemme fondamental pour les Européens, les Américains ne voyaient d'autre réponse possible que la libre concurrence. Or, l'évolution accélérée qu'ont connue les quinze dernières années a sensiblement réduit la portée de cette problématique, même s'il est vrai que les patrons de presse pèsent à nouveau de plus en plus lourd. Les journalistes ont en effet conquis une indépendance accrue. L'influence du corps qu'ils constituent, comme catégorie socio-professionnelle dotée de règles et de normes propres, d'habitudes particulières également, paraît désormais plus importante que celle d'intérêts qui ne peuvent plus guère s'investir dans des affaires souvent désastreuses financièrement. C'est la nature du rapport que les journalistes

établissent avec leur public qui, finalement, apparaît déterminante. Or ce rapport tend à entraîner des déformations de
plus en plus considérables. Si l'on veut toucher le public, il
faut privilégier l'humain, le détail vrai, l'affectif. Aussi la
rencontre du public et du medium dérive-t-elle toujours du
côté moral. La télévision renforce encore cette dérive : le fait
télévisé écarte toute explication complexe, il doit être
enregistré vite, avec toute sa force d'impact. Quant à la presse
écrite ! « Cherchez le coupable », tel est le seul message qui
dépasse un tant soit peu l'immédiat et auquel le journaliste
puisse consacrer quelque espace. Le plus fort indice d'écoute
de la télévision américaine, au printemps dernier, a été
atteint par l'histoire des fiancés d'Arabie Saoudite, exécutés
par un prince cruel. Indépendamment de la qualité du film,
il est clair que la connaissance des réalités du Moyen-Orient
n'aura nullement été accrue, mais au contraire faussée par le
caractère humain, certes, mais par là même affectif et
superficiel, de ce qui se présentait comme une enquête.

De façon générale, on a la très nette impression que la
connaissance des pays étrangers a plutôt décru aujourd'hui
aux États-Unis. Sans doute des rudiments superficiels de
géographie politique parviennent-ils au public à mesure
que des crises affectent tour à tour les différents points
du globe. Mais c'est là foncièrement un savoir lié au court
terme. La « couverture » des informations sur l'étranger
est de bien moins bonne qualité que voici trente ou même
cinquante ans. Au beau temps de Hemingway, tout journal
américain qui se respectait entretenait des correspondants
dans les principales capitales d'Europe. Tous rédigeaient des
papiers d'ambiance, et certains acquéraient un sens aigu des
problèmes propres aux pays où ils vivaient et pour lesquels ils
se passionnaient. Les années cinquante ont vu une première
rationalisation de ce système coûteux et aujourd'hui le
nombre des correspondants permanents a été réduit de façon

drastique. L'information n'est plus le fait de journalistes à demeure, mais de spécialistes qui préparent les dossiers à New York et d'exécutants qui répondent à leurs questions. Si une crise surgit, on envoie une équipe sur le terrain pour moissonner du « détail vrai », sans disposer du recul nécessaire : ce sont des spécialistes de la communication, et non pas du problème traité ou du pays concerné. Sans nul doute, l'information que produisent de tels dispositifs a été complétée et vérifiée, elle a plus de chances d'être exacte dans le détail. Mais elle risque aussi davantage de négliger l'aspect qualitatif et tout ce qui aurait permis au lecteur de réellement s'éduquer.

Pour toutes les démocraties, et plus particulièrement pour les États-Unis d'aujourd'hui, l'information est finalement beaucoup plus que simplement l'information : une responsabilité déterminante pour l'orientation de la société. Que les Américains, malgré l'importance de leurs media et leur qualité, soient en définitive sous-informés et mal informés, c'est là un fait qui peut surprendre et qui pose en tout cas un problème grave. Sept ans après la guerre du Kippour, la moitié des Américains ne croient pas que leur pays soit importateur de pétrole : ce chiffre extraordinaire explique pour une large part leurs réactions face à la crise de l'énergie. D'une telle ignorance, les media ne peuvent être tenus pour innocents. Si parfois cela vient de ce que leur message n'est pas passé, ce fait confirme que le système a totalement dérivé vers l'insignifiant, l'apparence, le spectaculaire immédiat. Les journalistes sont victimes de ce système, sans nul doute, mais ils en sont également en partie responsables. C'est à eux, en tout cas, qu'il appartiendrait de le redresser. Les sondages contribuent à cette déformation, dans la mesure où ils privilégient toujours l'immédiat et le sentiment, dans la mesure aussi où ils éliminent la réflexion qualitative pour ne mettre en relief que les préférences susceptibles d'être comptabilisées. Comment redresser ces tendances, comment réintroduire un sentiment de responsabilité dans l'information ? Aucun règlement, aucune contrainte ne peuvent y suffire. Mais n'est-il pas indispensable que le long terme soit réhabilité sur ce terrain-là aussi, que des fondations s'attaquent au problème, qu'on consacre au moins autant de soins à une bonne information qu'à diverses autres sortes de services ? Après tout, les media européens ont bien réussi, y compris les français, à faire progresser de manière spectaculaire les connaissances économiques et sociales de leurs publics !

La baisse de l'apport intellectuel

Plus une société devient complexe, et plus l'apport intellectuel devient déterminant pour sa survie. Une société encore relativement simple peut trouver son équilibre dans le respect de la tradition. Comme elle ne met pas en question ce qui existe, elle n'a pas besoin d'en examiner la signification. La continuité, pour elle, est inscrite dans la nature même des choses. Au contraire, une société qui vit dans l'avenir, et pour l'avenir, a des besoins totalement différents. Dès lors qu'elle ne croit plus aux vertus naturelles de ce qui existe et que la tradition ne peut plus lui servir de guide, un autre recours lui est absolument nécessaire pour se maintenir en tant que société. C'est l'apport intellectuel qui joue désormais ce rôle vital, qui l'arrache au court terme et à l'affolement de l'opinion que provoque la prédominance de celui-ci.

Les États-Unis de l'immédiat après-guerre semblaient avoir merveilleusement résolu la question. Jamais société moderne n'avait abordé l'avenir avec un tel « réservoir de pensée », un tel arsenal de talents, un climat aussi favorable à leur déploiement. C'était, semblait-il, le premier pays à pouvoir sans crainte entrer dans l'ère de la rationalité. Pure illusion : ce moment heureux n'était dû en fait qu'à un extraordinaire et éphémère concours de circonstances. Et la baisse de l'apport intellectuel allait avoir des effets d'autant plus dramatiques qu'on s'était habitué à cette situation favorable. Pourquoi cette force en 1945, pourquoi cette faiblesse aujourd'hui ? Le paradoxe paraît incompréhensible. C'est que les États-Unis bénéficiaient, dans les années cinquante, des retombées d'un effort de guerre sans aucun précédent nulle part ailleurs, qui avait mobilisé dans l'enthousiasme non seulement les meilleurs cerveaux du pays mais bien d'autres dans le monde entier. Le pays avait d'ailleurs tiré profit de l'émigration massive des scientifiques et des intellectuels d'Europe centrale. La guerre fut pour eux un moment d'effervescence et de création : l'Amérique, nation neuve, nation ouverte, n'avait pas de traditions néfastes qui auraient pu entraver leurs efforts. Le gouvernement fédéral, que les *brain trusts* du New Deal avaient accoutumé à respecter la science et l'effort scientifique, pouvait offrir des ressources pratiquement inépuisables. Le brassage entre cultures et entre disciplines apporta, lui aussi, un enrichissement immédiat. Ce fut le temps des rencontres inédites et des projets grandioses, non seulement pour les sciences de la nature mais également pour les sciences sociales. C'est en demandant de réfléchir ensemble à la sécurité des convois de navires à des philosophes et des mathématiciens, qui n'avaient jamais songé à ce problème jusque-là, que l'on découvrit les méthodes de recherche opérationnelle qui devaient ultérieurement faire fortune dans la pratique des affaires [1]. Jamais on ne travailla avec autant de passion, en particulier, sur l'étude des diverses cultures, par

1. C'est en fait surtout en Grande-Bretagne que cette avancée précise eut lieu. Mais le modèle est rigoureusement le même.

le biais des réactions des populations face aux problèmes de la guerre. La psychologie sociale moderne, les études d'opinion, l'ethnologie comparée des peuples développés naquirent avec la guerre, ou accomplirent grâce à elle un énorme bond en avant. L'extraordinaire succès de la reconstruction du Japon procède directement de cet investissement préalable. Les experts qui avaient travaillé pour la guerre étaient prêts pour l'occupation. Le plan Marshall lui-même, donc la reconstruction de l'Europe, n'aurait pas été possible sans cela.

Comment est-il possible qu'une vingtaine d'années plus tard à peine, on assiste à une baisse de niveau si brutale ? J'ai déjà indiqué que lorsque les États-Unis s'engagèrent dans la guerre du Vietnam, il n'y avait plus d'experts qualifiés sur la question de l'Extrême-Orient. De plus, les leçons de la guerre elles-mêmes n'étaient plus disponibles ; par exemple, la somme d'extraordinaires études qui avaient été menées sur les effets des bombardements, et qui démontraient de façon accablante leur inutilité, ne fut jamais utilisée. Ceux qui y firent timidement allusion ne furent pas entendus. On peut rapporter cet effondrement à des raisons bien déterminées : la chasse aux sorcières du sénateur McCarthy, tout particulièrement, avait fait des dégâts d'une extrême gravité. David Halberstamm [1] montre bien comment la conjonction du maccarthysme et de la guerre froide, qui avaient fait de la Chine communiste le mal absolu, avait finalement conduit à éliminer toute pensée indépendante dans ce secteur. Plus aucun investissement n'avait été fait, la plupart des ténors intellectuels avaient déclaré forfait, et on s'en était de plus en plus tenu à la routine. Pourtant, la fin des années cinquante et l'élection du président Kennedy avaient correspondu à une spectaculaire relance, sinon sur la question de l'Extrême-

1. *Op. cit.*

Orient, du moins dans l'ensemble de l'establishment intellectuel. Le spoutnik avait produit un effet de choc, toutes les autorités intellectuelles et morales américaines s'en étaient émues. Une grande campagne de mobilisation, lancée et orchestrée par l'establishment Wasp, dont ce fut peut-être la dernière initiative réussie, avait conduit à la revalorisation des études scientifiques dans les *high schools,* à un accroissement spectaculaire des dépenses de recherche, à un rajeunissement des universités. Des fondations comme la fondation Ford dépensèrent des millions de dollars pour ramener les meilleurs sujets vers la recherche, en contribuant généreusement à accroître les rémunérations de ceux dont le leadership paraissait essentiel.

Pourquoi cette réaction, pourtant considérable, ne fut-elle pas suffisante ? C'est qu'il y manquait l'enthousiasme et l'extraordinaire élan des années de guerre. Il y manquait le brassage des talents. Il y manquait peut-être, aussi, la modestie : pendant les années de guerre, les Américains révéraient les promesses de sciences qui leur étaient encore largement étrangères ; dans les années soixante, ils croyaient un peu trop les posséder déjà à fond. Peut-être surtout furent-ils victimes de l'accélération de l'histoire, qui les entraîna à la fois à rechercher partout une croissance mal comprise et à se laisser accaparer par le court terme. La crise du début des années soixante-dix, en tout cas, survint avant que le rétablissement n'eût porté ses fruits. La guerre du Vietnam avait profondément troublé le moral de la communauté scientifique. La crise du financement et des emplois ne pouvait qu'aboutir à une cristallisation du système à un faible niveau d'efficacité. Dans les disciplines des sciences sociales, comme j'ai essayé de le montrer plus haut, c'est une sorte de sélection à l'envers qui s'effectua. Rappelons un dernier élément, nullement négligeable : les années de bruit et de fureur firent beaucoup pour compromettre le prestige des

universités et de l'establishment intellectuel dans l'ensemble
de la société américaine. L'apport intellectuel baissait en
qualité au moment même où il se voyait rejeté par le corps
social.

Les États-Unis ont fini par être victimes de leur situation
de colonisateurs. Nous avons tort, par exemple, nous
Français, de nous plaindre de devoir apprendre l'anglais.
Mieux vaudrait nous en réjouir, tant il est vrai que celui qui
n'est pas obligé d'apprendre des langues étrangères court tous
les risques de s'enfermer dans son univers et de se laisser aller
à l'arrogance.

Reciviliser la société politique

Un système politique enlisé dans le court terme et dans les
relations publiques ne peut assurer à la société la direction
dont elle a besoin. Les États-Unis sont entrés dans les cercles
vicieux de l'indécision. Il n'y a plus assez de leadership, au
niveau de la société globale comme des communautés locales,
et plus assez d'apport intellectuel pour entretenir la réflexion,
absolument indispensable pour le long terme. Le développement social n'est plus perçu que par rapport à l'ajustement
des intérêts, d'une part, à l'application des principes juridiques et moraux, d'autre part. Procédures, institutions,
mécanismes de régulation sont considérés comme naturels et
intangibles, au moment même où la crise de société les remet
en question. C'est qu'une société adaptative, toujours en
mouvement, n'a pas le temps d'examiner la véritable portée
de tous ces petits ajustements rapides. Effervescente dans
l'instant, elle ne voit pas qu'elle est comme figée à plus long
terme.

Pendant longtemps, l'ascension sociale de la population
universitaire a fait espérer qu'une nouvelle élite allait se

constituer. Daniel Bell a parlé d'une « classe » des théoriciens, John K. Galbraith a prôné, plus concrètement, une nouvelle alliance des diverses catégories intellectuelles. Avec une orientation politique toute différente, c'est ce parti intellectuel que John Anderson s'est efforcé d'interpeller dans sa campagne présidentielle. Tous ces efforts me semblent voués à l'échec. La société américaine ne peut tolérer un élitisme que les sociétés européennes elles-mêmes refusent : *le Monde* ne s'est guère privé de prendre des positions politiques, mais il ne s'est jamais constitué un parti des lecteurs du *Monde* ! Le vrai problème me semble plus difficile et plus profond : il s'agit de reciviliser la politique américaine. Cela suppose d'introduire de nouvelles valeurs, plus complexes que la morale simpliste qui semble régner dans cet univers populiste : des valeurs de patience, de respect, de secret, de durée. Cela exige un immense effort d'information, pour que le public se rapproche des élites et que celles-ci ne puissent plus se complaire dans une arrogante insularité.

On demandera si c'est possible : pourquoi donc les Américains échoueraient-ils là où les Japonais, et dans une moindre mesure les Européens, ont réussi ?

CHAPITRE IX

LE DÉLIRE
DE LA PROCÉDURE

L'idéal de la liberté par le due process

S'il est un principe fondamental d'organisation qui gouverne toute la vie américaine, ce n'est pas, comme on pourrait le croire, l'organisation scientifique du travail ou le plus moderne management. C'est un principe juridique : l'absolu respect des règles de procédure. Impersonnelles et contraignantes, celles-ci passent avant tous les problèmes de fond, car elles seules sont garantes de la liberté des hommes et de la possibilité pour eux de rechercher le bonheur. Jamais un Français, ni aucun Européen, ne pourra faire vraiment sienne l'extraordinaire idéologie juridique dont toute la société américaine est imprégnée, et qui tient tout entière en ces deux mots : *due process*. Pour mieux faire comprendre cette idéologie, je vais dans un premier temps la décrire en termes caricaturaux, au risque de choquer un peu. Le point de départ de la conception américaine, c'est que les individus sont libres, libres absolument, sans restriction aucune, et font rigoureusement ce qu'ils veulent. L'unique appréciation de leur conduite qui puisse être tolérée, la seule qui reste compatible avec cette affirmation d'une liberté radicale,

concerne les rapports de l'individu avec autrui et avec les
institutions, émanation de la collectivité. Et il ne saurait être
question, à ce niveau pas plus qu'à un autre, de prescrire à
quiconque ce qu'il doit faire : on lui indiquera seulement
quelles procédures doivent être observées, pour que puissent
être réglées les difficultés qui risqueraient de survenir. Le
raisonnement américain, qui certes peut nous choquer dans
bien des cas concrets, part de l'idée que c'est à l'individu seul
de décider ce qu'il veut faire, et qu'à la procédure, pour
contrebalancer les dangers de cet individualisme, revient la
tâche de préserver cet élément essentiel à la qualité de tous les
rapports humains quels qu'ils soient : la confiance. Tout
comme dans le marché économique, le bon fonctionnement
d'ensemble ne repose sur aucun autre fondement que la
liberté individuelle. La « main cachée » qui accomplit ce
miracle, c'est précisément la confiance que les gens accordent
au système et le respect naturel qui ainsi s'établit entre eux.
Tout le rôle de la loi se borne à veiller à la permanence de
cette confiance et de ce respect, sans autrement intervenir
dans la vie d'individus qui mènent comme ils l'entendent leur
poursuite du bonheur — notion inscrite dans la Constitution.
Aussi les Américains n'éprouvent-ils nullement les mêmes
sentiments frondeurs, vis-à-vis de la loi, que les Européens
toujours soumis, au fond, à l'ancestrale loi du prince,
devenue impersonnelle mais non moins coercitive dans son
essence.

Il y a quelque chose d'admirable et de touchant dans ce
respect sacré des citoyens américains pour leur Constitution,
dont ils intériorisent les principes plus qu'aucun autre peuple
ne fit jamais. Il faut cependant observer qu'un tel mode de
fonctionnement ne présente pas que des avantages. D'une
part, cette réduction de la loi à un ensemble de formes et de
procédures est loin de toujours suffire : la peur du gendarme,
aux États-Unis comme ailleurs, est hélas un facteur indispen-

sable de cohérence et de moralité pour la société. Mais, surtout, cette intériorisation des grands principes requise de chacun est bien encombrante pour l'individu, et dangereuse quant à ses effets sociaux, cela d'autant plus que la communauté est restreinte. La pression puritaine, restée longtemps si forte dans les villages de l'Ouest et du Sud, menait fréquemment aux pires extrémités, telles que le lynchage. La loi du prince, au contraire, si oppressive, arbitraire et violente qu'elle pût être, reste en définitive plus tolérante et laisse à chacun la faculté de penser ce qu'il voudra en son for intérieur, sans devoir porter le terrible fardeau de la culpabilité. Ce qu'elle ôte de liberté d'action, elle le restitue en liberté de pensée, et bien souvent l'individu pourra s'en estimer gagnant.

Par ailleurs, la loi du prince est de manière générale d'une efficacité bien supérieure pour lutter contre le crime : l'arbitraire du prince peut fort bien s'exercer à bon escient... En cela également elle offre une contrepartie substantielle aux dangers d'abus qu'on lui impute à juste titre. La loi américaine, fondée sur la confiance, ferait merveille dans un monde vertueux. Mais son défaut est de protéger l'injustice et le crime à l'égal de la vertu, dès lors que les premiers consentent à jouer le jeu des procédures et des complications. L'expression « *american way of crime*[1] » est tout à fait excessive, mais on ne peut pas ne pas tenir compte des extraordinaires possibilités qu'une telle justice ouvre aux malfaiteurs et, plus largement, à toutes les sortes de tricheurs. Les cas ne sont pas rares où la loi protège le coupable, avec l'aide d'un bon avocat, et accable l'innocent un tant soit peu naïf et maladroit. La terrifiante saga de la Maffia est sans doute trop cohérente pour être vraie mais, si le

---

1. Titre d'un ouvrage de Frank Browning et John Gerassi (Putnam, 1980, traduction à paraître aux Éditions Fayard).

crime n'a pas la parfaite organisation que lui prêtent les romans et les films, il n'en occupe pas moins dans la société américaine une place considérable. Pour les États-Unis bien plus que pour l'Europe, Soljenitsyne avait raison d'observer, dans le discours qu'il prononça à Harvard en 1978[1] : « Tiens, comme c'est bizarre : l'Occident, où les conditions sociales sont les meilleures, a une criminalité indiscutablement élevée et nettement plus forte que la société soviétique avec toute sa misère et son absence de lois. »

Je ne cherche pas, en opposant ici l'Amérique à l'Europe, à donner tort à l'une et raison à l'autre. Il y a de part et d'autre des avantages et des inconvénients. Le système américain, que l'on a exagérément idéalisé faute d'en avoir suffisamment analysé tous les effets, se distingue par une rigueur et une universalité qui ne manquent pas de grandeur ; mais, outre une certaine impuissance face à l'utilisation de ses propres principes à des fins condamnables, voire criminelles, il prête le flanc à la critique morale et philosophique pour autant que ces qualités elles-mêmes entraînent un fonctionnement formaliste à l'excès, qui parfois confine tout bonnement à l'inhumanité. La tradition européenne, française en particulier, situait le roi au-delà des lois ; il pouvait faire mauvais usage de ce privilège, mais aussi — et c'est bien là ce qu'on attendait de lui — s'en servir pour redresser telle loi dont l'application littérale, dans telle situation bien déterminée. eût été inique. La France a renversé la monarchie, mais non point aboli le privlège. Un certain préfet, que sa carrière devait par la suite porter jusqu'aux plus hautes cimes, me déclara un jour sans ambages : « Monsieur, un préfet est là pour violer la loi. S'il n'y avait pas besoin de violer la loi de temps en temps, pour protéger l'innocent ou pour assurer le

1. *Le Déclin du courage*, Seuil, 1978, p. 25.

bien public, il n'y aurait pas besoin de préfets [1]. » Venant
d'un fonctionnaire précisément chargé de faire respecter la
loi, un tel propos, même tenu en privé seulement, apparaî-
trait à tout Américain comme parfaitement scandaleux.
N'est-ce pas là une preuve, s'il en fallait encore, de
l'incivisme foncier de ces continentaux qui, la chose est
notoire, n'ont cure des affaires publiques, esquivent tous
leurs devoirs civiques et pratiquent la fraude fiscale comme le
plus exaltant des sports ? En fait, si pendant longtemps les
Français ont payé beaucoup moins d'impôts que les Américains, c'est parce que certaines professions largement repré-
sentées en France (agriculture, artisanat, petit commerce) se
prêtent beaucoup plus facilement à la dissimulation. A
égalité de situation, les Américains ne mettent pas moins
d'ardeur à tricher que les Français, et savent fort bien mettre
à profit les méandres d'une réglementation fiscale plus
complexe encore que la nôtre [2]. Par ailleurs, s'ils s'occupent
beaucoup plus sérieusement de leurs affaires locales, les
Américains votent beaucoup moins que nous ; et refusent de
façon fort peu civique le tribut du sang, dont les Européens
se sont acquittés avec une constance qui fera l'étonnement des
générations futures.

Une autre caractéristique de la loi américaine, qui doit être
signalée, est sa dureté impitoyable. Une fois que la machine
est en marche, rien ne l'arrête, elle se montre acharnée et
poursuit sa victime avec une telle obstination qu'on la croirait
assoiffée de vengeance. Je ne prendrai pas comme exemple le
cas des Rosenberg, trop évidemment politique. Mais, dans
les mêmes années, une autre affaire défraya la chronique
américaine et même mondiale : celle de Caryl Chessmann,
accusé de viol et condamné à mort, que ses avocats réussirent

1. Entretien personnel, 1959.
2. La réforme d'un système fiscal devenu monstrueux est un véritable serpent
de mer dans tous les pays développés.

à défendre de procès en procès pendant onze années entières en faisant jouer toutes les ressources possibles de procédure, mais qui à la fin fut effectivement exécuté. Or, les preuves de sa culpabilité n'étaient pas accablantes, bien du temps s'était écoulé, et entre-temps Chessmann avait publié un livre qui fut un best-seller : en France, une mesure de grâce serait très certainement intervenue. Malgré tout cela, le gouverneur Brown[1], bien que catholique libéral et partisan de la suppression de la peine de mort, n'osa pas opposer, à une justice inexorable, ce qui n'eût été qu'élémentaire humanité. S'il est vrai que, depuis lors, le déclin de la structure sociale traditionnelle a profondément affecté la suprématie de la loi, il n'en va pas de même des principes du *due process,* qui d'une certaine façon sont au contraire devenus plus impersonnels et plus rigides encore. Jusque-là, les Wasps faisaient régner une morale certes puritaine, mais qui sans se placer au-dessus de la loi contribuait à l'assouplir. Ils propageaient aussi, à travers de multiples œuvres et fondations, des valeurs de charité : charité pharisienne peut-être, mais charité néanmòins. Le déclin de la société Wasp et de son esprit signifie aussi la disparition des sentiments humanitaires régnant dans cette énorme machine de bienfaisance[2].

Il faut bien voir enfin à quel point le *due process* est lié au postulat de la confiance, pacte fondamental sur lequel repose tout le développement, y compris économique, de la société américaine. A toutes les critiques sur les injustices du système, ses défenseurs répondaient : d'une part, que celui-ci portait en lui-même un mécanisme autocorrecteur, tendant à corriger spontanément les imperfections que l'on déplorait à bon droit, d'autre part, qu'il était immensément productif à long terme, car il poussait les individus à utiliser toutes leurs

---

1. Gouverneur de Californie, père de l'actuel gouverneur.
2. Toutes les sociétés occidentales subissent la même évolution, mais d'autres forces peuvent encore partiellement contrebalancer la dureté du droit.

ressources pour s'assurer un bonheur qui, finalement, contribuerait au bien commun. On reconnaît, dans cet aspect du *due process,* l'idéologie du laisser-faire, dont nous avons vu plus haut les qualités de réalisme et d'efficacité, mais également les dangers. Tout allait encore bien tant que les structures politiques et surtout sociales contrebalançaient l'application exclusive de ce principe. Mais aujourd'hui ces contrepoids tendent de plus en plus à disparaître, en même temps qu'une autre transformation, tout à fait déterminante, rend le laisser-faire absolu tout aussi mal adapté à la nouvelle situation qu'il l'était déjà en Europe. En effet, le système fondé sur le *due process* et sur la poursuite individuelle du bonheur était en profonde harmonie avec le contexte de la frontière, puis du développement économique illimité. Dans une telle société, il importe avant tout de mobiliser les ressources humaines, de stimuler l'esprit d'entreprise et de conquête. Le postulat de la confiance est pour cela le meilleur ciment, et le principe du *due process* la plus efficace garantie. Les bavures, certes regrettables, peuvent être considérées comme tolérables au regard des extraordinaires résultats.

La crise morale que l'Amérique vit aujourd'hui vient de cette découverte, que les limites de ce développement qu'on croyait illimité sont désormais atteintes. Pour prendre un parallèle chez les récents historiens du Moyen Age occidental, Chaunu particulièrement, c'est le « temps du monde plein » qui commence pour l'Amérique. Après trois ou quatre siècles de développement constant et totalement anarchique, l'Europe entra, vers le XIIe siècle, dans une ère nouvelle, l'ère du monde plein, qui ne prendra fin qu'avec les grands mouvements d'expansion et de conquête du XVIe siècle.

Le vieux rêve de la conquête de l'Ouest, jamais disparu, devait reprendre vie en Amérique et y inspirer cette vision du monde que nous avons analysée. Maintenue pendant trois cents ans, elle a acquis une force et une prégnance qui la

rendent difficile à ébranler, malgré l'urgence. Mais le
rétablissement de la société américaine est à ce prix.

Le légalisme à l'américaine

Le *due process* n'est pas seulement une idéologie sous-
jacente, mais se traduit par des pratiques et des procédures
très concrètes, ainsi que par une influence disproportionnée,
dans tous les secteurs d'activité, des avocats et des juristes.
Ceux-ci sont aux États-Unis, par tête d'habitant, huit fois
plus nombreux qu'en France, et vingt fois plus qu'au Japon [1].
Si en France la vie publique est dominée par les énarques, le
monde des affaires par les ingénieurs et l'administration par
ces deux catégories à la fois, aux États-Unis ce sont les
professions juridiques qui dominent partout. Sous Carter,
huit des treize personnalités ayant rang de ministres étaient
des *lawyers*. Les *general counsels* — conseils juridiques des
diverses administrations et des corporations petites et grandes
— sont toujours des personnages considérables, voire même
les plus considérables [2]. Il n'est pas jusqu'aux syndicats
ouvriers qui ne subissent une très forte influence de la part de
leurs juristes, dont certains sont parfois même devenus des
dirigeants syndicaux, au mépris des règles qui exigent,
comme dans beaucoup d'autres pays, que ceux-ci soient élus
parmi les travailleurs de la profession. La voie royale, pour
faire une belle carrière, passe toujours par les prestigieuses

---

1. Alain Clément, dans une remarquable série de trois articles (*le Monde* des
22, 23 et 24 juillet 1980), propose là-dessus une analyse tout à fait pertinente. Il
établit une comparaison avec l'Angleterre (trois fois moins d'avocats qu'aux États-
Unis) et avec l'Allemagne fédérale (quatre fois moins). A noter que mon chiffre
pour la France est sujet à caution, car les catégories professionnelles ne sont pas
équivalentes.
2. Cyrus Vance, qui fut secrétaire d'État de Carter, a fait sa carrière comme
general counsel du Département de la Défense, auprès de McNamara.

Law Schools de la côte Est, au premier rang desquelles la Harvard Law School [1].

Cette hypertrophie, si elle s'est accélérée ces dernières années — Alain Clément [2] note qu'en quinze ans le nombre des avocats a doublé —, est une constante déjà ancienne, conséquence du système d'organisation américain. Quand la liberté est absolue, elle devient, justement parce qu'absolue, dangereuse, et il est absolument indispensable de se mettre à l'abri de ses effets possibles. Déjà, comme le montrent fort bien les westerns, la conquête de l'Ouest s'était faite, outre les coups de fusil, à coups de papier timbré. Sherifs et marshalls (tous officiers de justice, ne l'oublions pas) y étaient au premier plan, et derrière eux se profilent toujours le juge, l'avocat, le politicien — lui aussi homme de loi. Dans une structure sociale ouverte, il est essentiel de préciser les limites pratiques d'une liberté théoriquement absolue et de régler les conflits qu'elle engendre. D'où la formulation extraordinairement compliquée et précise de tous les contrats, ainsi que leur volume impressionnant, en particulier dans le monde des affaires. Bien souvent, des dizaines de *lawyers* travailleront pendant des semaines entières pour établir une charte de collaboration entre deux entreprises. Si les firmes françaises ont longtemps échoué aux États-Unis, c'est pour une bonne part faute d'avoir compris que, là-bas, un bon *lawyer* est beaucoup plus important qu'un chef de production, ou même qu'un spécialiste de marketing.

Même le travail du gouvernement fédéral se compose avant tout d'affaires juridiques. L'administration américaine, contrairement à la nôtre, ne s'occupe pas des menus détails relatifs à l'application d'une loi, elle n'édicte ni décrets, ni

---

1. Le héros de *Love Story* — vieille famille, grand avenir, le plus beau parti possible pour une jolie fille — est naturellement étudiant à la Harvard Law School.

2. Articles cités.

règlements d'administration publique. C'est au juge qu'il revient d'interpréter la volonté du législateur, généralement enclin à ménager la chèvre et le chou : d'où des procès innombrables, et le recours à de formidables bataillons de *lawyers*, qui déploient des prodiges d'habileté procédurière. Le gigantesque procès du gouvernement fédéral contre I.B.M., à propos de l'application de la loi antitrust, restera longtemps un modèle du genre. Cela fait déjà une dizaine d'années que des centaines de *lawyers* travaillent sur ce cas. I.B.M. a dû louer à Washington un vaste immeuble uniquement pour les bureaux des siens et l'affaire s'avère en définitive si compliquée qu'on se demande de plus en plus si le gouvernement se montrera assez obstiné pour aller jusqu'au bout.

Dans la sphère de la vie privée, le citoyen doit veiller à se protéger jusque sur les plus petits détails. A notre époque de revendication permanente, n'importe quoi peut faire l'objet d'une procédure judiciaire : si un ami que vous avez invité glisse sur le ciment de votre piscine et se casse une jambe, il risque fort d'exiger des dommages et intérêts devant un tribunal, estimant votre piscine mal entretenue. Alain Clément[1] cite le cas récent d'un homme condamné à 80 000 dollars de dommages et intérêts pour avoir entretenu avec l'épouse de son meilleur ami des « relations téléphoniques coupables » : ce jugement intervenait après le divorce de l'épouse et son remariage avec l'accusé !

Face à cette extraordinaire prolifération juridique, une interrogation vient immédiatement à l'esprit : comment les Américains, si confiants, ouverts, généreux, peuvent-ils être à ce point obsédés par le droit ? N'attendrait-on pas une telle attitude chicanière bien plutôt des Français, méfiants de naissance et, selon le stéréotype bien connu, toujours

---

1. Articles cités.

soucieux de « se défendre » contre l'État, contre la société, contre tout le monde ? Ce paradoxe vraiment fondamental touche à l'esprit même de la liberté individuelle. C'est parce que l'Américain refuse la moindre entrave à sa liberté théorique qu'il en vient à se trouver ainsi empêtré dans le juridisme. Le Français au contraire, qui tolère le carcan des limitations sociales et administratives, passe son temps à s'en protéger ; il assure sa liberté par le repliement sur soi et la limitation, ce sera l'homme du « mon verre est petit, mais je bois dans mon verre ». L'exubérance américaine lui semble aussi mégalomane que sa méfiance systématique paraît mesquine à l'Américain.

Soljenitzyne, avec son génie de la perception existentielle, a profondément ressenti cette maladie américaine. Si dans son discours aux étudiants de Harvard il a profondément choqué l'Amérique intellectuelle — entraîné par son ardeur anticommuniste, il accusait les Américains d'avoir manqué de courage au Vietnam —, cela ne diminue en rien la remarquable pertinence de sa critique face à ce qu'il dénonce comme un véritable délire juridique : « ... Tout conflit reçoit une solution juridique et c'est là la sanction suprême. Si un homme se trouve juridiquement dans son droit, on ne saurait lui demander rien de plus. Allez donc lui dire après cela qu'il n'a pas entièrement raison, allez lui conseiller de limiter lui-même ses exigences et de renoncer à ce qui lui revient de droit, allez lui demander de consentir un sacrifice ou de courir un risque gratuit... vous aurez l'air complètement idiot. L'autolimitation librement consentie est une chose qu'on ne voit presque jamais : tout le monde pratique l'autoexpansion jusqu'à ce que les cadres juridiques commencent à émettre de petits craquements... » Et il ajoute un peu plus loin : « ... Moi qui ai passé toute ma vie sous le communisme, j'affirme qu'une société où il n'existe pas de balance juridique est une chose horrible. Mais une société qui ne possède en tout et pour tout qu'une balance juridique n'est pas, elle non plus, vraiment digne de l'homme. [1] » Cette diatribe du dissident russe, qui s'adresse à tout l'Occident, est particulièrement juste et forte vis-à-vis des États-Unis, sans conteste le pays où cette passion du droit a été poussée le plus loin, jusqu'à tourner à la folie.

Les cercles vicieux de la procédure

J'ai déjà dit dans le premier chapitre que mon amour des États-Unis m'était venu très tôt, dû en bonne partie au contraste éclatant entre la liberté qui y règne depuis les origines, et le carcan bureaucratique français auquel j'ai consacré beaucoup de mes recherches. La société française est une société foncièrement anarchique, qui pour cette raison même a développé une longue tradition hiérarchique et bureaucratique, propre à maintenir ce penchant libertaire dans des limites compatibles avec une vie collective civilisée. Or, ce corset qu'elle s'est donné est à l'origine d'innombrables cercles vicieux. En bas de l'échelle, les gens se protègent des abus de leurs supérieurs en leur dissimulant, autant qu'ils le peuvent, la réalité. Les dirigeants sont donc contraints de gouverner au seul moyen de règles abstraites, toujours inadéquates et difficilement applicables, d'où une indignation accrue des gouvernés et un refus encore plus marqué de fournir des informations, etc. Telle est la véritable source des innombrables plaisanteries semblables à celle du polytechnicien qui doit, pour cuire un œuf à la coque, résoudre à grand-peine plusieurs équations invraisemblables. Ce qui permet au système de fonctionner, c'est l'existence de pouvoirs parallèles, inlassablement pourchassés par l'adminis-

1. Soljenitzyne, *op. cit.*, p. 20.

tration et tous les pouvoirs mais qui renaissent toujours. Issus du besoin d'action et d'influence essentiel à tous les hommes, ces réseaux souterrains représentent la vitalité même du corps social. Et les bons dirigeants sont ceux qui savent en jouer, mettre à profit ce qu'on appelait autrefois le « système D » en l'orientant vers des objectifs d'intérêt général.

J'ai mis longtemps à découvrir que l'Amérique souffrait elle aussi de cercles vicieux, nullement moins étouffants. Certes, je regardais bien, de temps en temps, ces caricatures du *New Yorker* où des machines absurdement compliquées permettent au bout du compte de parvenir, après maintes difficultés, à tailler un crayon ; je lisais des dénonciations féroces (mais politiquement partisanes) de l'administration fédérale et de la bureaucratie montante ; mais je n'y prêtais pas vraiment attention. Ce sont mes étudiants de Harvard qui firent mon éducation. Sans leur inlassable insistance, jamais sans doute je n'aurais réussi à mettre en doute le caractère « globalement positif » du système. Mais ils voulaient à tout prix me démontrer qu'ils étaient au moins aussi monstrueux que nous [1], et c'est vrai : ils le sont. Il suffit pour s'en convaincre de regarder les choses d'un peu plus près et de mener, avec les mêmes instruments, la même analyse que l'on peut faire en France. Ce qui déroute l'observateur français, c'est seulement que les cercles vicieux existent, mais ne sont pas les mêmes que dans notre société. Trop préoccupés de nos propres infirmités, nous ne les voyons pas aisément car, au lieu de la centralisation et du raisonnement déductif abstrait qui s'y rattache, ces cercles vicieux découlent de la liberté juridique et de la passion de la procédure qui l'accompagne.

Si l'on refuse une coordination fondée sur la hiérarchie, il

---

1. Une des conquêtes positives de l'après-guerre, c'est cette émulation dans la critique qui a saisi les sociétés occidentales : chacune veut démontrer qu'elle a plus de défauts que l'autre ! Les Américains avaient pris du retard dans cette dénonciation, le Vietnam leur a permis de le rattraper.

faut bien trouver un autre moyen de régler les rapports entre
les hommes. A vrai dire, il n'en existe pas de bons. Le
constant recours à l'arbitrage juridique, s'il présente certes
des avantages, comporte aussi d'énormes inconvénients.
Deux cercles vicieux, tout particulièrement, en résultent : le
cercle vicieux du court terme et le cercle vicieux de la
spécialisation.

J'ai déjà parlé des effets négatifs que la prédominance du
court terme produit dans le domaine politique. Mais le
phénomène est en réalité beaucoup plus général. Les États-
Unis sont une société qui vit dans le tourbillon de l'instant,
et cela essentiellement parce que, tous les conflits se réglant
par le recours au droit et tous les risques de la relation avec
autrui étant projetés sur l'unique dimension juridique, il
importe avant toute autre chose d'être invulnérable sur le
strict plan du droit. Or le droit, et le droit américain plus que
tout autre peut-être, ignore ce qu'est l'avenir, ne peut faire
entrer en ligne de compte le développement, les possibilités
d'apprentissage, la complexité du devenir [1]. Seule compte la
signification immédiate des faits examinés. Pour reprendre
l'exemple caricatural cité plus haut, peu importe qu'après le
divorce de Monsieur et Madame X., le dommage subi dans le
passé par Monsieur X. du fait des conversations téléphoniques entre sa femme et l'homme avec qui elle se remariera
apparaisse désormais infime : le fait, et lui seul, et seulement
à l'instant même où il avait lieu, sera considéré. Dans ces
conditions, il est essentiel, pour chaque citoyen et à tout
moment, de parer à toutes les éventualités. Et cela entièrement dans le court terme, puisque nul ne peut arguer de ses
bonnes intentions. La difficulté sera plus grande encore pour
les organisations, notamment les administrations, qui

---

1. Ainsi, la pratique judiciaire américaine refuse la discussion sur les mobiles,
qui passionne tant les juges français ; son attachement aux faits, par certains côtés
admirable, interdit toute référence au devenir.

devront accomplir d'extraordinaires efforts pour demeurer constamment inattaquables : aucun intérêt supérieur, aucune raison d'État ne sauraient être invoqués.

Cette passion de la transparence n'est pas dépourvue de grandeur. Et nous n'avons pas forcément tort lorsque nous la donnons en exemple à notre administration imperméable aux critiques, qui croit toujours mieux savoir que l'intéressé lui-même ce qui lui convient. Pourtant ce principe peut aussi avoir des conséquences extrêmement négatives. En effet, dans ce système, dès lors que vous êtes en règle avec la loi tout vous est permis. Il n'y a pas d'administration tutélaire, toujours bien renseignée par les jaloux, pour s'inquiéter des raisons, peut-être condamnables, de vos succès : on ne reviendra pas en arrière. Mais assurez-vous du présent, faites vite ! D'où le tourbillon du court terme : plus chacun se met lui-même à l'abri, plus les autres doivent le faire, et ainsi de suite. Supposons une entreprise en difficulté momentanée, guettée par un conglomérat qui attend le moment favorable. A la première imprudence qu'elle commettra, il fera un coup de bourse, la rachètera à bas prix grâce à une O.P.A. bien conduite, pour la revendre ensuite fort cher après l'avoir remise à flot, de façon plus ou moins artificielle. Pour éviter les extraordinaires filouteries qui permettent ces manœuvres parfaitement légales, on a imposé des règles draconniennes d'audit [1] financier. Mais l'audit, c'est un renforcement supplémentaire de la pression du court terme sur le management. Et si l'on a compliqué la tâche des opérateurs financiers, en empêchant les escroqueries voyantes, on a aussi élargi leur champ d'action par l'institution d'une transparence générale, en réalité trompeuse. De la même façon, la protection ouvrière assurée par les contrats

---

1. L'audit est une forme plus systématique d'expertise comptable.

syndicaux peut avoir des effets pervers. Une entreprise peut licencier du jour au lendemain mille personnes, si elle perd un gros client. Dès lors qu'elle respecte les termes de la convention collective, qui lui imposent de suivre la règle de l'ancienneté, rien ne l'empêche d'ajuster exactement sa main-d'œuvre à son marché. Elle y gagne sur le moment, mais à condition de garder une main-d'œuvre peu spécialisée, interchangeable. La protection syndicale, qui garantit qu'aucune discrimination ne sera exercée par l'employeur, ne se préoccupe pas de l'avenir collectif, mais uniquement de l'arrangement à court terme.

Considérons les problèmes, plus difficiles encore, de l'égalité des droits pour les minorités. Ce qui frappe lorsqu'on examine les mesures prises dans les dernières années, c'est l'extrême précipitation. On a attendu des siècles pour s'émouvoir mais, une fois qu'on s'est ému et qu'on s'est enfin décidé à amender la législation, on a voulu l'égalité totale et tout de suite. Le juge, certes, accordait souvent des délais pour la mise en application de la loi, mais c'étaient des délais techniques. Jamais n'ont été pris en considération les problèmes que pose aux individus l'apprentissage social de nouvelles situations, ni a fortiori les problèmes, infiniment plus complexes, qui apparaissent lors de la transformation de tout un système de rapports humains, relatifs non seulement à l'apprentissage individuel mais à l'apprentissage collectif. Il en résulte des réactions de résistance, mais aussi toutes sortes d'arrangements qui permettent de tourner la loi. Puisque Indiens et Chinois ont réussi à se faire inclure dans la même catégorie minoritaire que les Noirs, on fera venir des diplômés de Hong Kong ou de Bombay, qu'on mettra à des postes pour lesquels on ne trouve pas de Noirs qualifiés. Plus on triche et plus, naturellement, la loi et la jurisprudence se feront tatillonnes. Et, là encore, le court terme l'emportera. Les intérêts de la minorité noire dans son ensemble, et son évolution dans le temps, seront totalement perdus de vue, pourvu qu'on atteigne dans toutes les activités le même ratio théorique de Noirs privilégiés. On oubliera les Noirs du ghetto, qui s'enfoncent toujours davantage dans la misère morale de la drogue et du Welfare.

Autre exemple : la lutte du gouvernement fédéral contre la pollution. Il s'en faut que les résultats aient été à la mesure des espérances, et surtout des énormes budgets mis en œuvre. Cela n'a pas empêché le perfectionnement de plus en plus minutieux d'une législation que son volume suffisait à rendre à la fois incohérente et absurde [1].

Certes, les Américains ne font pas que se protéger, ils savent aussi s'arranger. La concertation est bien sûr, sinon interdite, du moins très surveillée. Des dirigeants importants (un président de General Electric, par exemple) ont été condamnés à des peines de prison fermes pour obstacle à la libre concurrence. Mais qui pourrait croire un instant qu'il y ait moins de pratiques frauduleuses aux États-Unis qu'en Europe ? La rigidité du système juridique rejette dans l'illégalité des arrangements de bon sens. Elle fait la force de *l'underground* américain, qui ne pourrait prospérer comme il le fait s'il ne remplissait des fonctions indispensables pour la société. Et là encore on tombe dans un cercle : plus la réalité échappe, plus on cherche à la contrôler par le seul moyen que l'on connaisse, à savoir la règle juridique qui a donné naissance au problème.

Une autre sorte de cercle, étroitement liée à la première, est celle de la spécialisation. L'esprit juridique américain, afin d'assurer à l'individu la totale liberté à laquelle il a droit, conduit à définir ses fonctions, droits et devoirs, dans le plus petit détail. On délimite le territoire de l'individu, après

---

1. Depuis deux ans, on s'efforce de « déréguler », ce qui apparaît beaucoup plus difficile qu'on ne croyait.

quoi il n'aura plus d'ordres à recevoir de personne. Selon la logique propre au système, c'est en poursuivant son intérêt particulier dans ce cadre bien déterminé qu'il contribuera, sans même le chercher, à l'intérêt général. Les Français, disent les Américains, se mêlent toujours chacun de tout, d'où une pagaïe qui est consubstantielle à leur système d'organisation. Alors que les Américains savent faire preuve d'initiative individuelle tout en se tenant à leur place, ce qui permet un fonctionnement mieux ordonné et plus efficace. Dans certaines limites, cette analyse est exacte : tant que les problèmes traités ne sont pas trop complexes, les ajustements à l'américaine sont plus rapides et plus efficaces. Mais la spécialisation outrancière peut aussi aboutir très vite à des résultats aberrants. Fort de son droit, n'importe quel employé va développer sa doctrine et se constituer une clientèle, sans souci des conséquences sur l'intérêt global ni de l'organisation à laquelle il appartient, ni du public. L'administration, notamment dans les domaines de la santé et de l'éducation, est de plus en plus paralysée par ce phénomène, et les affaires n'y échappent pas non plus complètement.

C'est contre cette sorte de bureaucratie qu'Ivan Illich a levé l'étendard de la révolte. Si romantiques qu'aient pu paraître ses attaques, elles portaient sur un problème absolument essentiel, que le modèle de règlement des conflits au moyen de la procédure, par opposition au modèle hiérarchique européen ou japonais, aggrave considérablement. Les États-Unis, contrairement à l'image que l'on en a souvent, sont peu doués pour la concertation et la coordination. Le style japonais, qui repose sur une symbiose entre la bureaucratie étatique et le monde des affaires, leur est totalement étranger, voire incompréhensible. De même le style français : les Français passent leur temps à se coordonner entre eux, avec une peur panique du double emploi — qui mène parfois tout simplement à ne rien faire du tout, pour ne pas risquer d'empiéter sur un voisin qui ne fait rien non plus. Cela est inimaginable aux États-Unis, mais les Américains souffrent d'une autre sorte d'anarchie : leurs féodalités, qui se querellent sans discontinuer, sont néanmoins à peu près intouchables. Chacune, retranchée derrière ses droits, reconstruit le reste de la société à son image. Seule l'administration fédérale et, à l'intérieur de cette dernière, l'unique fonction exécutive de portée générale, à savoir la présidence, peuvent réellement assurer la coordination. Mais, du fait même de la croissance que cela implique, l'administration fédérale est devenue une jungle inextricable.

Un de ses modes d'actions favoris est la régulation : le Congrès institue, à la demande du président, de grandes Commissions de régulation qui, à l'intérieur d'une Charte précise, disposent à la fois de pouvoirs réglementaires et d'un certain pouvoir judiciaire. Ces Commisions imposent des règles strictes aux activités qu'elles ont la charge de surveiller. Mais le remède, comme bien souvent, devient rapidement pire que le mal. L'application de chaque mesure donne lieu à de gigantesques batailles juridiques. Des armées d'avocats vivent de ces .activités de régulation. Quelle différence avec la France, où l'on légifère beaucoup trop, chacun en est d'accord, mais en y apportant si peu d'attention que les lois sombrent dans l'oubli [1] ! De façon très générale, le besoin pressant de régulation sociale que connaissent toutes nos sociétés entraîne, aux États-Unis, un développement considérable de régulations juridiques totalement inadaptées. Les dernières années, en particulier, en ont connu une invraisemblable prolifération. Ce pays souffre d'un délire de procédure qui est sans doute beaucoup plus inquiétant que le délire réglementaire dont nous accusons à juste titre certaines

---

1. Nous avons pu observer un cas dans lequel l'administration fit voter une loi qui existait déjà...

de nos administrations. La réglementation adressée aux administrations préfectorales par les bureaux de l'Équipement occupe en moyenne 1 100 pages chaque mois. L'agence fédérale américaine chargée de la pollution en envoie, à elle seule, 50 % de plus. A ces montagnes de textes répond un accroissement comparable du nombre des fonctionnaires. La France a à peu près réussi à arrêter la croissance des administrations : les dactylos ont cessé de s'occuper en faisant du tricot. Mais, l'année dernière, dans une division de plusieurs centaines de personnes d'un ministère américain, le travail a cessé pendant trois semaines parce que la ligne budgétaire relative aux rubans de machines à écrire était épuisée...

La folie du droit et le gouvernement des juges

Pour comprendre les excès auxquels peut conduire l'obsession juridique de l'Amérique moderne, on peut considérer deux questions d'importance décisive, celle de l'assistance et celle de l'égalité des races et des sexes.

Aucun problème n'est plus douloureux aujourd'hui aux États-Unis, du point de vue moral autant que social, que celui de l'assistance, que l'on désigne du terme imprécis et bien mal choisi de *welfare*[1]. L'assistance officielle légale a remplacé l'humiliante charité traditionnelle. Devenue un droit, elle n'insulte plus à la dignité humaine. Mais elle entraîne des effets pervers, de plus en plus désastreux à mesure que l'aide croît en volume. Il faut rappeler, pour faire la comparaison, que la charité privée présentait malgré tout quelques avantages : son paternalisme s'accompagnait d'une

---

1. Quelle douloureuse ironie que de dire, de quelqu'un qui vit de l'assistance, qu'il est *on welfare* : au bien-être...

certaine chaleur humaine ; insuffisante, elle s'occupait cependant de la personne tout entière, ou de la famille tout entière ; enfin elle permettait une certaine souplesse, elle s'adaptait aux changements de situations. L'assistance publique, quant à elle, institue un droit ou plutôt des droits, extrêmement compliqués, qui transforment les « ayant droit » en plaideurs éventuels dont vont s'occuper des avocats spécialisés. Ces droits sont gérés séparément par des bureaucraties indépendantes, selon la règle de spécialisation, de sorte que les familles dont elles s'occupent sont harcelées par des kyrielles d'assistantes et de contrôleurs différents. L'aide n'est jamais globale, et ne tient pas compte des possibilités de transformation de la situation. Toutes ces caractéristiques entraînent des effets pervers. Le plus connu, et qui a fait l'objet d'innombrables débats, est la désorganisation de la famille noire, du fait des allocations spéciales qui sont allouées aux familles dépourvues de père. Le texte de la loi ne fait pas de discrimination sexiste et concerne en principe les familles où il n'y a qu'un seul parent. Mais, dans une société qui reste sexiste, c'est le problème de l'absence ou de la disparition du père qui est en question. Les familles vivant dans la misère ont en effet très vite compris l'intérêt financier évident qu'elles avaient à faire en sorte que le père soit considéré comme défaillant, d'où le subterfuge classique du père qui s'éclipse à l'arrivée de l'assistante sociale.

Cette loi revient en fait à accorder une très forte prime aux unions non légales, et renforce la culture matriarcale propre au sous-prolétariat, particulièrement dans les ghettos noirs. On en arrive ainsi à ce que les enfants grandissent sans père, et à ce que les rôles masculins soient dévalorisés, ou fortement orientés vers l'irresponsabilité. Une loi faite pour protéger la dignité de la personne contribue en réalité à dégrader les mœurs d'un groupe social tout entier. Il est clair que, même si personne n'ose en parler directement (ni parmi

les Noirs, ni parmi l'immense majorité libérale de la
population américaine), l'association entre l'assistance légale,
la désintégration de la famille noire, et la sous-culture fondée
sur la drogue et le chapardage, est une association très forte
dans la conscience collective américaine. Un congressman
particulièrement réactionnaire du Texas proposa d'obliger les
femmes émargeant au Welfare à se faire stériliser après leur
troisième enfant : il ne voyait pas pourquoi les contribuables
américains devraient payer pour permettre la venue au monde
d'enfants à coup sûr destinés à devenir des voyous. Le tollé
fut général, mais il y eut effectivement une discussion autour
de ce projet. Beaucoup de spécialistes travaillent à transformer les données de ce problème dramatique. J'ai déjà
mentionné les efforts infructueux de l'administration Nixon
pour instituer un impôt négatif. Ce débat, malheureusement, n'avance pas parce qu'il se déroule encore, pour
l'essentiel, entre juristes, sur la base des décisions prises par
les juges.

Les juristes américains manifestent une grave inaptitude à
reconnaître l'existence des groupes sociaux comme tels et à
comprendre les conséquences secondaires que les lois peuvent
avoir, à terme, pour ces groupes. Ils s'en tiennent à la
question de savoir s'il est juste que telle personne particulière
reçoive telle aide particulière, et sous quelles conditions.
Quand Daniel Moynihan voulut poser le problème de la
famille noire face au Welfare, il se heurta à une vive réaction
non seulement des leaders noirs, mais aussi de la majorité de
la communauté libérale : c'est qu'il osait désigner l'existence
du fait social, au-delà du droit de l'individu. Aux juristes
s'opposent, certes, les économistes, gardiens de la rationalité
financière et partisans, par exemple, du *negative income tax*.
Mais le raisonnement économique reste totalement impuis-
sant devant la logique des droits, soutenue par les professions
juridiques et les bureaucraties qui vivent de ce système. De

plus, le poids de la réalité humaine semble être tout entier du côté de la bureaucratie, les économistes ne sachant élaborer que des formules séduisantes mais abstraites.

Ainsi, malgré les apparences, ce n'est pas la rationalité nouvelle, celle du calcul coûts/avantages, qui règne en Amérique, mais la rationalité traditionnelle des juristes. On pourrait dire, en caricaturant, que l'Amérique n'est gouvernée ni par les politiciens ni par les milieux d'affaires, mais par les juges : par ceux qui disent le droit. Pour le reste, elle se gouverne toute seule. L'importance de ce gouvernement des juges est particulièrement apparente, outre le système du Welfare, en matière de discrimination raciale et sexuelle, depuis vingt ans le problème le plus brûlant de la société américaine. J'ai déjà parlé, dans un autre chapitre, du ramassage scolaire, du système des quotas, de l'*affirmative action* (qui permet au juge d'intervenir dans n'importe quelle organisation pour vérifier que tout a été fait en vue d'assurer une représentation équitable des races et des sexes). Je voudrais ici reprendre ces problèmes du point de vue de la procédure et de la responsabilité du mouvement que nous constatons.

Quelle est la logique de cette histoire qui s'étale sur vingt-cinq années ? Tout commence par une décision de la Cour Suprême, en 1954. Renversant une longue jurisprudence qui consacrait le droit des autorités locales à maintenir des écoles séparées pour les Noirs et les Blancs, pourvu que ces « services séparés » soient d'égale qualité, les juges de l'instance suprême décident que les écoles séparées n'assurent pas aux citoyens de couleur l'égalité de droits qui leur est reconnue par la Constitution. Cette décision mémorable donne le signal des mouvements de déségrégation scolaire. Partout des actions en justice sont intentées, et peu à peu tous les juges en viennent, appliquant la nouvelle jurisprudence, à obliger les autorités locales à procéder, de façon ou d'autre, à l'intégration. Dans cette affaire, la Cour a agi seule, se substituant à un Congrès défaillant, paralysé qu'il était par les Sudistes. Ce n'est qu'en 1964, après le meurtre du président Kennedy, que sera votée la loi qu'il avait préparée. Encore cette loi, n'eût été la conjoncture de crise morale entraînée par ce meurtre, et d'autre part l'habileté manœuvrière du président Johnson et sa volonté de mener à bien l'œuvre de son prédécesseur, ne serait-elle certainement passée que moyennant de très sérieux amendements. La confusion qui régnait au Congrès est d'ailleurs seule responsable, nous l'avons vu, d'une mesure annexe votée presque par mégarde mais dont les conséquences devaient s'avérer considérables : le paragraphe relatif à la discrimination dont les femmes pourraient aussi être victimes. Après le vote de la loi, le président put mettre sur pied l'O.E.O., Office of Economic Opportunity, chargé d'en surveiller l'application dans tous les secteurs d'activité, publics ou privés, et de poursuivre les délinquants. En 1965, l'O.E.O. fut autorisé à utiliser le principe de l'*affirmative action*, qui renversait la charge de la preuve : il n'incombait plus désormais au plaignant de prouver qu'il avait subi une mesure discriminatoire, mais à l'entreprise ou administration mise en cause d'établir qu'elle s'était suffisamment efforcée de mettre fin à toute discrimination parmi son personnel.

La logique de tout cela est très claire : face à un Congrès incapable de prendre une décision, face à un exécutif bien intentionné mais trop faible pour imposer sa volonté, les juges, s'appuyant sur la Constitution et les textes juridiques existants, dictent la conduite qu'il doit tenir à un pays incertain et partiellement divisé. Ayant pour arme la justice, ils donnent des ordres et veillent à ce qu'ils soient appliqués. L'immense appareil obéit à leurs directives morales et se met en branle : le législatif et l'exécutif suivent le judiciaire. Les libéraux acclamèrent les décisions de la Cour Suprême et le courage d'une justice qui se montrait seule capable de maintenir vivant l'idéal du rêve américain. D'une certaine façon, on peut dire que pendant cette période les problèmes des droits civiques ont dominé la vie intérieure de la société américaine, plus encore que les problèmes des droits syndicaux dans les années trente à cinquante, et que par là s'est trouvée consacrée la prééminence de l'appareil judiciaire parmi toutes les institutions de la société américaine. Déjà, le mouvement ouvrier s'était beaucoup appuyé sur le droit [1] ; mais, cette fois, l'affaire est directement prise en main par les juristes eux-mêmes. Et, par un mouvement beaucoup plus large encore, l'institution judiciaire envahit alors toutes sortes d'autres domaines, tels que ceux du droit des consommateurs ou des problèmes de pollution. La qualité de la vie est désormais considérée comme étant de son ressort.

Quels sont les conséquences de cet accroissement du rôle de l'instance judiciaire ? Tout d'abord une remarquable transformation sociale. Il est indiscutable qu'en quelques années, les Noirs ont fait plus de progrès que dans tout le siècle qui suivit la guerre de Sécession. Quels qu'aient pu en être les conséquences secondaires et le coût, le résultat global est largement positif. Les États-Unis se sont enfin débarrassés d'un problème qui les paralysait moralement et sur lequel ils revenaient sans cesse buter dans toutes les tentatives de réforme et de développement social. Et, sans aucun doute, seule la brutalité du décret de la Cour Suprême créait la nécessaire rupture sans laquelle jamais n'aurait pu être brisé le cercle où se débattaient aussi bien une minorité accablée qu'une majorité honteuse et impuissante. Pourtant, si cette décision apparaît bien, rétrospectivement, comme l'acte de politique intérieure le plus positif depuis l'époque du New

---

1. Les juges jouèrent un grand rôle dans le libéralisme des années trente à cinquante. C'est une institution judiciaire, le National Labor Relations Board, qui permit le développement du nouveau syndicalisme américain (le C.I.O.).

Deal, on ne peut considérer sans trouble le rôle disproportionné désormais dévolu aux juges dans la vie du pays, ni l'habitude d'ores et déjà entrée dans les mœurs de les voir gouverner par injonctions, ordonnances et décrets. De fait, ce ne sont plus maintenant les réactionnaires traditionnels et les bigots de petites villes qui s'inquiètent de l'avenir des institutions, mais bien les intellectuels néoconservateurs, et jusqu'aux libéraux.

Pour bien percevoir la portée du problème, il faut d'abord savoir qui sont les juges. Le plus grand nombre d'entre eux sont élus, mais ce ne sont pas ceux-là qui comptent : ce sont les neuf juges de la Cour Suprême et les quelque six cents juges fédéraux d'appel — tous nommés par le président et, une fois nommés, à jamais inamovibles. Très estimés [1], bien payés, très compétents, bien organisés et efficaces, ils sont aussi par ailleurs, outre leur fonction spécifique, de véritables personnages politiques — qui jouissent, contrairement à tous les autres hommes politiques, de l'inestimable privilège que confère la stabilité. A la Cour Suprême, il n'existe d'ailleurs même pas d'âge fixé pour la retraite, de sorte que c'est au seul gré des présidents en exercice lors du décès des juges les plus âgés que se détermine l'orientation politique et idéologique de la Cour [2]. Longtemps, celle-ci est restée une institution conservatrice, qui semblait avoir essentiellement pour rôle de protéger les traditions et les principes contre toutes les velléités de bouleversement que pourraient avoir des présidents impulsifs. Ainsi est-ce la Cour Suprême qui en 1933 fit obstacle au premier train de réformes — à vrai dire largement

---

1. Ce qui n'est absolument pas le cas du reste des professions judiciaires, dont le prestige auprès de l'opinion publique a beaucoup baissé.
2. Le seul argument contre la candidature Reagan considéré comme vraiment sérieux par beaucoup de libéraux tient à l'importance des choix que le futur président devra faire dans ce domaine dans les quatre années à venir, vu l'âge et l'état de santé de plusieurs des juges qui composent actuellement la Cour Suprême.

corporatistes — de Roosevelt. Ce n'est qu'à la fin des années cinquante que, sous l'impulsion d'Earl Warren, ancien gouverneur de Californie, républicain libéral nommé par Eisenhower à la présidence de la Cour, celle-ci transforma son rôle de chien de garde en celui de réformateur actif.

Au nom de quoi, demandent les critiques actuels, des juges nommés portent-ils davantage la responsabilité du bien commun que les élus du peuple ? Est-il démocratique de les laisser ainsi se substituer à la volonté du suffrage universel ? La tradition voulait que des juges sages et expérimentés veillassent à maintenir la tradition contre les impulsions de présidents, de Congrès ou d'organes législatifs d'États qui auraient été emportés par leurs passions. Mais cette fonction ne peut être sans danger hypertrophiée et, lorsqu'elle se double d'une activité réformatrice, on peut craindre d'être sorti du cadre de la démocratie. De quel droit les juges se mêleraient-ils de tout et décideraient-ils en lieu et place des politiques, qui sont tout de même en principe les authentiques responsables ? J'avancerais, quant à moi, des arguments d'une autre nature. A mon sens, le grand danger inhérent au gouvernement des juges n'est pas tant qu'il s'écarterait de la démocratie et du remarquable équilibre constitutionnel que les Américains ont toujours connus dans le passé, mais plutôt qu'il accentue un trait profond de la société américaine : le délire de la procédure, particulièrement dysfonctionnel dans nos sociétés modernes désormais si complexes. Le gouvernement des juges est au plus haut point l'expression du « mal américain ». Une société qui n'est pas capable de se prendre en charge elle-même et redoute la décision jusqu'à s'en décharger au profit de ceux qui disent le droit, une telle société ne peut que tendre à se scléroser, même si, à court terme, telle décision des juges constitue un immense progrès.

« On ne change pas la société par décret [1] », pas plus en Amérique qu'en France : on ne peut ordonner au monde de se transformer selon ses souhaits, simplement parce que l'on croit détenir la clef universelle, celle du bien ou celle du droit. Une telle présomption entraîne deux conséquences désastreuses, l'une assez facile à saisir et dont j'ai déjà traité — la constitution de castes restreintes qui accaparent la décision —, l'autre qu'en revanche personne ne semble apercevoir : une profonde transformation de la nature même du débat public. Dans les États-Unis d'aujourd'hui, celui-ci s'est entièrement réduit à un débat juridique. La qualité de la vie et, pourquoi pas, le bonheur — après tout, le droit de chacun à le rechercher est inscrit dans la Constitution — deviennent de simples problèmes de législation, susceptibles d'être résolus par d'équitables mesures de répartition. De plus en plus, toute l'organisation sociale tourne autour de ce débat statique qui passe à côté de l'essentiel, à savoir le changement, le développement.

Comment la société américaine, qui a toujours été considérée comme le symbole même du dynamisme et du pragmatisme, peut-elle paradoxalement subir cet incroyable retournement et se livrer entièrement à des juristes et des comptables qui pontifient en dépit du bon sens et hors du sens de la réalité ? Sans doute est-ce que la tradition américaine n'est pas aussi simple qu'on l'avait cru. Et que la poursuite du bonheur, source de dynamisme dans un monde de conquête, dans un monde plein peut devenir facteur de sclérose.

---

1. Si le lecteur veut bien me permettre de reprendre la formule dont j'ai fait le titre de mon dernier livre (Grasset, 1979).

CHAPITRE X

LE DÉMON DU BIEN

Mal américain et mal français

D'une certaine façon, il n'y a pas plus de mal américain que de mal français. Le fonctionnement des sociétés est trop complexe pour être correctement résumé par les modèles, plus ou moins élaborés, au moyen desquels nous cherchons à en rendre compte. Et, surtout, ce fonctionnement change : un ensemble humain est aussi un ensemble vivant, c'est-à-dire adaptable. Toute culture, de ce fait, est à la fois chaque chose et son contraire. Non pas tant parce que les sociétés seraient disparates, construites de bric et de broc à partir de populations ayant des traditions différentes, mais parce que les hommes sont par nature contradictoires et ne peuvent vivre en société en n'observant qu'un unique principe, ou qu'un unique ensemble de principes hiérarchisés et relativement cohérents. Les Français, réputés pour leur tempérament casanier, ont toujours été de remarquables explorateurs, aventuriers et missionnaires ; follement épris de la centralisation, ce sont aussi des anarchistes ingouvernables. De même les Américains sont-ils à la fois des entrepreneurs confiants et des juristes tatillons et soupçonneux, des champions de la permissivité et des croyants craignant le Dieu de colère des puritains. Toujours, dans une même culture, cohabitent plusieurs manières de résoudre un problème donné ou d'y échapper, et il semble bien que cette diversité soit non seulement fonctionnelle mais proprement indispensable. Au-delà de l'énumération, toujours piquante, des traits contradictoires propres à chaque société, la véritable question est de savoir à quoi répondent toutes ces caractéristiques. On pourrait dire, de façon caricaturale, que la culture se compose de tous les problèmes que les hommes se créent les uns aux autres pour réussir à vivre ensemble, et de la façon dont ils les résolvent. Le génie de Tocqueville aura été d'apercevoir, le premier, ce caractère problématique et instrumental de la culture, avec toutes ses conséquences.

On pourra cependant effectivement parler du « mal américain » (par allusion au « mal français » d'Alain Peyrefitte), à condition de rester modeste et de ne désigner par là que cette sorte de difficultés auxquelles se heurtent un jour ou l'autre toutes les cultures, qui révèlent dans cette épreuve leurs faiblesses profondes. Les contraintes naturelles changent, et les cultures changent avec elles. Le construit humain est capable de s'adapter. En dépit d'une puissante persévérance dans son être, d'une farouche capacité de résistance à la nouveauté, il parvient souvent à s'adapter assez bien et assez vite. Les hommes peuvent inventer de nouvelles solutions, en général dans le cadre de leurs principes, mais parfois aussi par l'introduction de principes nouveaux. Dans ces processus, on rencontre des moments heureux et des phases de dégradation, des spirales de développement et des spirales de régression. Tant qu'on reste à l'intérieur de certaines limites, un système donné fonctionne bien et se développe régulièrement. Passé un certain seuil, la spirale de développement s'inverse et l'on entre dans la spirale de régression. Faute de pouvoir bien comprendre la nature de ces seuils, nous ressentons chaque retournement de cette sorte comme une tragique surprise. Puis, de façon non moins inattendue, nous voyons le système se transformer et redémarrer : le mal s'est transformé en bien.

C'est seulement en ce sens-là qu'il peut valoir la peine de parler de mal américain — ou aussi bien de mal français. Et cela peut être utile car, dans les trente dernières années, c'est trop souvent par comparaison avec la société américaine, considérée comme la plus achevée, qu'on s'est laissé aller à porter un diagnostic sur les autres sociétés. Une société prenait le chemin du bien, si elle s'orientait vers le modèle de l'efficacité à l'américaine. Était mauvais tout ce qui retardait cette évolution. L'apparition, ces dernières années, d'un mal américain non moins virulent que ceux qui affectent les autres sociétés nous force enfin à relativiser notre vision et à reconnaître que les hommes peuvent trouver des voies multiples pour résoudre leurs problèmes.

Une foi trop simpliste dans la bonté de l'homme

Depuis le XVIIIe siècle, tous les Occidentaux proclament que l'homme est né bon et que la société est perfectible. Mais, au fond d'eux-mêmes, ils ne le croient pas tout à fait. Car il faut bien tenir compte de la réalité, où l'on constate la persistance du mal ainsi que les effets souvent déplorables d'une trop ardente poursuite du bien : comme on dit, l'enfer est pavé de bonnes intentions.

Chaque société a en fait sa manière propre de régler ses problèmes avec le bien et le mal, par une option d'ordre métaphysique et, au fond, religieux. Cependant, la solution qu'elle apporte au niveau social constitue un principe général d'organisation, qui se situe au-delà des sentiments et opinions des individus tout autant que des débats théoriques.

La solution américaine est sans conteste la plus radicale de toutes, du moins en Occident. Les Américains ont tout bonnement décidé de ne pas croire au mal [1]. Leur monde idéal pourrait être dépeint comme une bergerie du xviiiᵉ siècle, où chacun porterait perruque sobre — on n'est pas chez les papistes —, mais se présenterait toujours propret, poudré, souriant, en homme parfaitement social [2]. J'insiste sur le caractère social de cet idéal. La métaphysique peut y trouver place, si l'on y tient vraiment, mais à condition que chacun la garde pour lui-même et qu'elle reste elle aussi une métaphysique de bergerie, correctement poudrée, comme dans *la Flûte enchantée* de Bergman [3]. Ce qui est en question, en effet, ce n'est pas le sens de la destinée humaine, mais bien les règles du jeu.

Pour comprendre le système américain, il faut savoir que la croyance au bien y est générale et absolue, mais pas très profonde. Pour l'individu, c'est une sorte de pari pascalien : abêtissez-vous, c'est plus efficace. Et, pour la société, c'est un postulat, qui rappelle le contrat social de Rousseau : si tout le monde décide de croire à la bonté de l'homme, on pourra se fier les uns aux autres et tout sera plus efficace, dans cette société de confiance dont Alain Peyrefitte a si profondément senti la dynamique. De fait, le postulat s'avère extraordinairement efficace. Même si la réalité ne ressemble que bien partiellement à cette fiction, le pari de l'individu sera généralement gagné ; cette façon de s'abêtir est en effet

1. Si l'on en croit Zinoviev, seuls les Soviétiques auraient une solution d'une radicalité comparable : eux, ils ne croient pas au bien.

2. On m'objectera que le puritanisme, comme le jansénisme, était élitiste et donc croyait aussi au mal. Il y avait peu de Justes, et l'idéal du bien ne pouvait être atteint que par ceux que la grâce toucherait. Mais cette position de combat, contre le laxisme des vieilles structures et pour la rigueur de la loi, s'est alors transformée dès la première moitié du xviiᵉ siècle. Le bien devient accessible à tous, et les descendants des austères pèlerins sont des prosélytes de l'égalité qui, accordant la grâce à tout le monde, refusent donc le mal.

3. Les Suédois, eux aussi, croient au bien...

payante. Et, au niveau social, pendant trois cents ans le développement de cette société nouvelle a vérifié la fécondité du postulat. La confiance générale permet de mobiliser beaucoup plus de ressources et beaucoup plus vite, d'où un grand nombre de spirales vertueuses, de spirales de développement. On interagit de façon plus efficace et surtout plus rapide avec bien plus de gens, on peut explorer plus de solutions avec plus de liberté. Et on déjeune plus vite.

Vue d'Europe en 1950, la société de confiance paraissait l'image même du progrès, du management moderne et de l'expansion indéfinie. Nous nous en sommes inspirés, et à bon escient : le modèle marchait chez nous aussi. Cependant, nous ne l'appliquions que partiellement, à cause de la résistance de la société, à cause aussi de notre scepticisme profondément enraciné. Et voilà maintenant que nous nous apercevons, trente ans après, que c'est désormais aux États-Unis mêmes que le modèle marche le plus mal : la dynamique de la confiance y produit désormais de plus en plus de spirales de déclin, de moins en moins de spirales d'innovation. C'est que vivre sous le postulat de la confiance ne signifie nullement qu'on vit dans la confiance ! Et lorsque l'écart entre la théorie et la réalité devient trop considérable, le pari ne peut plus être gagné et le postulat devient, comme disent les Américains, contre-productif. Pourquoi, cependant, cet écart est-il plus grand maintenant qu'autrefois ? Tout simplement parce que notre monde d'après-guerre est devenu infiniment plus compliqué que l'univers innocent dans lequel avaient vécu jusqu'alors les États-Unis, et cela tant à l'extérieur qu'à l'intérieur. Le modèle de la société de confiance devient alors beaucoup trop simpliste : c'est au fond un système binaire (oui/non : confiance, pas confiance), qui ne permet pas de fonder des relations humaines complexes, ni de comprendre, pour les modérer, les multiples

stratégies entrecroisées que déploient les sentiments
humains, dans leurs infinies nuances.

Essayons de comprendre les conséquences du postulat de la
confiance, dans un monde d'une énorme complexité. A
première vue, il donne un immense avantage : on communique mieux, plus vite, avec plus de gens, donc on devrait
pouvoir accompagner plus facilement le mouvement, résoudre de mieux en mieux des problèmes de plus en plus
compliqués. Mais pourquoi alors les Japonais, qui communiquent lentement et sans grande clarté, empêtrés dans leurs
codes de politesse et leur goût des circonlocutions, s'adap-
tent-ils tellement bien à ce monde complexe, tellement
mieux que les Américains ? Pourquoi même les Français, si
méfiants, si portés à toujours soupçonner des mobiles cachés
et des manœuvres obscures, se débrouillent-ils finalement assez bien eux aussi ? A mon avis, cela ne s'explique
qu'en admettant que la question se pose autrement que dans
les termes d'une efficacité procédant par simplification des
problèmes : les Américains sont capables de résoudre rapidement, grâce à leur postulat, les problèmes les plus simples,
mais ceux-ci ont de moins en moins d'importance. C'est à une
logique du complexe qu'il faut désormais donner la priorité.
Prenons le problème autrement : lorsqu'on vit avec le seul
postulat du bien, on est obligé de refouler le mal, de
prétendre qu'il n'existe pas. « Nul n'est méchant volontairement », prétendait déjà Platon, il n'y a que des malheureux.
On achète donc tous les parfums de l'Arabie pour effacer la
petite tache de sang et, comme on est tout de même des
hommes, on vit en même temps dans l'hypocrisie. Mais, dans
l'hypocrisie, le mal prospère, et de temps en temps ce refoulé
fait retour ; c'est alors le scandale, et seul le recours au Dieu
de colère peut rétablir la situation. Ces mécanismes que j'ai
appelés binaires donnent à la culture américaine une allure
très heurtée et très dure. Le mal n'existe qu'ailleurs, il est

l'essence même de l'adversaire. Aucune transition entre la lumière et l'ombre. En surface, les États-Unis sont donc le paradis : « Tout-le-monde-il-est-bon-tout-le-monde-il-est-gentil ! » Mais, par derrière, quantité de pratiques déshonnêtes fleurissent et prolifèrent. Plus le monde de la lumière est posé comme sans tache, plus celui de l'ombre s'étend. A l'époque de la frontière, l'expansion permettait de blanchir le mal : les filouteries des débuts étaient rachetées par une bonne conduite, une fois le succès obtenu. Mais quand le système atteint ses limites et se bloque, il faut bien en revenir au Dieu de colère et trouver des boucs émissaires. Le Dieu de colère frappe donc, et sans merci. On traque alors tous les menus arrangements, toutes les petites compromissions auxquels notre tradition latine de vieux pécheurs tolérants [1] trouve toujours des circonstances atténuantes.

Cette absence de charité, d'indulgence, de « merci » au sens du Moyen Age, n'est pas un problème uniquement moral, elle entraîne aussi des conséquences pratiques immé-diates. On a beau communiquer bien et vite dans les situations habituelles, lorsque survient un problème qui met en question cette logique on ne comprend plus rien du tout. La logique binaire, en terme de bien absolu et de mal absolu — « A-t-il violé la loi ? Répondez par oui ou par non » —, devient, quand la réponse est négative, non seulement inhumaine, mais stupide : un « je-ne-veux-pas-le-savoir » d'adjudant. C'est cette logique qui explique le constant recours au juridisme et le délire de la procédure. Tout cela entraîne une extraordinaire incapacité à comprendre l'autre, à le rencontrer un peu profondément, à se mettre à sa place, à raisonner en termes de stratégie complexe. D'où une efficacité soudain réduite à néant dès que le niveau du problème

---

1. Malgré le mot célèbre de Clemenceau — qui, à sa manière, était un puritain à l'américaine : « La tolérance, il y a des maisons pour cela. »

posé dépasse celui d'une telle logique binaire. N'en déduisons
surtout pas que la société américaine ignorerait la tolérance,
qui au contraire régnerait inconstestée dans les pays latins : il
est trop clair qu'à maints égards c'est plutôt l'inverse qui
serait vrai. Mais, tolérance et intolérance ne désignent pas les
mêmes réalités dans la société américaine et, par exemple,
dans la société française, ce qui explique bien des malentendus. La société française est tolérante par scepticisme ; du
christianisme, elle a surtout retenu le fameux : « Qui es-tu
pour me jeter la première pierre ? » Puisque nous sommes
tous un peu pécheurs, il ne faut jamais aller trop loin dans la
condamnation [1]. La société américaine ne connaît pas ces
faiblesses, qui lui paraissent à juste titre mener au conservatisme. Elle tolère beaucoup mieux que la société française
toutes les opinions, croyances ou bizarreries, à condition
qu'elles restent compatibles avec le postulat de la confiance ;
et ce qui échappe à ce postulat, ce que donc elle ne tolère pas,
est précisément ce que nous tolérons le mieux.

Cette passion, propre aux Américains — mais qui doit
beaucoup à leurs ancêtres européens « éclairés » —, pour la
bonté de l'homme, pour la liberté assurée par contrat, pour le
droit à la poursuite du bonheur, doit être considérée, si
simpliste qu'elle puisse être dans ses manifestations, comme
une grande conquête de l'esprit humain. C'est à elle que l'on
doit l'extraordinaire réussite que fut la « frontière » américaine ; jamais modèle plus efficace ne fut mis en œuvre pour
peupler une terre nouvelle et fonder une nouvelle nation.
C'est là un peu aussi le rêve de l'Europe, rêve sans lequel
nous-mêmes n'aurions pu nous développer au XIXᵉ siècle ni
réussir, avec l'aide des États-Unis, la spectaculaire recons-

---

1. On peut songer ici à la différence entre le personnage du policier à la
française, ce vieux routier qui en a tant vu et qui comprend les hommes, et du
policier à l'américaine, avant tout acharné à traquer le coupable et à le confondre
par un raisonnement impitoyable.

truction de l'après-guerre. Mais ce rêve est en même temps terriblement dangereux, il risque de conduire à un monde froid et solitaire. L'Ouest américain, c'est en définitive un homme, sa terre, sa femme et son fusil ; rien de plus. Tout homme est une île, disait déjà John Donne. On retrouve là l'ambiguïté du « ni Dieu ni maître » des anarchistes — d'ailleurs, le Dieu puritain est si abstrait qu'il n'a aucune véritable réalité. Tout comme les anarchistes européens, les Américains dans leur ensemble refusent le pouvoir de l'homme sur l'homme, ce qui leur interdit de comprendre les complexités du pouvoir et les difficultés de tout apprentissage complexe : à leurs yeux, chacun doit d'emblée savoir ce qu'il veut, et doit pouvoir l'obtenir s'il accepte le contrat.

Les Français, toujours imprégnés de bribes de casuistique, sont mieux préparés que les Américains à développer une pensée capable de prendre en considération un système tout entier, avec sa complexité propre. Certes, nous avons aussi une puissante tradition janséniste, et les Antigone parmi nous ne sont pas rares. Mais cette dualité, si elle nous affaiblit parfois, est aussi source de richesse. Peut-être n'est-il pas si absurde qu'il pourrait sembler de proposer aux Américains d'étudier un peu la pensée des Jésuites du XVIIᵉ siècle, de se pencher sur cette merveilleuse invention que fut la casuistique [1], si étrangère au mode de raisonnement puritain fondé sur la notion de contrat. Pour le casuiste, le bien et le mal existent, bien sûr, mais il faut aussi considérer le contexte : ce qui d'abord semblait noir par référence à la loi, peut paraître simplement gris lorsqu'on tient compte de la situation du coupable et de ses motivations ; et toute condamnation d'un individu doit être calculée en tenant compte aussi de ses conséquences au niveau de la société.

1. La pensée des Jésuites espagnols, et même français, du début du XVIIᵉ siècle est beaucoup plus subtile et sophistiquée qu'on ne le croit en général, n'en déplaise à Pascal.

En tout cas, Jésuites ou pas Jésuites, il est urgent pour les Américains de prendre conscience que l'ère de la frontière est finie et qu'ils entrent à leur tour dans un « monde plein », au sens de Chaunu, un monde où ils pourront, certes, maintenir leurs valeurs, mais à condition d'accepter que d'autres, différentes, coexistent avec elles : à ce prix seulement pourra surgir un type de pensée mieux adapté à la situation nouvelle.

Le rêve de l'éducation permissive

Il n'est pas de problème social plus profond que celui de l'éducation : c'est à travers elle qu'une société se forme, mais aussi se connaît et se reconnaît. L'éducation est à la fois la source et l'expression des valeurs. La crise de l'éducation est donc, en même temps qu'un problème, un signe de désarroi profond. Certes, cette crise affecte l'ensemble des pays civilisés, mais les États-Unis bien plus gravement que les autres ; en outre, c'est autour du modèle bien américain de l'éducation permissive que s'est nouée la crise dans les autres pays également : le succès de la notion de permissivité, en développant des aspirations démesurées chez nombre d'individus, a entraîné une profonde crise existentielle de l'école. Celle-ci ne sait plus très bien ce qu'elle fait, et ses clients ne savent plus très bien ce qu'ils en attendent. Or, lorsque les enfants cessent de pouvoir assimiler les valeurs fondamentales d'une société, les parents ne se reconnaissent plus en eux, la transmission culturelle devient impossible, et la société est menacée dans son existence même.

Mon ami Jim March, une des rares personnalités universitaires américaines dont le rayonnement s'étend bien au-delà des seuls cercles académiques, aime à exposer le paradoxe suivant : « Nous avons longtemps eu deux théories sur le comportement des êtres humains : la première relative aux adultes (ils savent ce qu'ils veulent, et telle est la source de tous les raisonnements économiques et politiques), l'autre applicable aux enfants (ils ne sont pas en mesure de savoir ce qu'ils veulent vraiment, et c'est le fondement de toute pédagogie). On a cherché à unifier les deux théories, mais on s'y est pris de la mauvaise façon : au lieu d'admettre que, le plus souvent, les adultes ne savent pas non plus très bien ce qu'ils veulent, et qu'ils ont par conséquent grandement besoin d'apprendre, on en est venu à postuler que les enfants, tout comme les adultes, savent ce qu'ils veulent... » Ce paradoxe n'est pas aussi réactionnaire qu'il peut paraître au premier abord.

Si la crise, heureusement pour nous, n'est pas aussi aiguë en Europe qu'aux États-Unis, c'est que les institutions, les responsables à tous les niveaux et, jusqu'à un certain point, la société tout entière croient encore un peu au mal. Cela est si vrai, que la gauche enseignante, qui bien sûr quant à elle croit au bien, continue à agir comme si elle croyait au mal et communique en fait aux enfants un message assez embarrassé, que je caricaturerais volontiers ainsi : « En principe, vous êtes bons et la société est mauvaise. Mais, dans les faits, vous ne savez rien, donc vous n'êtes encore que potentiellement bons. Par conséquent, en rang par quatre, et je veux entendre les mouches voler. » Et Mai 68, alors ? m'objectera-t-on immédiatement. Eh bien, à mon sens, Mai 68 a précisément été une conséquence, peut-être la seule vraiment importante, de l'américanisation de la France, et d'ailleurs n'a que très partiellement transformé les valeurs et les pratiques : bien moins parce que la réaction politique en aurait détruit les acquis, que du fait que, d'eux-mêmes, les étudiants puis les lycéens en sont revenus, sinon exactement à l'ancien modèle, du moins à une version adoucie de celui-ci[1].

1. L'éducation secondaire française est toujours en crise. Il y aurait beaucoup à dire sur ce sujet, que je ne prétends évidemment pas avoir épuisé par cette rapide remarque sur Mai 68.

Quoi qu'il en soit de l'Europe, la crise de l'école américaine
se joue essentiellement à trois niveaux : l'accueil de tous les
enfants, le fonctionnement de l'institution, et la pédagogie.
Bien que fort simple, le problème de l'accueil est très grave
et, d'une certaine façon, insoluble. L'école française était
autrefois fondée sur le classement, la distinction et, en
définitive, le rejet ; et elle reste aujourd'hui encore, avec
certes infiniment plus de subtilité, une machine à rejeter.
Pour autant que sa finalité est au fond d'établir un classement
des individus, objectif et reconnu par tous, ce système de
rejet apparaît relativement fonctionnel. Mais l'école américaine est fondée, tout au contraire, sur l'idée d'accueil.
Censée être l'école de tous, elle entend s'occuper de chaque
élève également et ne classer que le moins possible. Bien
entendu, elle a toujours classé néanmoins, bien davantage
que ne le croyaient les Américains. Les enfants issus de
milieux favorisés allaient dans de bonnes écoles, devenaient
de bons élèves et entraient à l'université. Dans ce contexte, la
« bonne spirale » était possible : quand ils ont de bons
élèves, les enseignants sont heureux et fiers et enseignent de
mieux en mieux à des élèves de plus en plus brillants.
La permissivité est alors fonctionnelle, puisque tout le
monde est plein de bonne volonté. Mais, dès que l'on
essaie de mettre fin à cette sélection cachée pour parvenir
à une véritable égalité des chances, on brise le cercle vertueux, et la permissivité devient dysfonctionnelle. Car la
qualité des élèves est l'élément déterminant pour obtenir
de bons résultats. Ainsi, la démocratie permissive ne fonctionne bien, paradoxalement, que sur la base d'une sélection initiale ; l'effet de masse la détruit purement et
simplement.

Pour mieux faire comprendre le paradoxe, je prendrai un
exemple de nature médicale : si l'on mesure l'efficacité
médicale au taux de guérison, il est clair que, pour faire de la

bonne médecine, il faut avoir de « bons malades », susceptibles d'être guéris. Le Centre de sociologie des organisations a
étudié un cas tout à fait exemplaire à cet égard : celui de la
greffe rénale. Dans les deux premiers services de dialyse
étudiés, tout fonctionne très bien : les rapports entre
médecins, infirmières et malades sont remarquables, ces
derniers mettent beaucoup d'espoir dans la greffe, leur moral
est excellent et le taux de réussite est remarquable. Ce bon
fonctionnement résulte d'un énorme effort, de la part des
médecins et infirmières, pour pratiquer une médecine plus
humaine. Mais ils ont dû pour cela sélectionner leurs
malades, ne prendre que des risques modérés. Dès lors,
puisque leurs malades ont de bonnes chances de guérir, il est
possible de leur parler raisonnablement de la maladie et du
risque de décès. Au point que, lorsqu'un décès survient
néanmoins, toute la communauté, soignés et soignants
ensemble, participe à l'enterrement. Dans deux autres
services étudiés, qui au contraire accueillent tout le monde, le
taux des décès est considérable. Les troubles psychosomatiques sont monnaie courante, la perspective de la greffe est
vécue dans la terreur. Personne ne parle à personne, les
relations sont tendues. L'analyse de ce terrible contraste n'est
pas difficile à faire : l'effet de masse a transformé le cercle
vertueux en cercle vicieux, de sorte que les résultats effectifs sont beaucoup plus mauvais encore qu'ils ne devraient
être et que même les « bons » malades perdent, du fait
de ce contexte, beaucoup de leurs chances théoriques de
guérison.

De même, l'Amérique de la permissivité a échoué sur la
question de l'accueil scolaire. Ce n'est pas que le problème
soit insoluble en théorie. Mais l'extension générale et
immédiate du meilleur système existant conduit aux pires
aberrations. D'une part, le système de sélection se reconstitue
sur-le-champ : les bons élèves, en majorité issus de milieux

favorisés, fuient vers les écoles privées. D'autre part, le système public, affaibli par ces défections, est encore moins capable de faire face à une masse hétéroclite d'élèves, dans laquelle toute notion de responsabilité a vite fait de se dissoudre. D'où une régression générale, qui mène jusqu'aux désordres et à la violence. La bergerie est devenue un enfer.

Le problème de l'institution dépend bien sûr largement de celui de l'accueil, mais il n'en possède pas moins une certaine autonomie. Les Américains ont été amenés à redécouvrir l'importance de l'institution : l'école, si elle devient une bureaucratie, ne peut plus être efficace. Traiter les enseignants comme des pions, considérer les unités scolaires comme interchangeables, c'est briser l'instrument même de toute action éducative. Si l'on veut réussir dans l'immense entreprise qui consiste à assurer l'éducation de tous, et y introduire une suffisante permissivité, il faut avant tout disposer de très bonnes écoles. De ce point de vue, la fermeture des meilleures écoles, sous prétexte qu'elles créaient des castes et, par la sélection, entretenaient l'inégalité, est particulièrement regrettable. Car il n'existe qu'une façon de procéder : accepter la réalité, c'est-à-dire l'existence de profondes inégalités, pour travailler à combler celles-ci ; les nier, et vouloir les supprimer du jour au lendemain, c'est courir à un échec certain.

De tout cela, il résulte que le postulat pédagogique de la permissivité doit lui-même être mis en question. Les beaux jours du docteur Spock [1] sont passés depuis longtemps et, si lui-même, depuis, a fait amende honorable, la dérive liée à l'idée de permissivité n'a cessé de s'accentuer. Pour qu'une pédagogie soit efficace, il est certes nécessaire que celui qui apprend soit actif. Mais être actif, cela ne veut pas dire ne

---

1. Dont les livres, très populaires, donnent un excellent exemple de ce qu'est le modèle de la permissivité, fondé sur la foi dans la bonté naturelle de l'homme.

faire aucun effort, tout au contraire : apprendre, c'est se changer soi-même. Ce n'est pas comme d'acheter un produit dans un supermarché : pour apprendre, l'enseigné doit entrer dans une relation complexe, souvent difficile, avec un enseignant qui le choque forcément, puisqu'il le contraint à devenir ce qu'il ne peut pas savoir qu'il a envie de devenir... Je ne préconise nullement, j'espère qu'on l'aura compris, un retour à l'éducation autoritaire d'antan. Mais si l'on veut que les enfants apprennent à choisir vraiment, il faut d'abord les forcer à expérimenter, leur donner l'occasion de se surpasser. La permissivité à l'américaine se ramène à une monotone conjugaison : je t'aime bien, tu m'aimes bien, nous nous aimons bien... L'idée de départ, pas totalement fausse d'ailleurs, est que les élèves dont les professeurs pensent du bien travaillent mieux que ceux dont ils pensent du mal. D'où la conclusion évidente : pensez du bien de tout le monde. Mais cela peut se traduire exactement par : ne pensez rien, démissionnez.

L'école américaine, comme n'importe quelle autre, a plus que tout besoin d'adultes. Aucun apprentissage n'est possible sans des adultes capables de prendre la responsabilité du développement de l'enfant, de lui offrir un modèle en même temps qu'une résistance, d'accepter de trancher, au risque de se tromper.

Le marché et la vertu

Cette association du marché et de la vertu choquera peut-être, mais je l'emploie à dessein. Car, pour les Américains, il y a bien une vertu inhérente au marché. Celui-ci, dont ils font l'objet d'une véritable religion, répond d'ailleurs étroitement au rêve de la permissivité : n'est-il pas le lieu idéal où tout le monde va pouvoir se rencontrer dans l'égalité, la

transparence, la liberté totale ? Cependant, avant de m'en
prendre à cette notion, je voudrais un peu la défendre. Les
Européens, les marxistes européens tout particulièrement,
ont tout de suite tendance à s'exclamer : belle liberté que
celle-là, qui permet à ceux qui n'ont pas les moyens de se
défendre de mieux se faire exploiter ! Cette critique rebattue
trahit une grave inconscience : il ne faut pas oublier d'où
nous venons, et où nous risquons d'aller. Au début du
XIXe siècle chez nous, aujourd'hui encore dans les pays
communistes, la liberté du travail est une mesure éminemment progressiste. Elle signifie la suppression du livret
ouvrier, de tous les contrôles et tracasseries qui empêchaient
l'ouvrier de quitter son patron. De plus, sur ce marché du
travail encore tout récent, le rapport des forces commençait
déjà à se transformer, bien plus rapidement qu'on ne le croit
souvent, en faveur de certaines catégories au moins de
travailleurs. Le marché est effectivement, dans une certaine
mesure, porteur d'une véritable vertu : quand il marche
suffisamment bien, et c'est tout de même assez souvent le
cas, il balaie nombre d'esclavages antérieurs ; de même, il est
exact que lorsque le postulat de la confiance se concrétise et
que tout le monde est honnête — cela arrive parfois —, on
obtient les meilleurs résultats possibles. Enfin, il faut redire
qu'en dehors même de ces instants heureux, le marché vaut
de toute façon mieux que le système du monopole, des fermes
d'État, des rationnements, de la répartition autoritaire, des
queues à tous les magasins, du marché noir et du trafic
d'influence...

Pour en venir maintenant à la critique, il est vrai
également que cette vision idyllique du marché abstrait
recouvre en fait un très grand nombre de marchés distincts et
diversement organisés, interdépendants certes mais largement autonomes. Et que beaucoup de ces marchés sectoriels,
du fait de leur mode d'organisation interne ou de leurs

connexions avec d'autres marchés, ou du fait de la structure particulière propre aux échanges qui s'y effectuent, permettent diverses sortes de fraude ou d'escroquerie, consacrent de scandaleuses inégalités, ou encore s'avèrent tout bonnement d'une totale inefficacité. Les marchés, tels qu'ils existent concrètement, entraînent d'innombrables effets pervers, dont bien sûr s'emparent les adversaires du marché en général. Moyennant quoi ceux-ci s'entendent rétorquer, une fois de plus, que le marché est par nature un merveilleux système et que, si tel marché particulier fonctionne mal, c'est à cause de facteurs contingents, qui l'empêchent d'obéir rigoureusement à la loi fondamentale de tout véritable marché. Un tel débat reste évidemment d'une totale abstraction et ne peut rien apporter. Il convient avant tout de réfléchir aux raisons profondes qui font que certains marchés fonctionnent mal, ce qui nous ramènera au grand problème des limites intrinsèques propres à la vertu, à la croyance au bien, au postulat de la confiance, au consensus.

Le fonctionnement du marché pose principalement deux problèmes, qui n'ont jamais été clairement résolus : celui du rapport entre le jeu des intérêts individuels et l'intérêt collectif, celui du rapport entre l'ajustement optimum à court terme et le développement à long terme. Le modèle de la « main cachée », selon lequel le premier problème se résoud automatiquement, est une extraordinaire découverte, mais qu'on a souvent appliquée à tort et à travers. Ce modèle est souvent confirmé empiriquement dans nos sociétés développées, mais pas toujours ; et il est fréquemment mis en défaut dès qu'il s'agit d'autres sociétés. C'est qu'en réalité, pour qu'il se vérifie, un certain nombre de conditions doivent être remplies : l'honnêteté des protagonistes intervenant sur le marché ; la clarté des résultats et des processus ; une suffisante égalité dans l'accès au marché, ainsi que dans la capacité de négociation. Dès que ces conditions cessent d'être vérifiées, toutes sortes de manipulations deviennent possibles, et l'on voit certains individus ou groupes bien placés se constituer des rentes exorbitantes ; cela permet aux riches de s'enrichir encore, et en revanche appauvrit non seulement les pauvres, mais aussi le système dans son ensemble. Quant au problème du long terme, encore plus complexe que le premier, de nombreux exemples montrent que des arrangements optima vis-à-vis du court terme peuvent menacer le développement régulier à long terme. Il est trop facile de répondre qu'il existe un marché de tous ces marchés interdépendants qui, sous la forme du marché des investissements ou du marché financier, assurera tous les ajustements — à la façon de tout marché, c'est-à-dire à l'optimum. Déjà, en effet, les marchés sectoriels sont des systèmes construits par les hommes et fort complexes ; les marchés au second degré tels que ceux qu'on invoque ainsi sont encore plus difficiles à construire, et supposent en fait des initiatives conscientes, des choix opérés dans le cadre des contraintes collectives.

Les Américains, pour la plupart, croient de façon beaucoup trop dogmatique aux vertus du marché abstrait. Leurs experts sont des doctrinaires, non des empiristes, et leur science, qu'elle soit keynesienne ou monétariste, n'a pas su s'adapter au fur et à mesure que les problèmes se transformaient. La doctrine keynesienne, agrémentée d'un certain nombre de perfectionnements, passait pour un monument de rationalité dans les années soixante ; elle s'est effondrée lors de la dévaluation du dollar en 1971. Quant aux monétaristes et autres « nouveaux économistes », ils ne peuvent faire illusion qu'à condition de rester dans l'opposition, et de ne pas prendre eux-mêmes les affaires en mains. De sorte qu'en définitive, personne n'est plus capable aujourd'hui de construire une véritable stratégie pour sortir de la stagnation dans laquelle patauge l'économie. Voici quelques exemples

simples. Les ajustements à court terme, auxquels l'industrie
américaine procède systématiquement, mènent à des licen-
ciements massifs, bien entendu suivis, au moment opportun,
par de nouveaux embauchages. Cette plasticité a longtemps
été considérée comme un puissant atout des entreprises
américaines. Mais les succès éclatants des industries japonaise
et allemande ont ensuite démontré que ce n'était là qu'une
illusion : un minimum de plasticité est certes indispensable,
mais une plasticité excessive dévalorise la main-d'œuvre,
dont la qualification constitue une ressource absolument
décisive. La grande force de l'industrie allemande, ce sont les
ouvriers qualifiés qu'elle forme et protège avec un soin
jaloux ; et celle de l'industrie japonaise, c'est une main-
d'œuvre extraordinairement capable de réadaptation, dans le
cadre d'entreprises stables et protectrices. L'industrie américaine découvre aujourd'hui, un peu tard, qu'elle ne dispose
plus des ressources humaines que l'aggravation de la concurrence exigerait d'elle, et qu'un considérable effort de requali-
fication est indispensable. Ses experts viennent alors en
France examiner les résultats de la loi Delors...

Autre effet pervers d'une confiance trop absolue dans les
effets du marché : les spirales de déclin de certaines
industries. Que le fonctionnement des chemins de fer
américains soit désastreux, la chose était admise et on en
faisait presque une coquetterie : après tout, les chemins de
fer ne marchaient si mal que parce qu'ils étaient gérés par
l'administration fédérale, et leur part du marché revenait
naturellement aux vrais entrepreneurs, aux transporteurs
routiers et aériens. Mais quand l'acier, puis le caoutchouc,
bientôt peut-être l'automobile semblent prendre la même
pente, cet optimisme n'est plus guère de mise.

L'introduction des principes du marché au sein des
entreprises peut, s'ils sont appliqués dogmatiquement,
conduire à des effets pervers analogues. La compétition féroce

entre cadres dirigeants n'aboutit généralement pas au développement et à l'innovation, mais à un appauvrissement des
ressources. Et, si l'égoïsme des différents niveaux dépasse une
certaine limite, l'entreprise court tout simplement à sa perte.

Le consommateur ne tire pas non plus forcément profit de
la concurrence industrielle. Albert Hirschmann a admirablement démontré, dans un livre plein d'humour [1], comment
dans bien des cas, sur les marchés américains de grande
consommation, la similitude des produits est telle que les
réactions des consommateurs mécontents, à savoir des passa-
ges d'un produit à un autre, peuvent être d'importance égale
d'une firme à l'autre, de sorte qu'on assistera simplement à
une constante rotation de la clientèle et qu'ainsi aucune
pression ne s'exercera en fait sur les producteurs pour les
amener à améliorer leurs produits. En effet, l'adaptation et
l'innovation supposent un minimum de stabilité dans la
relation de la firme à sa clientèle, sans quoi il n'y a pas
d'intervention possible de celle-ci dans le processus de
développement.

Le problème est particulièrement aigu dans le secteur des
services : les États-Unis connaissent en ce domaine une
dégradation générale, où l'on distingue, bien plus qu'en
Europe ou qu'au Japon, une spirale de déclin. Cela tient au
fait que cette sorte de marchés exige, pour un bon fonctionnement, des innovations beaucoup plus considérables au
niveau des relations humaines. Les clients, locataires de
service, et les fournisseurs, prestataires de service, doivent
pour cela faire un bout de chemin ensemble afin de pouvoir se
comprendre et entamer un processus d'apprentissage. Le
principe de l'optimum immédiat interdit absolument une
telle symbiose. Procéder par appels d'offres successifs, en

---

1. Albert Hirschman, *Exit, Voice and Loyalty*, Harvard University Press, 1970.

spécifiant chaque fois exactement ce que l'on recherche et en choisissant au coup par coup le prestataire qui propose le meilleur prix, c'est se condamner à n'avoir qu'un mauvais service. Quant aux fournisseurs, s'ils choisissent, pour se dévolopper rapidement, d'offrir à grande échelle des services standardisés, ils les vendront certes au début, mais leur produit sera de moins en moins utile et ils finiront par s'effondrer (en ce domaine, le marché des études pour les administrations fédérales est un bel exemple de gaspillage et d'inefficacité). Les États-Unis n'ont naturellement pas le monopole de cette situation, mais il semble que les Américains aient plus de mal que d'autres à percevoir ces problèmes. Cela apparaît particulièrement grave, si l'on songe à l'importance décisive des services dans le nouveau type de croissance que nous impose la mutation de la société : non seulement des enquêtes commandées par l'administration ou des conseils achetées par les entreprises, mais des services de tous ordres, communications, loisirs, tourisme, santé, etc. Les grandes entreprises, bridées par les contrôles budgétaires, semblent à cet égard tout aussi inefficaces que les bureaucraties publiques. Partout les services deviennent de plus en plus chers (alors que la main-d'œuvre n'est pas mieux payée qu'en Europe) et de moins en moins efficaces. Partout les consommateurs se plaignent. C'est seulement dans le secteur, issu du mouvement de 68, des communes et du nouvel artisanat qu'un certain renouvellement semble se dessiner.

La rencontre et le sourire

Le problème fondamental que l'on retrouve partout, derrière les modes de gouvernement, les systèmes d'organisation et même les difficultés du marché, est celui de la

rencontre entre les hommes. Aucune société pourtant ne
semble être, sur ce point, plus avancée que la société
américaine. Tous les étrangers sont frappés par le naturel avec
lequel les Américains savent ménager des rencontres brèves,
discrètes et efficaces. « *Hi !* — *Hi !* », c'est un échange
rapide que réchauffe à peine la cordialité du ton, et qui est
bien souvent plus simplifié encore, quand à un sourire muet
répond un autre sourire, à un imperceptible clin d'œil un
autre clin d'œil, qui signifie simplement : « Je vous ai
reconnu, je sais que vous êtes là et maintenant vous savez que
je suis là. » Cette information minimale est acquise aux
moindres frais, ce qui paraît bien la condition d'une activité
sans déperdition de temps ni d'énergie, dans une société de
plus en plus complexe. Car s'il va de soi que cette réduction
de la rencontre à une simple unité minimale d'information, à
un bit d'ordinateur (oui/non, + / −, 1/0, blanc/noir), est du
point de vue humain gravement insuffisante, elle n'en est pas
moins impressionnante et, dans des limites bien définies,
utile. Quand on dispose d'une telle gamme de signes rapides,
neutres du point de vue affectif, dépouillés de toutes les
anciennes connotations d'inhibition ou de dépendance, on
peut aller droit au but et agir ensemble beaucoup plus vite,
avec un maximum d'efficacité. C'est cela qui a permis des
déploiements de force aussi rapides et organisés que celui des
étudiants qui firent tomber Johnson. C'est cela qui donne
aux déjeuners à l'américaine leur étonnante fécondité.

Pourtant, ce savoir-faire relationnel n'est efficace que s'il
est mis au service d'autre chose que lui-même et reste
subordonné à une visée à long terme. Car il ne saurait suffire,
pour assurer la réussite d'une entreprise, quelle qu'elle soit,
d'être capable par exemple de se réunir à dix mille, au pied
levé, pour une campagne de trois semaines. Le plus important
n'est pas de pouvoir réaliser l'optimum du moment, mais
d'investir plus loin, d'approfondir, de savoir perdre son

temps, de souffrir peut-être. Les Américains commencent à découvrir à quel point, trop souvent, les tourbillons dans lesquels ils s'agitent se révèlent après quelque temps inefficaces. Et à cette découverte s'ajoute le fait qu'un grand nombre d'entre eux prennent conscience d'un manque qu'ils ressentaient obscurément depuis longtemps déjà, et ne voient pas du tout comment combler ce vide. L'Européen qui vit quelque temps là-bas passe généralement par les mêmes phases successives. Une fois le premier ahurissement passé, il est émerveillé par la mentalité d'ouverture qui règne dans ce pays. N'importe qui peut parler à n'importe qui. Le contact est immédiat, la communication facile. Ces Américains qui nous paraissent souvent bafouiller communiquent infiniment mieux que nous Français, si fiers de notre art de nous exprimer. Puis l'Européen passe par une deuxième réaction qui est une deuxième erreur : tout cela lui paraît soudain superficiel. On communique avec tout le monde, mais on n'a pas d'amis, les relations n'ont pas de poids. Vient ensuite une troisième phase, celle de l'incertitude, dans laquelle je me débats moi-même encore : en fait, les Américains ont besoin d'affection, d'amitié, d'amour comme tout le monde, et ils obtiennent tout cela eux aussi, mais avec plus de difficulté que d'autres, moyennant un coût plus élevé, parce qu'il leur manque un code, un modèle, une culture, dans ce domaine qui toujours échappera à l'ordinateur, celui des rapports humains complexes. Derrière l'ouverture superficielle, il y a le plus souvent une demande d'autre chose, à tel point qu'on croit un instant pouvoir se reprocher d'avoir été trop brutal : ne serait-ce pas l'Européen qui, en dépit de toute la civilité qu'il se prête, a grossièrement négligé cette réalité humaine, cachée mais riche et qui ne demandait qu'à être utilisée ? Cependant, en y réfléchissant encore un peu, on s'aperçoit que l'on n'a été brutal que pour avoir fait sienne la loi du système. Au fond, on a fait l'Américain en Amérique, on n'a pas voulu prendre de risques, trop habitué à la protection que procure son code habituel.

Les futurologues américains qui ont traité de ce problème, Toffler tout particulièrement, semblent n'avoir rien compris de sa dimension profonde [1]. A leurs yeux, le seul problème est celui de la capacité des hommes à suivre le train des choses. Il faut aller toujours plus vite pour répondre à des problèmes toujours plus complexes. Nombreux sont ceux qui resteront sur le carreau, mais telle est la loi de l'évolution...

Pourtant, ceux qui gagnent, dans ce système de plus en plus complexe, ce ne sont pas les agités perpétuels, ni les déracinés, mais au contraire les personnalités qui ont su développer leur autonomie et leur maturité en tirant des ressources d'une culture vivante, c'est-à-dire en développant ou en redéveloppant des racines. Cela vaut pour les peuples comme pour les individus. Si l'on considère par exemple les Japonais, ils réussissent, comme l'a brillamment démontré Chie Nakane [2], non pas parce qu'ils sont modernes mais parce qu'ils ont su trouver, dans leurs traditions « arriérées », les ressources nécessaires pour survivre dans le monde moderne : ainsi mènent-ils leurs entreprises non pas dans la précipitation américaine mais selon le rythme de lente maturation propre aux consultations féodales. Que l'on pense aussi aux personnalités qui, dans les dernières années, se sont imposées sur la scène mondiale et surtout dans les media. Pourquoi Jean-Paul II crève-t-il l'écran de la télévision ? Pourquoi le Général de Gaulle « passait »-il si bien dans les étranges lucarnes ? Avant tout parce que ce sont là des hommes de

---

1. Hermann Kahn et Brzezimski ont en fait ignoré le problème.
2. *La Société japonaise*, Armand Colin, 1974.

culture, solitaires, capables d'échapper au tourbillon et de
prendre le temps de méditer. Ce sont de tels hommes,
hommes du passé en apparence, qui sont les plus aptes à jouer
le jeu de l'avenir ; car l'avenir ne se prépare pas au moyen
d'ajustements précipités au jour le jour. Quel contraste avec
les récents présidents américains, Johnson, Nixon, Carter !
De quelle désespérante absence de maturité ceux-ci ne font-
ils pas preuve, mesurés à cette aune-là !

David Riesman [1], à mes yeux le meilleur analyste de la
société américaine, s'interrogeait avec angoisse, dans un
article récent, sur l'égocentrisme montant des jeunes générations américaines. Il voyait là un véritable bouleversement
des valeurs, par lequel les Américains évoluent de leur individualisme traditionnel vers un égocentrisme de plus en plus
irresponsable. L'individualisme des origines n'était nullement incompatible, tout au contraire, avec l'investissement
à long terme, la volonté d'entreprendre, la construction
réfléchie de l'avenir personnel et collectif ; toutes choses qui
aujourd'hui deviennent impossibles, car on ne veut plus
prendre le moindre risque. Le culte de la spontanéité, de la
sincérité, de l'expression de soi-même, a en fait abouti à un
conformisme stérilisant. Riesman, en montrant les vertus
d'un minimum d'hypocrisie, qui oblige au respect d'autrui et
de soi-même, explique l'apparition de ces signes inquiétants
que sont le développement du vandalisme, des vols entre
étudiants, des grossesses de préadolescentes, qui témoignent
de l'irresponsabilité grandissante qui envahit cette société du
« chacun pour soi ». La culture du narcissisme n'abolit pas

---

1. David Riesman, « *Egocentrism, Is The American Character Changing ?* »
Encounter, août 1980. Riesman est l'auteur, entre autres du célèbre *The Lonely
Crowd* (*La Foule solitaire*, Arthaud, 1964).

l'effrayante solitude qui règne dans l'Amérique actuelle[1], mais au contraire l'aggrave. Tout comme, d'ailleurs, la prolifération de la psychanalyse et des « groupes de rencontre », qui lui sont profondément liés. Ce problème me semble s'exprimer, de façon immédiate et même physique, dans la qualité du sourire à l'américaine. Dans l'Amérique heureuse, on souriait beaucoup, mais d'un sourire difficile à supporter, parce que d'une superficialité trop évidente. Le sourire japonais, certes pénible lui aussi, est si évidemment un masque social qu'on parvient presque à l'oublier. Tandis que le sourire américain de cette époque-là exprimait trop évidemment la personnalité véritable pour que l'on pût en faire abstraction. Presque sincère, et en même temps absolument passe-partout, il exprimait une demande mais la rendait immédiatement dérisoire.

Dans le contexte de la révolte étudiante, parmi le bruit et la fureur, on vit surgir des sourires nouveaux, plus naturels, plus humains, qui signifiaient une ouverture à autrui infiniment plus authentique, un réel dépassement du « tout-le-monde-il-est-gentil » propre à l'Amérique heureuse. Mais le temps de l'espoir est passé, les sourires angéliques ont presque disparu des visages. Certes, on trouve désormais plus de diversité mais le sourire des Américains, s'il est aujourd'hui un peu fatigué, n'en est pas moins redevenu superficiel. Les hippies, les enfants-fleurs, cette jeunesse du monde retrouvée, devant laquelle s'extasiaient nombre de philosophes américains tout comme chez nous un Maurice Clavel, avaient construit sur le sable. De leur entreprise il n'est rien resté. Leur but était de s'approfondir eux-mêmes et de s'ouvrir vraiment à autrui. Mais cet autrui qu'ils visaient, c'était ni plus ni moins tout le monde ; or il faut choisir. Oui,

1. Christopher Lasch, *The Culture of Narcissism*, Norton, 1978.

c'est bien de sourire vraiment, humainement. Oui, c'est bien de faire l'amour. Mais on ne peut s'ouvrir à tout le monde ni faire l'amour avec chaque être humain qui passe, sans sombrer dans la superficialité absolue, ou dans la folie. La drogue, cela est vrai, prolonge le sourire ; à quel prix ! La drogue, c'est la fuite, c'est la mort. Si ce problème a tant bouleversé l'Amérique, ce n'est pas comme problème de santé ou même comme problème social [1], mais comme problème métaphysique.

Faut-il redécouvrir le mal ?

L'Europe, objectera-t-on, est elle aussi en proie à ces vices que sont la superficialité, le narcissisme, l'irresponsabilité. Aussi me prendra-t-on peut-être pour un père rabat-joie, un de plus, qui s'indigne à son tour contre la jeune génération. Pourtant, s'il est exact que nous avons les mêmes problèmes, tout est question de degré : le problème des Américains, c'est que la dégradation a été si forte qu'ils ne s'indignent même plus. Nous autres, Français, nous crions très fort à peine nous a-t-on marché sur le pied. Alors que les Américains commencent tout juste à réagir : des voix isolées comme celle de Riesman ou, d'une autre façon, celle de Soljenitzyne, n'ont pas été entendues. C'est que leur culture, qui est justement en question, ne les porte pas à réagir mais bien plutôt à soutenir toujours que tout va bien et à tendre l'autre joue. Il n'y a plus personne pour assumer le rôle de père, pour accepter de porter le fardeau de la maturité.

Qu'est-ce donc qui manque, en définitive, à l'Amérique et à sa culture ? La réponse est : *le mal,* ou plus exactement la

---

1. Le fléau de l'alcoolisme, qui sévit depuis plus d'un siècle sans paraître vraiment troubler personne, est au moins vingt fois plus coûteux que la toxicomanie.

reconnaissance de l'existence du mal. Les Américains ne
pourront retrouver le sens de la communauté, le sens de
l'entreprise, ils ne pourront retrouver quelque profondeur,
s'ils n'acceptent pas de penser au-delà de l'unique dimension
de la loi, de la vertu et du consensus. Car on ne pense pas
dans la dimension du mal de la même façon que dans celle du
bien : les problèmes du péché, de la punition, de la
dissuasion, ne sont pas de même nature que ceux du meilleur
choix, de la poursuite du bonheur, du respect des formes
juridiques. Mais faut-il vraiment poser ces questions en
termes métaphysiques, plutôt que psychologiques ou
sociaux ? Oui, sans aucun doute, parce que l'Amérique, que
les Européens imaginent pragmatique et étroitement matérialiste, est avant tout un pays dominé par des choix
métaphysiques. En Europe, on pense naturellement en
termes psychologiques et sociaux. On s'intéresse passionnément au mal, on raffole des analyses sur la psychologie du
vice. Nos criminels sont des êtres délicieusement complexes,
personnages dignes d'un Mauriac ou à tout le moins d'un
Simenon. En Amérique, en revanche, on ne sait pas tenir de
subtils discours sur le mal, seule est compréhensible la
réflexion sur les fondements du bien. De quoi s'agit-il
toujours, par exemple, dans les westerns ? De refaire le
monde, ni plus ni moins, de fonder une nouvelle fois la
communauté en la rassemblant autour du bien. Et s'il y a un
peu d'ambiguïté dans les westerns « intellectuels », c'est
que la découverte du bien se fera peu à peu, à travers
l'incertitude sur les différents biens possibles qui se présentent. Le mal est présent, cela va de soi, mais sur un mode
simpliste et stéréotypé. On ne s'interroge jamais vraiment sur
sa nature. On ne réfléchit d'ailleurs pas non plus à la manière
de fonder le bien : on l'imposera à coups de pistolets, voilà
tout. Il n'est pas jusqu'à la guerre du Vietnam elle-même qui
n'ait inspiré un tel western : *Apocalypse now* est une extrava-

gante quête du bien à travers l'horreur, aboutissant à l'engloutissement dans la jungle et la vermine, sans qu'une minute on se soit véritablement interrogé sur cette décomposition qui transforme le bien en mal. On reste d'un bout à l'autre dans la métaphysique.

Nous aussi, nous sommes atteints, bien évidemment. Mais nous avons d'autres ressources. Depuis toujours, nous sommes habitués à voir le mal partout. Toute notre civilisation, et la personnalité de chacun, se sont construites en lui faisant sa part. Nos enfants restent toujours, à nos yeux, des êtres à civiliser. Je ne dis pas que nous réussissions à tout coup, mais, après avoir reculé, nous progressons. Nous assimilons petit à petit les mœurs nouvelles, en les civilisant. Cela fait des siècles que nous avons appris à civiliser le mal. C'est cela qui nous fait si compliqués, si difficiles, mais c'est cela aussi qui nous permet de répondre à ce problème fondamental. Dans notre culture, le péché existe encore. Et la connaissance que nous avons du pécheur, le respect que nous gardons pour lui, garantissent la permanence d'une liberté beaucoup plus modeste sans doute que celle des Américains, mais incomparablement plus concrète et capable de s'appliquer de façon beaucoup plus riche et plus durable. La morale du péché fonde la liberté plus profondément que celle du contrat social purement formel : l'homme n'est libre qu'en tant qu'il a le choix. Lorsque le mal est supposé ne pas exister, l'homme n'a plus le choix — et la liberté devient ivre. La liberté de faire ce que l'on veut, sans entraves d'aucune sorte, mène au narcissisme, à la culpabilité, à l'angoisse.

L'aventure américaine, cette nouvelle fondation du monde, a apporté à l'humanité une dimension inconnue. Elle réveille l'Occident et le monde entier. Tous nous avons tiré un immense bénéfice de ce rêve américain, qui a été notre rêve. Sans lui, nous étions condamnés à la sclérose et au déclin. Martin Luther King, en reprenant dans son plus émouvant discours le traditionnel « *I made a dream* », tentait une nouvelle fois de fonder à nouveau le monde, comme avaient fait de toujours les Américains, avec leur Bible, leur code de procédure et leur fusil [1]. Mais la dernière frontière a désormais été atteinte. Il s'agit maintenant de vivre avec son passé, avec ses péchés, en travaillant à civiliser un mal qu'aucune prohibition, forcément de nature purement verbale, ne saura jamais extirper.

Dans le « monde plein » qui est et sera désormais celui des Américains, comme il a été le nôtre pendant des siècles, on ne peut décréter un nouveau changement chaque année. Cela ne signifie pas que des Américains doivent abandonner leur foi puritaine et gouverner maintenant leur existence individuelle et collective selon la casuistique des Jésuites. Mais ce que nous avons réussi à apprendre grâce à eux, c'est aujourd'hui leur tour de l'apprendre : être capables de raisonner selon deux logiques à la fois.

1. On me pardonnera, je l'espère, de filer si loin la métaphore : Martin Luther King était très profondément un non-violent. Mais les présupposés culturels profonds que je cherche à faire percevoir sont au-delà même de l'opposition, pourtant très importante, entre violence et non-violence.

IL N'Y A PLUS
DE GRAND FRÈRE

C'était bien commode, d'avoir un grand frère. Nous lui abandonnions, certes, la gloire des vraies responsabilités, mais nous pouvions en contrepartie nous en remettre à lui pour des tâches difficiles et, ainsi protégés, prospérer tranquilles. A lui les basses besognes atomiques, le rôle ingrat de gendarme du monde, à nous les dividendes de la paix ainsi assurée. Nous pouvions, avec toute la mesquinerie de la mentalité d'assistés, pleurnicher devant lui et le critiquer derrière son dos ; lui demander d'intervenir et se plaindre qu'il intervienne ; le manœuvrer en fonction de nos intérêts et le rendre responsable si cela tournait mal. Les Français, tout particulièrement, ont eu tendance à surestimer sa puissance afin de s'estimer fondés à tantôt l'exploiter et tantôt l'attaquer. Nous nous abritons sous son parapluie atomique, tout en lui reprochant de nous faire courir le risque de ses aventures. Nous avons dénoncé les multinationales et les eurodollars, alors qu'ils contribuaient à notre prospérité et préparaient le déclin de son économie. Notre élite cultivée, de gauche comme de droite, a chaleureusement assimilé son jazz, son whisky, son cinéma et même ses écrivains, tout en

glapissant frénétiquement que l'américanisation menaçait
notre identité elle-même.

Tout cela est bien fini désormais. D'un côté de l'Atlantique comme de l'autre, les yeux s'ouvrent. Le mythe du grand
frère, comme celui du gendarme du monde, datait de la
libération et de la reconstruction européenne et japonaise. Or
nous sommes dans l'après-Vietnam et dans l'après-Kippour.
Le temps de cette étrange innocence que l'Europe prétendait
résulter de sa faiblesse, et du monde bipolaire où elle n'en
finissait pas de reconstruire ses forces, ce temps-là est bien
révolu. Il faut maintenant accepter la réalité : le grand frère
est malade ; pour notre bonheur et notre malheur, nous
sommes redevenus tout à fait adultes, et nous n'avons plus
d'excuses pour ne pas prendre nos responsabilités.

Pour beaucoup d'Européens, les Etats-Unis restent un pays
bizarre, caractérisé par ses excès, aussi violent dans l'autodé-
nigrement qu'il avait été suffisant dans sa bonne conscience.
Mal remis de la guerre du Vietnam, il en viendra forcément à
accepter la défaite matérielle et morale subie. De toute façon,
ses ressources inépuisables l'assurent de la suprématie mondiale, rôle qu'il ne manquera pas de reprendre bientôt. Même
si certains observateurs plus perspicaces estiment que quelque
chose de plus profond a été atteint, dans le cadre de la grande
crise qui confronte l'Occident à un bouleversement radical du
monde, chacun n'en continue pas moins de supputer plus ou
moins anxieusement les chances d'un retour à la norme : au
leadership américain dans le monde occidental ou dans le
« monde libre ». C'est là, à mon sens, exactement ce qu'il
faut tenir pour à jamais relégué dans le passé. Oui, certes,
l'Amérique oubliera le Vietnam et retrouvera un équilibre ; et
nous devons souhaiter, pour elle et pour nous, que ce soit le
plus vite possible. Mais elle ne sera jamais plus ce qu'elle

était, le pays des ressources inépuisables, de l'abondance, de la frontière toujours portée plus loin.

A la fin des années quarante, les Etats-Unis étaient rayonnants de prospérité matérielle et de satisfaction morale. Confirmés dans leur victoire par le succès de la reconstruction, ils apparaissaient comme la terre de l'avenir en même temps que du bonheur. Presque personne, y compris chez les marxistes qui pour la plupart se préparaient à plusieurs décennies de lutte contre l'impérialisme triomphant, ne doutait que le monde entrât dans le siècle américain. L'Europe en ruines était totalement impuissante : une Allemagne brisée par la défaite et accablée par le poids de la culpabilité, une France arriérée qui semblait se contenter de vivre dans le passé, une Grande-Bretagne dépossédée de son empire, des pays latins plongés dans la pire réaction obscurantiste. Quant au Japon, il restait un pays asiatique, aux mœurs arriérées, qui mettrait de longues années à se relever, à supposer même qu'il fût simplement possible de faire vivre une population surabondante sur des îles aussi pauvres en ressources naturelles.

Que l'Europe ait rattrapé les Etats-Unis, cela est déjà étonnant ; que les Japonais s'apprêtent à les dépasser (et à nous dépasser), c'est tout simplement incroyable. Mais il y a plus profond encore : les conditions économiques, sociales et même morales qui avaient fait le succès du modèle américain ont disparu. Depuis l'arrivée des Pères pèlerins, l'Amérique avait vécu dans un équilibre inconnu de l'Europe et, sauf rares exceptions, du reste du monde : pénurie d'hommes et surabondance de ressources. De là que les salaires y aient toujours été doubles des salaires européens ; de là surtout l'extraordinaire dynamisme de la conquête de l'Ouest, puis de l'expansion économique et technologique. Mais cette période est terminée et, si certains salaires restent supérieurs au niveau européen, beaucoup d'autres sont d'ores et déjà

inférieurs. Plus grave encore peut-être, les Etats-Unis connaissent une irrésistible invasion de Latino-Américains, habitués aux bas salaires et qui ne menacent pas moins leur équilibre
économique que leur équilibre culturel. Plus nombreux
désormais que les Noirs, ils vont souvent jusqu'à refuser même
d'apprendre l'anglais : le *melting pot* ne fonctionne plus.

Tout cela démontre que la frontière est définitivement
fixée. Comme les Européens à la fin des trois ou quatre siècles
du haut Moyen Age, les Américains entrent à leur tour dans
les difficultés du « monde plein ». Ils ne retrouveront la
prospérité, la capacité de se gouverner et de nouvelles
possibilités d'action qu'au prix d'une douloureuse adaptation
aux contraintes nouvelles, décidément incontournables. Et au
niveau de l'équilibre moral, la situation est peut-être plus
dramatique encore. C'est aujourd'hui l'Amérique qui à son
tour ploie sous le fardeau du colonialisme, et c'est elle qui est
mise en cause par l'irrésistible vague de réaffirmation de soi
qui déferle sur le tiers monde, notamment sur les pays
d'Islam, même si, dans l'immédiat, l'Europe en subit plus
qu'elle les effets matériels.

Pourquoi nous sommes-nous fait tant d'illusions et si
longtemps ? Parce que nous avons toujours traité les États-
Unis comme un cas absolument à part, qui échappait aux
modes d'analyse valables pour tous les autres pays. Même ce
fameux Produit National Brut où ils nous avaient appris à
voir la clé de toute économie nationale, nous oubliions de le
regarder quand il s'agissait d'eux. Pendant des décennies,
nous avons fiévreusement comparé les taux de croissance des
économies européennes, rêvant de rattraper le niveau américain — sans nous apercevoir de la stagnation de celui-ci.

Le temps du « défi américain » est désormais bien loin.
Certes, les États-Unis continuent à disposer de ressources

matérielles considérables, et tant la géographie que l'histoire font d'eux et pour longtemps, au niveau géopolitique, une puissance de tout premier rang. Mais l'essentiel, dans la « nouvelle donne » à laquelle le monde tout entier doit faire face, ce sont les qualités des hommes et les moyens d'en tirer parti. De ce point de vue, l'avance américaine, hier encore confortable, a d'ores et déjà été rattrapée, voire dépassée, par le Japon et même, dans une certaine mesure, par l'Europe. Les Etats-Unis ont plus de difficultés à changer que n'en ont leurs concurrents : phénomène classique, par lequel une suprématie trop durable amène à s'endormir sur ses lauriers. Le déclin de l'Empire britannique n'avait pas d'autre cause.

Mais à cela se superpose un autre drame, de nature institutionnelle et morale. Traditionnellement, les penseurs politiques tant européens qu'américains attribuent à « la démocratie en Amérique », selon le célèbre titre de Tocqueville, tous les succès de l'immense confédération. Nullement à tort : cet admirable système, fondé sur la liberté individuelle et la poursuite du bonheur, dans le cadre d'une Constitution unanimement vénérée, était merveilleusement efficace aux temps de la frontière, puis de l'expansion illimitée. Mais il s'avère contre-productif une fois venue l'ère du « monde plein ». Tel est le grand paradoxe que n'avaient aperçu ni les zélateurs du modèle anglo-saxon, à la fin du XIXᵉ siècle, ni plus récemment le Peyrefitte du *Mal francais*. Le même système qui dans certaines limites engendre des spirales de progrès, mène à des spirales de régression et de déclin dès que ces limites sont atteintes. Quand il faut maîtriser des interdépendances de plus en plus complexes, dans un monde encombré jusqu'à la saturation, le postulat de la confiance devient insuffisant et tend même à entraîner des effets pervers : la peur de la décision, la confusion générale, le délire de la procédure.

Le défi américain a fait place au défi à l'Amérique, que celle-ci ne pourra relever sans un effort considérable. Car il s'agit bien moins du défi extérieur, géopolitique, auquel de fait elle répond — par l'accumulation d'armes sophistiquées et la mobilisation des ressources matérielles —, que d'un défi intérieur. Le vrai problème n'est pas que le Moyen-Orient lâche, c'est que les Etats-Unis semblent incapables d'empêcher qu'il lâche et, le cas échéant, de faire face convenablement à la situation. Le défi à l'Amérique, c'est qu'elle est sommée de se montrer capable d'évolution et d'adaptation, c'est qu'elle doit apprendre à apprendre. Or, pour apprendre, il faut avoir le courage de reconnaître qu'on ne sait pas. A cela s'oppose la trop longue et trop facile suprématie d'un pays qui a dès le début entretenu le mythe du « Nouveau Monde ». Les Américains ont trop cru qu'ils écrivaient (selon la formule célèbre que Mao Tsé-toung, en cela véritable marxiste occidental, appliqua à la Chine) sur une page blanche, qu'ils construisaient, sur cette terre immense et prodigieusement riche, la société parfaite. Dans cette prodigieuse entreprise, ils ont réinvesti, avec succès, les plus anciennes utopies européennes, toute la tradition et toutes les illusions du messianisme. Sans doute pourrait-on dire cela aussi du rêve colonial, qui visait moins à reproduire la mère-patrie telle qu'elle était que telle qu'elle aurait dû être. Mais les colons devaient affronter la dure réalité des sociétés indigènes déjà existantes. Seuls les Américains, en-dehors des guerres avec des tribus indiennes relativement peu nombreuses, ont pu durablement croire que la page était blanche.

L'un des maîtres à penser de cette génération de 1898 qui fonda l'Espagne moderne et rendit possible, par-delà le long intermède franquiste, son accession à la démocratie, avait coutume de dire : « Il faut fermer le tombeau du Cid à double tour et en perdre la clef. » De même les Américains devraient-ils oublier les pères fondateurs, l'ère de la Constitution, de la frontière et de l'épopée conquérante, pour s'occuper enfin vraiment de leurs affaires d'aujourd'hui. Non pas, bien évidemment, renier leur passé ; mais, comme les citoyens de tous les autres pays de civilisation, suivre leur pente en la remontant. En particulier, il leur serait extrêmement profitable de se ressourcer à la culture européenne dont ils sont les héritiers et qu'ils ont tant contribué à transformer.

Bien sûr, au niveau économique et technique, c'est le défi japonais qui est le plus grave et pressant. Pourtant, même si les Américains ont beaucoup à apprendre des Japonais, c'est l'Europe qui leur offre les ressources culturelles et humaines les plus précieuses. En trente ans, les Européens ont changé de façon étonnante, à un point qu'aucun expert n'avait jamais imaginé. Sans le modèle américain, nous n'aurions pu accomplir ce spectaculaire rétablissement : pour des raisons matérielles, notamment économiques et militaires, mais aussi et surtout pour des raisons d'ordre moral. C'est la découverte des méthodes américaines qui nous a rendu la vitalité. Puisqu'ils y arrivent, nous disions-nous, pourquoi pas nous ? Après tout, c'étaient nos descendants. Et ceux de nos compatriotes qui continuaient à émigrer là-bas n'étaient pas longs à réussir aussi bien ou mieux que les Américains.

C'est d'une mise en question d'eux-mêmes tout à fait analogue que les Américains ont besoin. Non pas, bien sûr, que l'on soit dans une situation symétrique. Mais en considérant notre histoire récente, ils peuvent trouver là un aiguillon extraordinairement puissant, sentir leur conscience piquée au vif : si les Européens ont su se reconvertir, pourquoi n'y parviendraient-ils pas à leur tour ? Sans doute ne s'agit-il pas de la même reconversion : les Américains, s'ils nous imitaient, auraient l'impression de revenir au passé. A tort cependant, car l'aventure humaine, jamais dépourvue de complexité ni d'ironie, quoique toujours nouvelle s'appuie toujours aussi sur les expériences du passé. Les problèmes qui ont surgi aux Etats-Unis, bien souvent nous les avons déjà résolus. Essentiellement, il s'agit pour eux d'apprendre à vivre selon deux logiques contradictoires : celle de la conservation et de l'équilibre social et culturel à long terme, et celle du développement immédiat.

La seconde de ces logiques, qui avait toujours existé chez nous, nous l'avons redécouverte chez les Américains et ils nous ont appris à l'utiliser beaucoup plus efficacement. Même s'il nous reste beaucoup à faire pour secouer le carcan bureaucratique qui pèse encore sur nos entreprises individuelles et collectives, nous avons grâce à cet apport retrouvé une bonne part de notre vitalité perdue. Mais les Américains, eux, vivent encore trop exclusivement selon cette logique-là, en quoi ils se montrent totalement anachroniques. En effet, même si l'autre logique, celle du long terme, est héritée d'un passé plus ancien, il est de plus en plus dangereux de croire les citoyens capables d'intérioriser les nécessités de l'intérêt général, ou d'imaginer que leurs arrangements spontanés, faits pour préserver le bonheur individuel de chacun, mèneront naturellement au bonheur collectif. Quant au rempart juridique, il devient non seulement insuffisant mais de plus en plus contre-productif. Car ce ne sera jamais un juge qui pourra déterminer l'intérêt général. Pas davantage, d'ailleurs, un homme politique, que sa fonction même embourbe dans les tâches ingrates de « l'agrégation des intérêts », dont ne peuvent sortir que des solutions à court terme. Seul, décidément, un véritable homme d'Etat peut aider une nation à donner consistance à la notion d'intérêt général : il faudrait donc que les Etats-Unis retrouvent, auprès de la vieille Europe, le sens de l'Etat. Tant qu'ils étaient une société agricole, ils pouvaient encore s'en passer.

Mais, dès lors que par la force des choses ils doivent entretenir une armée de fonctionnaires plus considérable encore qu'en Europe, même proportionnellement au nombre d'habitants, il faudra bien qu'ils en viennent à distinguer les administrations publiques des simples personnes privées et à définir un intérêt général auquel s'appliqueront des normes spécifiques. Alors seulement pourront surgir des hommes d'État, capables de s'adresser directement à leurs concitoyens par-dessus tous les intérêts privés et tous les groupes intermédiaires. De ce point de vue, les Américains peuvent trouver en Europe, comme d'ailleurs au Japon, bien autre chose que des survivances de l'absolutisme.

Les Européens, tout particulièrement les Français, ont longtemps cru devoir craindre l'Amérique. Fascinés par son dynamisme et sa force de contagion, ils y voyaient aussi une irrésistible menace : à travers son langage, son cinéma et toute sa culture nouvelle, c'est notre âme même qu'elle attaquait. Nombre de commentateurs, passablement obsessionnels, poursuivent leur combat de Don Quichotte contre ces moulins. Or cela est de plus en plus dérisoire : aujourd'hui, les Etats-Unis sont en fait à leur tour envahis par l'Europe. Le renversement des courants de tourisme [1] n'est ici qu'un signe mineur, de même que les implantations d'entreprises européennes aux États-Unis, de plus en plus nombreuses : le mouvement touche jusqu'au langage, à la nourriture, aux mœurs. En guise de réponse à un de nos chevaliers du cocorico, peut-être Etiemble ou Thibau, un grand hebdomadaire américain publia une page entière écrite dans un langage baptisé *englench,* à peine plus snob que le « franglais » et qui ne contenait pas un mot d'anglais. Tous les mots ou expressions employés, récemment empruntés au

---

1. Pour la première fois, en 1980, le nombre des touristes européens aux Etats-Unis a dépassé celui des Américains venant en Europe.

français, étaient pourtant usuels dans les couches cultivées de la population américaine. De même, en pleine Californie du Sud, fief de Nixon et patrie de l'Amérique musclée, les boulangeries qui fabriquent sur place la « baguette » bien-de-chez-nous ne se comptent plus. Et, dans tous les supermarchés un peu raffinés, on trouve des rangées entières de pots de confiture « Bonne Maman » à côté des Beaujolais-Villages et des Saint-Emilion déjà traditionnels.

Aussi est-il urgent pour nous de nous rendre compte enfin que nos réflexes de défense sont aussi anachroniques que dangereux. Evitons pourtant, quand nous l'aurons compris, de nous réjouir de ce recul culturel de l'Amérique. Car non seulement sa contribution militaire et technique au maintien de notre liberté restera longtemps indispensable ; mais, dans ce monde d'interdépendance, notre vitalité morale et culturelle elle-même est profondément liée au maintien de la leur. Si les Américains devaient glisser sur la pente anglaise, ce qui n'est pas du tout impossible, c'est tout l'Occident, c'est tout le « monde libre » qui seraient menacés, sur le plan spirituel autant que matériel. Nous devons donc tout faire pour aider les Américains à surmonter leur crise. Mais en même temps, pour leur bien comme pour le nôtre, faire face à nos propres responsabilités. Car, répétons-le, il n'y a plus désormais de grand frère et il est capital pour les États-Unis eux-mêmes de ne pas se croire contraints de reprendre un rôle qui est maintenant au-dessus de ses forces. Souvenons-nous que le déclin britannique a commencé, au lendemain de la Première Guerre mondiale, quand les dirigeants anglais décidèrent de maintenir, avec la valeur de la livre-sterling, leur suprématie financière et la puissance de l'Empire.

Il n'y aura plus dorénavant pour nous de modèle ni de Terre promise : nous devrons inventer et assumer la responsabilité de nos inventions. Assumer aussi notre part du leadership : cela ne signifie certes pas nous agiter plus fébrilement encore pour être entendus, mais accepter d'agir et de payer le prix de notre action. Par la force des choses, et que nous le voulions ou non, nous avons cessé d'être des provinciaux n'exerçant que des responsabilités régionales limitées : il faudra donc que nous sachions dégager progressivement les ressources humaines et matérielles nécessaires pour faire face à cette situation nouvelle. D'ailleurs notre expérience, contrairement à ce que croient les Américains, quoique douloureuse n'est pas moins estimable que la leur. Vis-à-vis du tiers monde, si nos aventures coloniales présentent bien des aspects sombres et même horribles, n'oublions pas que les Américains ont souvent fait pire encore ; et tâchons de mettre à profit cette expérience, d'en faire un garde-fou, d'en tirer des capacités de compréhension et d'humanité. Vis-à-vis de la géopolitique mondiale, c'est de notre histoire de pays d'ancienne culture qu'est issue la notion fondamentale d'équilibre des puissances, si précieuse par exemple à Henry Kissinger. Le monde bipolaire des deux superpuissances tire à sa fin. Entrons-nous dans un jeu à cinq, où aux deux géants s'ajouteraient Japon, Europe et Chine ? à six, avec en outre le monde musulman ? ou bientôt à sept ou à huit ? En tout état de cause, le système ne peut plus être géré au moyen des *linkages* du bon docteur, et les Américains ne suffisent plus à cette tâche immense. La longue tradition de l'Europe, et même les difficultés internes qu'elle rencontre aujourd'hui, ne doivent pas, dans cette perspective, être considérées comme un fardeau mais comme une source féconde.

A nous d'en tirer parti, pour nous-mêmes, pour nos amis américains et pour le reste du monde.

Table des matières

CONCLUSION

Achevé d'imprimer en octobre 1980
sur presse CAMERON
dans les ateliers de la S.E.P.C.
à Saint-Amand-Montrond (Cher)
pour le compte de la librairie Arthème Fayard
75, rue des Saints-Pères, Paris-6ᵉ

ISBN Nº 2-213-00937-6

Dépôt légal : 4ᵉ trimestre 1980.
Nᵒ d'Édition : 6101. Nᵒ d'Impression : 2163-991.
Imprimé en France